EL
HOMBRE
MÁS GRANDE
DE TODOS LOS TIEMPOS

El hombre más grande de todos los tiempos

Editores
WATCHTOWER BIBLE AND TRACT SOCIETY
OF NEW YORK, INC.
INTERNATIONAL BIBLE STUDENTS ASSOCIATION
Brooklyn, New York, U.S.A.

Este libro se publica en 111 idiomas
Impresión total de todas las ediciones: 36.479.000 ejemplares

Las citas de la Biblia se toman de la versión en lenguaje moderno
Traducción del Nuevo Mundo de las Santas Escrituras, edición de 1987

Reconocimientos:
Mapa que precede al capítulo 1: basado en un mapa que es propiedad de
Pictorial Archive (Near Eastern History) Est. and Survey of Israel

The Greatest Man Who Ever Lived   Spanish (*gt*-S)
Made in the United States of America
Hecho en Estados Unidos de América

Monica Peréz

Contenido

MONICA PERÉZ

El hombre más grande de todos los tiempos

¿**P**UEDE llamarse a algún hombre indiscutiblemente el hombre más grande de todos los tiempos? ¿Cómo se mide la grandeza del hombre? ¿Por su genio como militar?, ¿por su fortaleza física?, ¿por su capacidad mental?

El historiador H. G. Wells dijo que la grandeza del hombre se puede medir por 'lo que deja plantado para que se desarrolle, y si puso o no a pensar a otros en nuevas direcciones con un vigor que persistiera después de él'. Aunque Wells no afirmó ser cristiano, reconoció lo siguiente: "Si se aplica esta prueba, Jesús está en primer lugar".

Alejandro el Grande (Alejandro Magno), Carlomagno (llamado "el Grande" hasta mientras todavía estaba vivo), y Napoleón Bonaparte fueron gobernantes poderosos. Por su imponente presencia influyeron profundamente en sus súbditos. Sin embargo, se informa que Napoleón dijo: "Jesucristo ha ejercido influencia y mando sobre Sus súbditos sin Su presencia corporal visible".

Por sus dinámicas enseñanzas y por el modo como vivió en conformidad con ellas, Jesús ha afectado profundamente la vida de la gente por casi dos mil años. Como bien lo expresó un escritor: "El conjunto de cuanto ejército haya marchado y cuanta armada haya sido construida y cuanto parlamento haya funcionado y cuanto rey haya gobernado no ha tenido en la vida del hombre sobre esta Tierra un efecto que iguale al de él".

Persona histórica

Sin embargo, aunque parezca extraño, algunos dicen que Jesús nunca existió... que es, en realidad, la creación de unos hombres del primer siglo. En respuesta a los escépticos que se expresan así, el respetado historiador Will Durant presentó este argumento: "El que unos cuantos hombres sencillos hubieran inventado en una sola generación una personalidad tan vigorosa y atractiva, una ética tan sublime y una visión tan inspiradora de la hermandad humana sería un milagro mucho más increíble que cualquiera de los que se han anotado en los Evangelios".

Pregúntese: ¿Pudiera alguien que nunca hubiera existido haber afectado tan notablemente la historia humana? La obra de consulta *The Historians' History of the World* (La historia universal vista por historiadores) declaró: "El resultado histórico de las actividades [de Jesús] sobrepasó en importancia, hasta desde un punto de vista estrictamente seglar, los hechos de todo otro personaje histórico. Desde su nacimiento data una nueva era reconocida por las principales civilizaciones del mundo".

Sí, considere eso. Hasta los calendarios de hoy día se basan en el año en que supuestamente nació Jesús. "Las fechas que antecedieron a ese año se designan a.C., o *antes de Cristo* —explica *The World Book Encyclopedia*—. Las fechas posteriores a ese año se designan A.D., o *anno Domini* (en el año de nuestro Señor)."

Sin embargo, los críticos señalan que todo lo que en verdad sabemos de Jesús se halla en la Biblia. No hay otros registros contemporáneos sobre él, dicen. Hasta H. G. Wells escribió: "Los antiguos historiadores romanos pasaron por alto por completo a Jesús; él no dejó impresión en los registros históricos de su tiempo". Pero ¿es cierto eso?

Aunque las referencias a Jesucristo por historiadores seglares de la antigüedad son pocas, sí existen. Cornelio Tácito, un respetado historiador romano del primer siglo, escribió: "El autor de este nombre [cristianos] fue Cristo, el cual, imperando Tiberio, había sido justiciado por orden de Poncio Pilato, procurador de la Judea". Suetonio y Plinio el Joven, otros escritores romanos de aquel tiempo, también mencionaron a Cristo. Además, Flavio Josefo, un historiador judío del primer siglo, escribió acerca de Jacobo (Santiago), a quien llamó "hermano de Jesús que se llamó Cristo".

Por eso, *The New Encyclopædia Britannica* llega a esta conclusión: "Estos relatos independientes prueban que en la antigüedad ni siquiera los opositores del cristianismo pusieron alguna vez en tela de juicio la historicidad de Jesús, que fue cuestionada por primera vez, y sin base adecuada, a fines del siglo XVIII, durante el XIX y a principios del XX".

Sin embargo, esencialmente todo lo que se conoce acerca de Jesús fue puesto por escrito por sus seguidores del primer siglo. Sus informes se han conservado en los Evangelios... libros bíblicos escritos por Mateo, Marcos, Lucas y Juan. ¿Qué dicen estos relatos acerca de quién era Jesús?

¿Quién era, realmente?

Los que se asociaron con Jesús en el primer siglo se hicieron esa pregunta. Cuando vieron que con una represión Jesús calmó milagrosamente un mar azotado por el viento, se preguntaron, atónitos: "¿Quién, realmente, es este[?]". Más tarde, en otra ocasión, Jesús preguntó a sus apóstoles: "Ustedes, ¿quién dicen que soy?". (Marcos 4:41; Mateo 16:15.)

Si a usted se le hiciera esa pregunta, ¿qué contestaría? ¿Era Jesús en realidad Dios? Hoy muchos dicen que era Dios. Sin embargo, los que se asociaron con él nunca creyeron que él fuera Dios. La respuesta del apóstol Pedro a la pregunta de Jesús fue: "Tú eres el Cristo, el Hijo del Dios vivo". (Mateo 16:16.)

Jesús nunca afirmó que fuera Dios, pero reconoció que era el Mesías o Cristo prometido. También dijo que era "Hijo de Dios", *no Dios*. (Juan 4:25, 26; 10:36.) Sin embargo, la Biblia no dice que Jesús fuera un hombre como cualquier otro hombre. Era una persona muy especial, porque Dios lo creó antes de todas las demás cosas. (Colosenses 1:15.) Por miles de millones de años o más, aun antes de la creación del universo físico, Jesús vivió en el cielo como espíritu y disfrutó de compañerismo íntimo con su Padre, Jehová Dios, el Magnífico Creador. (Proverbios 8:22, 27-31.)

Entonces, unos dos mil años atrás, Dios transfirió la vida de su Hijo a la matriz de una mujer, y Jesús llegó a ser un hijo humano de Dios, nacido de una mujer del modo normal. (Gálatas 4:4.) Mientras Jesús se desarrollaba en la matriz, y mientras se crió como niño, dependió de las personas a quienes Dios había seleccionado para que fueran sus padres terrestres. Con el tiempo, a Jesús ya hombre se le concedió recordar toda su asociación anterior con Dios en el cielo. (Juan 8:23; 17:5.)

Lo que lo hizo el más grande

Porque imitó cuidadosamente a su Padre celestial, Jesús fue el hombre más grande de todos los tiempos. Como Hijo fiel, Jesús copiaba con tanta exactitud a su Padre que pudo decir a sus seguidores: "El que me ha visto a mí ha visto al Padre también". (Juan 14:9, 10.) En toda situación aquí en la Tierra hizo tal como su Padre, el Dios Todopoderoso, habría hecho. "No hago nada por mi propia iniciativa —explicó Jesús—; sino que hablo estas cosas así como el Padre me ha enseñado." (Juan 8:28.) Por eso, cuando estudiamos la vida de Jesucristo estamos en realidad obteniendo un cuadro claro de precisamente cómo es Dios.

Así, aunque el apóstol Juan reconoció que "a Dios ningún hombre lo ha visto", todavía pudo escribir que "Dios es amor". (Juan 1:18; 1 Juan 4:8.) Juan podía hacer esto porque conocía el amor de Dios mediante lo que vio en Jesús, quien era el reflejo perfecto de su Padre. Jesús era compasivo, bondadoso, humilde y abordable. Los débiles y oprimidos se sentían cómodos en su presencia, lo mismo que personas de toda clase... hombres, mujeres, niños, los ricos, los pobres, poderosos y hasta pecadores viles. Solo a las personas de corazón inicuo no les gustaba.

Sí, Jesús no simplemente enseñó a sus seguidores a amarse unos a otros, sino que les mostró cómo. "Como yo los he amado —dijo—, que ustedes también se amen los unos a los otros." (Juan 13:34.) El conocer "el amor del Cristo", explicó uno de sus apóstoles, "sobrepuja al conocimiento". (Efesios 3:19.) Sí, el amor que Cristo demostró sobrepasa al conocimiento académico de datos y "obliga" a otros a responder al amor. (2 Corintios 5:14.) Así, en particular el sobrepujante ejemplo de amor de Jesús lo hizo el hombre más grande de todos los tiempos. Su amor ha afectado el corazón de millones a través de los siglos y ha resultado ser para ellos una influencia beneficiosa.

Sin embargo, puede que algunos presenten esta objeción: 'Mire todos los crímenes que se han cometido en el nombre de Cristo: las cruzadas, la Inquisición y las guerras en que millones de supuestos cristianos se han matado unos a otros como combatientes en lados opuestos'. Pero la verdad es que los que hacen estas cosas niegan por sus hechos que sean seguidores de Jesús. Las enseñanzas y el modo de vivir de él condenan las acciones de ellos. Hasta un hindú, Mohandas Gandhi, se sintió impulsado a decir: 'Amo a Cristo, pero desprecio a los cristianos porque no viven como vivió Cristo'.

Beneffciese aprendiendo de él

De seguro ningún estudio pudiera ser más importante hoy que el de la vida y el ministerio de Jesucristo. El apóstol Pablo instó: 'Miren atentamente a Jesús. Sí, considérenlo con sumo cuidado y atención'. Y Dios mismo dio este mandato acerca de su Hijo: *"Escúchenle"*. Esto es lo que el libro *El hombre más grande de todos los tiempos* le ayudará a hacer. (Hebreos 12:2, 3; Mateo 17:5.)

Se ha hecho un esfuerzo por presentar todo suceso de la vida terrestre de Jesús que se relata en los cuatro Evangelios, lo que incluye los discursos que pronunció y sus ilustraciones y milagros. Hasta el grado posible, todo se relata en el orden en que tuvo lugar. Al fin de cada capítulo hay una lista de los textos bíblicos sobre los cuales se basa el capítulo. Se le estimula a leer esos textos y contestar las preguntas de repaso que se suministran.

Un erudito de la Universidad de Chicago afirmó recientemente: "En los últimos veinte años se ha escrito más acerca de Jesús que en los dos milenios anteriores". Sin embargo, es vitalmente necesario considerar personalmente los relatos evangélicos, porque como dijo *The Encyclopædia Britannica:* "Muchos estudiantes modernos han estado tan ocupados con teorías en conflicto acerca de Jesús y los Evangelios que han descuidado el estudio de las fuentes fundamentales mismas".

Estamos seguros de que después que usted considere con cuidado y sin prejuicio los relatos evangélicos concordará en que los sucesos más importantes de la historia humana tuvieron lugar durante el reinado del césar romano Augusto, cuando Jesús de Nazaret vino para dar su vida por nosotros.

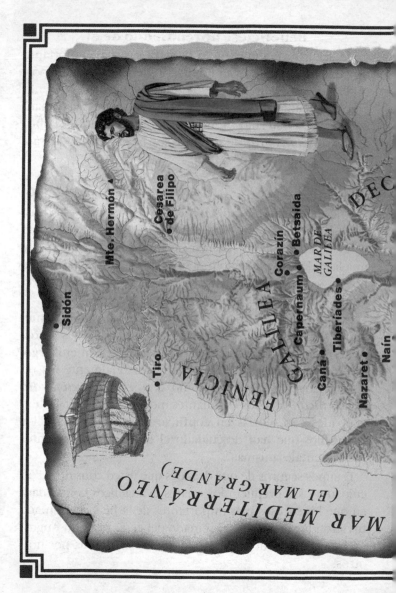

MAR MEDITERRÁNEO
(EL MAR GRANDE)

FENICIA

GALILEA

Sidón

Tiro

Mte. Hermón

Cesarea de Filipo

Corazín

Capernaúm

Betsaida

MAR DE GALILEA

Caná

Tiberíades

Nazaret

Naín

DEC

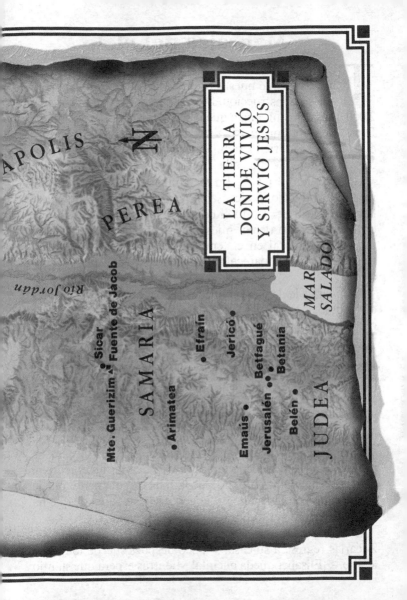

Mensajes del cielo

TODA la Biblia es, en realidad, un mensaje procedente del cielo, que nuestro Padre celestial ha provisto para nuestra instrucción. Sin embargo, aproximadamente 2.000 años atrás un ángel que está "de pie cerca y delante de Dios" fue portador de dos mensajes especiales. El nombre de este ángel es Gabriel. Examinemos las circunstancias de estas dos importantes visitas a la Tierra.

Corre el año 3 a.E.C. En las colinas de Judea, probablemente no muy lejos de Jerusalén, vive un sacerdote de Jehová llamado Zacarías. Tanto él como su esposa Elisabet ya han envejecido. Y no tienen hijos. Zacarías está en su turno de servicio sacerdotal en el templo de Dios en Jerusalén. De repente, Gabriel aparece al lado derecho del altar del incienso.

A Zacarías le da mucho miedo. Pero Gabriel lo tranquiliza diciéndole: "No temas, Zacarías, porque tu ruego ha sido oído favorablemente, y tu esposa Elisabet llegará a ser para ti madre de un hijo, y has de ponerle por nombre Juan". Gabriel pasa a proclamar que Juan "será grande delante de Jehová" y que 'alistará para Jehová un pueblo preparado'. Sin embargo, Zacarías no puede creer aquello. ¡Parece tan imposible que él y Elisabet puedan tener un hijo a su edad! De modo que Gabriel le dice: "No podrás hablar hasta el día en que sucedan estas cosas, porque no creíste mis palabras".

Pues bien, mientras tanto la gente que está afuera se pregunta a qué se debe la tardanza de Zacarías en el templo. Cuando finalmente sale, no puede hablar; solamente puede hacer señas con las manos, y la gente se da cuenta de que ha visto algo sobrenatural.

Cuando se cumple el período de su servicio en el templo, Zacarías regresa a su casa. Y poco después sucede lo que se le dijo... ¡Elisabet queda encinta! Mientras espera que su hijo nazca, Elisabet permanece en su casa por cinco meses, alejada de la gente.

Después Gabriel aparece otra vez. ¿Y a quién habla? A una joven soltera del pueblo de Nazaret, llamada María. ¿Qué mensaje entrega esta vez? ¡Escuche! "Has hallado favor con Dios", dice Gabriel a María. "¡Mira!, concebirás en tu matriz y darás a luz un hijo, y has de ponerle por nombre Jesús". Gabriel añade: "Este será grande y será llamado Hijo del Altísimo; [...] y reinará sobre la casa de Jacob para siempre, y de su reino no habrá fin".

Podemos estar seguros de que Gabriel se siente privilegiado por ser portador de estos mensajes. Y cuando leamos más acerca de Juan y Jesús veremos con mayor claridad por qué, precisamente, son tan importantes estos mensajes del cielo. (2 Timoteo 3:16; Lucas 1:5-33.)

- ¿Qué dos importantes mensajes procedentes del cielo se entregan?
- ¿Quién entrega los mensajes, y a quiénes?
- ¿Por qué son tan difíciles de creer los mensajes?

Recibe honra antes de nacer

DESPUÉS que el ángel Gabriel dice a la joven María que ella dará a luz un niñito que llegará a ser un rey eterno, María pregunta: "¿Cómo será esto, puesto que no estoy teniendo coito con varón alguno?".

"Espíritu santo vendrá sobre ti —explica Gabriel—, y poder del Altísimo te cubrirá con su sombra. Por eso, también, lo que nace será llamado santo, Hijo de Dios."

Para ayudar a María a creer su mensaje, Gabriel pasa a decir: "Y, ¡mira!, tu parienta Elisabet también ha concebido ella misma un hijo, en su vejez, y este es el sexto mes para ella, la llamada estéril; porque con Dios ninguna declaración será una imposibilidad".

María acepta lo que Gabriel dice. ¿Y cómo responde? "¡Mira! ¡La esclava de Jehová!", exclama. "Efectúese conmigo según tu declaración."

Poco después que Gabriel se va, María se prepara y va a visitar a Elisabet, quien vive con su esposo, Zacarías, en la

serranía de Judea. Desde Nazaret, donde vive María, este es un largo viaje de quizás tres o cuatro días.

Cuando María llega finalmente a la casa de Zacarías, entra y saluda. Entonces Elisabet se llena de espíritu santo, y dice a María: "¡Bendita eres tú entre las mujeres, y bendito es el fruto de tu matriz! ¿Pues a qué se debe que tenga yo este privilegio, de que venga a mí la madre de mi Señor? Porque, ¡mira!, al entrar en mis oídos el sonido de tu saludo, la criatura que llevo en la matriz saltó con gran alegría".

Al oír esto, María responde con gratitud sincera: "Mi alma

engrandece a Jehová, y mi espíritu no puede menos que llenarse de gran gozo a causa de Dios mi Salvador; porque él ha mirado la posición baja de su esclava. Pues, ¡mira!, desde ahora todas las generaciones me declararán feliz; porque grandes obras me ha hecho el Poderoso". Sin embargo, a pesar del favor que se le muestra, María dirige toda la honra a Dios. "Santo es su nombre —dice—; y por generaciones tras generaciones su misericordia está sobre los que le temen."

María sigue alabando a Dios en una canción profética inspirada, al proclamar: "Poderosamente ha ejecutado con su brazo, ha esparcido a los que son altivos en la intención de su corazón. Ha rebajado de tronos a hombres de poder, y ensalzado a los de condición humilde; a los que tenían hambre los ha satisfecho plenamente con cosas buenas, y ha despedido sin nada a los que tenían riquezas. Ha venido en socorro de Israel su siervo, para recordar la misericordia, así como dijo a nuestros antepasados, a Abrahán y a su descendencia, para siempre".

María pasa con Elisabet unos tres meses, y sin duda rinde mucha ayuda durante estas últimas semanas del embarazo de Elisabet. ¡Qué excelente es que estas dos mujeres fieles, que han quedado embarazadas con la ayuda de Dios, puedan estar juntas en este período bendito de su vida!

¿Notó usted la honra que se rindió a Jesús aun antes de que naciera? Elisabet lo llamó "mi Señor", y la criatura que llevaba todavía en la matriz saltó de gozo cuando María se presentó allí. Por otro lado, después otras personas trataron con poco respeto a María y al hijo que ella esperaba, como veremos. (Lucas 1:26-56.)

■ ¿Qué dice Gabriel para ayudar a María a entender cómo llegaría a estar embarazada?

■ ¿Cómo recibió Jesús honra antes de nacer?

■ ¿Qué dice María en una canción profética de alabanza a Dios?

■ ¿Cuánto tiempo pasa María con Elisabet, y por qué es apropiado que María esté con Elisabet durante este tiempo?

Nace el preparador del camino

ELISABET está a punto de dar a luz. María ha pasado los últimos tres meses con ella. Pero ahora es tiempo de que María se despida y emprenda el largo viaje de regreso a su pueblo, Nazaret. En unos seis meses, ella también tendrá un bebé.

Poco después que María se va, Elisabet da a luz. ¡Qué alegría hay cuando el nacimiento tiene lugar sin complicaciones y tanto Elisabet como el bebé disfrutan de buena salud! Cuando Elisabet muestra el pequeñuelo a sus vecinos y parientes, todos se regocijan con ella.

De acuerdo con la Ley de Dios, en Israel un varoncito tiene que ser circuncidado al octavo día de haber nacido. Para esta ocasión, las amistades y los parientes vienen de visita. Dicen que al niño

debería ponérsele el nombre de su padre, Zacarías. Pero Elisabet interviene. "¡No, por cierto!", dice, "sino que será llamado Juan". Recuerde que este es el nombre que el ángel Gabriel dijo que debería ponérsele al niño.

No obstante, los amigos de ellos protestan: "Nadie hay entre tus parientes que se llame por ese nombre". Entonces, por medio de señas, preguntan al padre qué nombre quiere ponerle al niño. Zacarías pide una tablilla para escribir, y escribe, para sorpresa de todos: "Juan es su nombre".

Entonces Zacarías recobra milagrosamente el habla. El lector recordará que Zacarías había perdido el habla cuando no creyó el anuncio del ángel de que Elisabet tendría un hijo. Bueno, cuando Zacarías habla, todos los que viven en el vecindario se asombran y dicen para sí: "¿Qué habrá de ser en realidad este niñito?".

Zacarías se llena ahora de espíritu santo y, muy regocijado, dice: "Bendito sea Jehová el Dios de Israel, porque ha dirigido su atención y ejecutado liberación para con su pueblo. Y nos ha levantado un cuerno de salvación en la casa de David su siervo". Este "cuerno de salvación", por supuesto, es el Señor Jesús, quien todavía no ha nacido. Mediante él, dice Zacarías, Dios ha de "concedernos, después de haber sido librados de la mano de nuestros enemigos, el privilegio de rendirle servicio sagrado sin temor, con lealtad y justicia delante de él todos nuestros días".

Entonces Zacarías predice esto en cuanto a su hijo, Juan: "Mas en cuanto a ti, niñito, serás llamado profeta del Altísimo, porque irás por adelantado ante Jehová para alistarle sus caminos, para dar conocimiento de salvación a su pueblo por el perdón de sus pecados, debido a la tierna compasión de nuestro Dios. Con esta compasión nos visitará un amanecer desde lo alto, para dar luz a los que están sentados en oscuridad y en sombra de muerte, para dirigir nuestros pies prósperamente en el camino de la paz".

Para este tiempo, María, quien evidentemente está soltera todavía, ha llegado a su pueblo de Nazaret. ¿Qué le sucederá cuando se haga obvio que está encinta? **(Lucas 1:56-80; Levítico 12:2, 3.)**

- ¿Cuánto aventaja Juan a Jesús en edad?
- ¿Qué cosas suceden cuando Juan tiene ocho días de nacido?
- ¿Cómo ha dirigido Dios su atención a su pueblo?
- ¿Qué obra se predice que hará Juan?

Encinta,
pero no casada

MARÍA está en su tercer mes de embarazo. Usted recordará que ella pasó los primeros meses de su embarazo de visita en casa de Elisabet, pero ahora ha regresado a su hogar en Nazaret. Dentro de poco su condición será conocida públicamente en su pueblo. ¡Ciertamente está en una situación angustiosa!

Lo que empeora la situación es que María está comprometida para casarse con el carpintero José. Y ella sabe que, bajo la ley que Dios dio a Israel, una mujer que esté comprometida, pero que voluntariamente tenga relaciones sexuales con otro hombre, debe ser muerta a pedradas. ¿Cómo puede explicarle a José su embarazo?

Puesto que María ha estado ausente por tres meses, podemos estar seguros de que José está deseoso de verla. Cuando se encuentran, María probablemente le da la noticia. Tal vez haga todo lo posible por explicarle que está encinta por medio del espíritu santo de Dios. Pero, como usted puede imaginarse, a José se le hace sumamente difícil creer esto.

José sabe que María tiene buena reputación. Y parece que la ama muchísimo. Sin embargo, prescindiendo de lo que ella diga en su defensa, realmente parece que está encinta por otro hombre. Con todo, José no quiere que ella muera a pedradas ni que la deshonren públicamente. Así que decide divorciarse de ella en secreto. En aquellos días a las personas comprometidas se las consideraba casadas, y se requería un divorcio para poner fin al compromiso.

Más tarde, mientras José todavía está considerando estos asuntos, se duerme. El ángel de Jehová se le aparece en un sueño y le dice: "No tengas miedo de llevar a María tu esposa a casa, porque lo que ha sido engendrado en ella es por espíritu santo. Dará a luz un hijo, y tienes que ponerle por nombre Jesús, porque él salvará a su pueblo de sus pecados".

Cuando José despierta, ¡cuán agradecido está! Sin demora, hace precisamente lo que el ángel le ha mandado. Lleva a María a la casa de él. Esta acción pública sirve, de hecho, como ceremonia matrimonial; da a saber que José y María ahora están casados oficialmente. Pero José no tiene relaciones sexuales con María mientras ella lleva a Jesús en la matriz.

¡Mire! María está en una etapa avanzada de su embarazo; sin embargo, José está colocándola sobre un asno. ¿Adónde van, y por qué van de viaje cuando María está casi a punto de dar a luz? (Lucas 1:39-41, 56; Mateo 1:18-25; Deuteronomio 22:23, 24.)

- ¿Cómo afecta a José el enterarse de que María está encinta, y por qué?
- ¿Cómo puede José divorciarse de María, cuando todavía no están casados?
- ¿Qué acción pública sirve de ceremonia matrimonial para José y María?

5   El nacimiento de Jesús... ¿dónde y cuándo?

CÉSAR Augusto, el emperador del Imperio Romano, ha decretado que todos tienen que regresar a la ciudad donde nacieron, para apuntarse en un registro. Por eso José viaja al lugar de su nacimiento, la ciudad de Belén.

Las personas que están en Belén para registrarse son muchas, y el único lugar que José y María pueden hallar para alojarse es un establo. Aquí, donde se guardan asnos y otros animales, nace Jesús. María lo envuelve en bandas de tela y lo acuesta en un pesebre, donde se pone el alimento para los animales.

De seguro la dirección de Dios tuvo que ver con que César Augusto hiciera su ley del registro. Esto hizo posible que Jesús naciera en Belén, donde, según habían predicho desde hacía mucho tiempo las Escrituras, habría de nacer el gobernante prometido.

¡Qué importante es esta noche! Afuera en los campos, una luz brillante resplandece en torno de un grupo de pastores. ¡Es la gloria de Jehová! Y el ángel de Jehová les dice: "No teman, porque, ¡miren!, les declaro buenas nuevas de un gran gozo que todo el pueblo tendrá, porque les ha nacido hoy un Salvador, que es Cristo el Señor, en la ciudad de David. Y esto les servirá de señal: hallarán un nene envuelto en bandas de tela y acostado en un pesebre". De repente, muchos otros ángeles aparecen y cantan: "Gloria en las alturas a Dios, y sobre la tierra paz entre los hombres de buena voluntad".

Cuando los ángeles se van, los pastores se dicen unos a otros: "Vamos sin falta directamente a Belén, y veamos esta cosa que ha sucedido, que Jehová nos ha dado a conocer". Se apresuran, y hallan a Jesús exactamente donde el ángel dijo que lo encontrarían. Cuando los pastores relatan lo que el ángel les dijo, todos los que oyen de ello quedan maravillados. María salvaguarda todos estos dichos y los atesora en su corazón.

Muchas personas hoy creen que Jesús nació el 25 de diciembre. Pero en Belén el mes de diciembre es una época de lluvia y frío. Los pastores no pasarían la noche afuera en los campos con sus rebaños durante ese tiempo del año. Además, no era probable que el César romano hubiera exigido que un pueblo que ya estaba inclinado a rebelarse contra él hiciera un viaje como aquel en pleno invierno para registrarse. Evidentemente Jesús nació a principios del otoño del año. **(Lucas 2:1-20; Miqueas 5:2.)**

- ¿Qué hace que José y María viajen a Belén?
- ¿Qué cosa maravillosa sucede la noche en que nace Jesús?
- ¿Cómo sabemos que Jesús no nació el 25 de diciembre?

El niño de la promesa

EN VEZ de regresar a Nazaret, José y María permanecen en Belén. Y cuando Jesús cumple ocho días de nacido, lo hacen circuncidar como lo ordena la Ley que Dios dio a Moisés. Parece que también se acostumbra poner nombre a un bebé varón al octavo día. De modo que ellos llaman a su hijo Jesús, de acuerdo con las instrucciones que el ángel Gabriel había dado antes.

Pasa más de un mes, y Jesús tiene 40 días de nacido. ¿Adónde lo llevan ahora sus padres? Al templo de Jerusalén, que queda a solo unos cuantos kilómetros de donde están alojados. De acuerdo con la Ley que Dios dio a Moisés, 40 días después de haber dado a luz un hijo varón la madre de la criatura tiene que presentar una ofrenda de purificación en el templo.

Eso es lo que hace María. Como ofrenda suya presenta dos aves pequeñas. Eso revela algo en cuanto a la situación económica de José y María. La Ley de Moisés indica que debería ofrecerse un carnero joven, que vale mucho más que unas aves. Pero si la madre no tenía lo suficiente para un carnero, bastaría con que ofreciera dos tórtolas o dos palomas.

En el templo, un hombre de edad avanzada toma en brazos a Jesús. Se llama Simeón. Dios le ha revelado que no morirá sin haber visto al prometido Cristo, o Mesías, de Jehová. Cuando Simeón llega al templo aquel día, el espíritu santo lo dirige hacia el niño que traen José y María.

Cuando Simeón toma en brazos a Jesús, da gracias a Dios diciendo: "Ahora, Señor Soberano, estás dejando que tu esclavo vaya libre en paz, según tu declaración; porque mis ojos han visto tu medio de salvar que has alistado a la vista de todos los pueblos, una luz para remover de las naciones el velo, y una gloria de tu pueblo Israel".

José y María se asombran cuando oyen esto. Entonces Simeón los bendice y dice a María que su hijo "es puesto para la caída y el volver a levantarse de muchos en Israel", y que, como una espada aguda, el dolor le atravesará el alma a ella.

En aquella ocasión estaba presente allí Ana, profetisa de 84 años de edad. De hecho, nunca había faltado al templo. En esa misma hora se acerca y empieza a dar gracias a Dios y a hablar acerca de Jesús a todos los que escuchan.

¡Cuánto se regocijan José y María por estos sucesos en el templo! De seguro todo esto les confirma que el niño es el Prometido, el que Dios enviaría. **(Lucas 2:21-38; Levítico 12:1-8.)**

- Según parece, ¿cuándo se acostumbraba en Israel poner nombre a un bebé varón?
- ¿Qué se requería de una madre israelita a los 40 días de haber nacido su hijo, y cómo se revela la situación económica de María por el cumplimiento de este requisito?
- ¿Quiénes reconocen la identidad de Jesús en esta ocasión, y cómo lo muestran?

Jesús y los astrólogos

VARIOS hombres vienen desde el Oriente. Son astrólogos... personas que afirman que interpretan la posición de las estrellas. Mientras estaban en su hogar en el Oriente, vieron una nueva estrella, y la han seguido por centenares de kilómetros hasta Jerusalén.

Cuando los astrólogos llegan a Jerusalén, preguntan: "¿Dónde está el que nació rey de los judíos? Porque vimos su estrella cuando estábamos en el Oriente, y hemos venido a rendirle homenaje".

Cuando el rey Herodes oye de esto en Jerusalén, se perturba mucho. Así que llama a los principales sacerdotes y les pregunta dónde ha de nacer el Cristo. Fundándose en las Escrituras, contestan: "En Belén". Al oír eso, Herodes manda traer a los astrólogos y les dice: "Vayan y hagan una búsqueda cuidadosa del niñito, y cuando lo hayan hallado vuelvan e infórmenme, para que yo también vaya y le rinda homenaje". ¡Pero en realidad Herodes quiere hallar al niño para matarlo!

Después que ellos salen de allí, algo asombroso sucede. La estrella que habían visto cuando estaban en el Oriente va delante de ellos. Evidentemente esta no es una estrella cualquiera, sino

que ha sido provista especialmente para dirigirlos. Los astrólogos la siguen hasta que se detiene exactamente encima de la casa donde están José y María.

Cuando los astrólogos entran en la casa, hallan a María con su hijito, Jesús. Sin más, se inclinan ante él. Y sacan de sus sacos regalos de oro, olíbano y mirra. Después, cuando ya están a punto de regresar y decir a Herodes dónde está el niño, Dios les advierte en un sueño que no hagan eso. Así que parten hacia su país por otro camino.

¿Quién cree usted que proveyó la estrella que avanzaba en el cielo para guiar a los astrólogos? Recuerde, la estrella no los condujo directamente a Jesús en Belén. Más bien, los dirigió a Jerusalén, donde se comunicaron con Herodes, quien quería matar a Jesús. Y él hubiera hecho aquello si Dios no hubiera intervenido y advertido a los astrólogos que no le dijeran a Herodes dónde estaba Jesús. Era el enemigo de Dios, Satanás el Diablo, quien quería que se diera muerte a Jesús, y se valió de aquella estrella para tratar de realizar su propósito. (Mateo 2:1-12; Miqueas 5:2.)

- ¿Qué muestra que la estrella que los astrólogos vieron no era una estrella ordinaria?
- ¿Dónde está Jesús cuando lo hallan los astrólogos?
- ¿Por qué sabemos que Satanás proveyó la estrella para guiar a los astrólogos?

8

Escapan de un tirano

JOSÉ despierta a María para darle noticias urgentes. El ángel de Jehová se le acaba de aparecer y le ha dicho: "Levántate, toma al niñito y a su madre, y huye a Egipto, y quédate allá hasta que yo te diga; porque Herodes está para buscar al niñito para destruirlo".

Rápidamente, los tres escapan. Y lo hacen precisamente a tiempo, porque Herodes se ha enterado de que los astrólogos lo han engañado y se han ido del país. Recuerde que se suponía que ellos volvieran a donde Herodes y le informaran cuando hallaran a Jesús. Herodes está furioso. Por eso, en un esfuerzo por matar a Jesús, da órdenes de que se dé muerte a todos los muchachitos de dos años de edad o menos que vivan en Belén y sus distritos. Calcula aquella edad basándose en la información que antes obtuvo de los astrólogos que habían venido de Oriente.

¡Es horrible ver la matanza de todos los bebés varones! Los soldados de Herodes irrumpen en una casa tras otra. Y cuando hallan a un bebé varón, lo arrebatan de los brazos de la madre.

No tenemos idea de cuántos bebés matan, pero el gran llanto y gemido de las madres cumple una profecía bíblica de Jeremías, profeta de Dios.

Mientras tanto, José y su familia han llegado a salvo a Egipto, y ahora viven allí. Pero cierta noche el ángel de Jehová se aparece de nuevo a José en un sueño. "Levántate, toma al niñito y a su madre —dice el ángel—, y ponte en camino a la tierra de Israel, porque han muerto los que buscaban el alma del niñito." Así, en cumplimiento de otra profecía bíblica que dice que el Hijo de Dios sería llamado de Egipto, la familia regresa a su tierra.

Parece que José trata de establecerse en Judea, donde vivían en el pueblo de Belén antes de huir a Egipto. Pero se entera de que Arquelao el inicuo hijo de Herodes es el rey de Judea ahora, y en otro sueño Jehová le advierte del peligro. Por eso José y su familia viajan hacia el norte y se establecen en el pueblo de Nazaret, en Galilea. En esta comunidad, lejos del centro de la vida religiosa judía, crece Jesús. (Mateo 2:13-23; Jeremías 31:15; Oseas 11:1.)

- Cuando los astrólogos no regresan, ¿qué cosa terrible hace el rey Herodes, pero cómo se protege a Jesús?
- Al regresar de Egipto, ¿por qué no se queda de nuevo José en Belén?
- ¿Qué profecías bíblicas se cumplen durante este período?

Los primeros años de la vida familiar de Jesús

ALLÁ en los días de la crianza de Jesús en Nazaret aquella ciudad es relativamente pequeña y poco importante. Está en la región montañosa de una zona llamada Galilea, no lejos del hermoso valle de Jezreel.

Parece que cuando José y María lo traen aquí desde Egipto, cuando tiene más o menos dos años de edad, él es el único hijo de María. Pero esto no sigue así por mucho tiempo. Después nacen Santiago, José, Simón y Judas, e hijas que también tienen María y José. Con el tiempo Jesús llega a tener por lo menos seis hermanos y hermanas menores.

Jesús tiene otros parientes también. Ya sabemos acerca de su primo que le es mayor, Juan, quien vive a muchos kilómetros de distancia, en Judea. Pero más cerca, en Galilea, vive Salomé, quien parece que es hermana de María. Salomé está casada con Zebedeo, y esto hace de los dos hijos de ella, llamados Santiago y Juan, primos de Jesús. No sabemos si Jesús pasa mucho tiempo con estos muchachos mientras crece, pero después llegan a ser compañeros íntimos de él.

José tiene que trabajar afanosamente para mantener a su familia creciente. Es carpintero. José cría a Jesús como si fuera su propio hijo, y por eso se llama a Jesús "el hijo del carpintero". José enseña a Jesús a ser carpintero también, y Jesús aprende bien. A eso se debe que después la gente diga de Jesús: "Este es el carpintero".

La vida de la familia de José gira en torno a la adoración de Jehová Dios. José y María dan a sus hijos instrucción espiritual en conformidad con la Ley de Dios 'cuando se sientan en su casa, cuando andan por el camino, cuando se acuestan y cuando se levantan'. Hay una sinagoga en Nazaret, y podemos estar seguros de que José también lleva allí a su familia con regularidad para adorar. Pero sin duda lo que mayor gozo les causa es hacer viajes con regularidad al templo de Jehová en Jerusalén. (Mateo 13:55, 56; 27:56; Marcos 15:40; 6:3; Deuteronomio 6:6-9.)

■ ¿Por lo menos cuántos hermanos y hermanas menores tiene Jesús, y cómo se llaman algunos?

■ ¿Quiénes son tres bien conocidos primos de Jesús?

■ Con el tiempo, ¿en qué trabajo seglar se ocupa Jesús, y por qué?

■ ¿Qué instrucción vital provee José a su familia?

Viajes a Jerusalén

HA LLEGADO la primavera. Y es tiempo para que la familia de José, junto con sus amigos y parientes, haga el viaje anual que hace durante la primavera a Jerusalén para celebrar la Pascua. Cuando emprenden el viaje, que es de unos 105 kilómetros (65 millas), hay el entusiasmo usual. Jesús tiene ahora 12 años de edad, y espera con interés especial la fiesta.

Para Jesús y su familia la Pascua no es simplemente un asunto de un solo día. Se quedan también para la siguiente celebración de siete días, la fiesta de las Tortas no Fermentadas, que consideran parte de la temporada de la Pascua. Como resultado de esto, todo el viaje desde que parten de su hogar en Nazaret, con inclusión de la estadía en Jerusalén, toma unas dos semanas. Pero este año, debido a algo que implica a Jesús, el viaje toma más tiempo.

El problema sale a la luz durante el viaje de regreso de Jerusalén. José y María dan por sentado que Jesús está en el grupo de los parientes y los amigos que viajan juntos. Sin embargo, él no aparece cuando se detienen para pasar la noche, y ellos empiezan a buscarlo entre sus compañeros de viaje. No lo hallan en ningún lugar. Por eso José y María viajan toda la distancia de regreso a Jerusalén para buscarlo.

Pasan todo un día buscándolo, pero no logran encontrarlo. Tampoco lo hallan el día siguiente. Finalmente, al tercer día, van al templo. Allí, en una de sus salas, ven a Jesús sentado en medio de los maestros judíos, escuchándoles y haciéndoles preguntas.

"Hijo, ¿por qué nos trataste de este modo?", pregunta María. "Mira que tu padre y yo te hemos estado buscando con la mente angustiada."

A Jesús le sorprende que no supieran dónde hallarlo. "¿Por qué tuvieron que andar buscándome?", pregunta. "¿No sabían que tengo que estar en la casa de mi Padre?"

Jesús no puede entender por qué sus padres no sabrían esto.

Entonces Jesús regresa a su casa con sus padres y continúa sujeto a ellos. Sigue progresando en sabiduría y en desarrollo físico y en favor con Dios y los hombres. Sí, desde su niñez Jesús da un excelente ejemplo, no solo por ir en pos de los intereses espirituales, sino también por mostrar respeto a sus padres. **(Lucas 2:40-52; 22:7.)**

- ¿Qué viaje de primavera hace Jesús con regularidad junto con su familia, y cuánto tiempo dura?
- ¿Qué sucede durante el viaje que hacen cuando Jesús tiene 12 años de edad?
- ¿Qué ejemplo da Jesús para los jóvenes de hoy?

Juan prepara el camino

HAN pasado 17 años desde que Jesús, como niño de 12 años de edad, estuvo haciendo preguntas a los maestros en el templo. Es la primavera del año 29 E.C. y parece que todo el mundo habla acerca del primo de Jesús, Juan, quien predica por toda la comarca alrededor del río Jordán.

Ciertamente Juan es un hombre que impresiona, tanto por su apariencia como por su habla. Su ropa es de pelo de camello, y lleva un cinturón de cuero alrededor de los lomos. Se alimenta de langostas insectiles y de miel silvestre. ¿Y qué mensaje tiene? "Arrepiéntanse, porque el reino de los cielos se ha acercado."

Este mensaje emociona a sus oyentes. Muchos se dan cuenta de que tienen que arrepentirse, o sea, cambiar de actitud y rechazar como indeseable el derrotero que han seguido hasta entonces en la vida. Así, de todo el territorio alrededor del Jordán, y hasta de Jerusalén, viene la gente a Juan en grandes cantidades, y él los bautiza sumergiéndolos en las aguas del Jordán. ¿Por qué?

Juan bautiza a la gente en símbolo o reconocimiento de que aquellas personas sinceramente se arrepienten de los pecados que han cometido contra el pacto de la Ley en que se hallan con Dios. Por eso, cuando algunos fariseos y saduceos vienen al Jordán, Juan los condena. "Prole de víboras", dice. "Produzcan fruto propio del arrepentimiento; y no se atrevan a decir dentro de sí: 'Por padre tenemos a Abrahán'. Porque les digo que de estas piedras Dios puede levantar hijos a Abrahán. Ya el hacha yace a la raíz de los árboles; por eso, todo árbol que no produce fruto excelente ha de ser cortado y echado al fuego."

Debido a toda la atención que se está dando a Juan, los judíos le envían sacerdotes y levitas. Estos preguntan: "¿Quién eres?".

"Yo no soy el Cristo", confiesa Juan.

"¿Qué, entonces?", preguntan. "¿Eres Elías?"

"No lo soy", contesta.

"¿Eres El Profeta?"

"¡No!"

Por eso, insisten: "¿Quién eres?, para que demos respuesta a los que nos enviaron. ¿Qué dices acerca de ti mismo?".

Juan explica: "Yo soy la voz de alguien que clama en el desierto: 'Hagan recto el camino de Jehová,' así como dijo el profeta Isaías".

"¿Por qué bautizas, pues —quieren saber—, si tú mismo no eres el Cristo, ni Elías, ni El Profeta?"

"Yo bautizo en agua —responde él—. En medio de ustedes está de pie uno a quien ustedes no conocen, el que viene detrás de mí."

Juan está preparando el camino al poner a la gente en la debida condición de corazón para aceptar al Mesías, quien llegará a ser Rey. Respecto a Este, Juan dice: "El que viene después de mí es más fuerte que yo, y no soy digno de quitarle las sandalias". De hecho, Juan hasta dice: "El que viene detrás de mí se me ha adelantado, porque existió antes que yo".

Por lo tanto, el mensaje de Juan, "el reino de los cielos se ha acercado", sirve de notificación pública de que el ministerio de Jesucristo, el Rey nombrado por Jehová, está a punto de comenzar. (Juan 1:6-8, 15-28; Mateo 3:1-12; Lucas 3:1-18; Hechos 19:4.)

- ¿Qué clase de hombre es Juan?
- ¿Por qué bautiza Juan a la gente?
- ¿Por qué puede decir Juan que el Reino se ha acercado?

El bautismo de Jesús

UNOS seis meses después que Juan empieza a predicar, Jesús, quien ya tiene 30 años de edad, llega a donde él en el Jordán. ¿Para qué? ¿Para hacerle una visita social? ¿Está Jesús simplemente interesado en saber cómo va la obra de Juan? No; Jesús le pide a Juan que lo bautice.

Enseguida Juan objeta: "Yo soy el que necesito ser bautizado por ti, ¿y vienes tú a mí?" Juan sabe que su primo Jesús es el Hijo especial de Dios. Pues, ¡Juan había saltado de alegría en el vientre de su madre cuando María, que estaba encinta para dar a luz a Jesús, los visitó! No cabe duda de que posteriormente Elisabet, la madre de Juan, le habló de aquel incidente. Y también tiene que haberle dicho que un ángel había anunciado el nacimiento de Jesús y que, la noche en que nació Jesús, unos ángeles se habían aparecido a unos pastores.

Así que Jesús no es ningún extraño para Juan. Y Juan sabe que su bautismo no es para Jesús. Es para los que se arrepienten de sus pecados, pero Jesús no tiene pecado. Sin embargo, Jesús, a pesar de la objeción de Juan, insiste: "Deja que sea, esta vez,

porque de esa manera nos es apropiado llevar a cabo todo lo que es justo".

¿Por qué es correcto que Jesús se bautice? Porque el bautismo de Jesús no simboliza arrepentimiento por pecados, sino el hecho de que se presenta para hacer la voluntad de su Padre. Jesús ha sido carpintero, pero ahora ha llegado el tiempo en que ha de empezar el ministerio para el cual Jehová Dios lo ha enviado a la Tierra. ¿Cree usted que Juan espera que suceda algo insólito cuando bautiza a Jesús?

Pues bien, después Juan informa: "El Mismo que me envió a bautizar en agua me dijo: 'Sobre quienquiera que veas el espíritu descender y permanecer, este es el que bautiza en espíritu santo'". Así que Juan espera que el espíritu de Dios venga sobre alguien a quien él bautice. Por lo tanto, quizás no le sorprende en realidad ver que al subir Jesús del agua 'el espíritu de Dios viene como paloma sobre él'.

Pero sucede más que eso durante el bautismo de Jesús. 'Los cielos se le abren.' ¿Qué significa eso? Evidentemente significa que mientras Jesús está siendo bautizado le vuelve el recuerdo de la vida que vivió en el cielo antes de ser humano. De modo que ahora Jesús recuerda de lleno su vida como hijo celestial de Jehová Dios, lo que incluye todo lo que Dios le dijo en el cielo durante aquella existencia.

Además, cuando él se bautiza una voz del cielo proclama: "Este es mi Hijo, el amado, a quien he aprobado". ¿De quién es esa voz? ¿La voz de Jesús mismo? ¡Por supuesto que no! Es la de Dios. Está claro que Jesús es el Hijo de Dios, no Dios mismo, como afirman algunos.

Sin embargo, Jesús es un hijo humano de Dios, tal como lo fue el primer hombre, Adán. El discípulo Lucas, después de describir el bautismo de Jesús, escribe: "Jesús mismo, cuando comenzó su obra, era como de treinta años, siendo hijo, según se opinaba, de José, hijo de Helí, [...] hijo de David, [...] hijo de Abrahán, [...] hijo de Noé, [...] hijo de Adán, hijo de Dios".

Tal como Adán fue un "hijo [humano] de Dios", así lo es Jesús. Jesús es el hombre más grande de todos los tiempos, algo

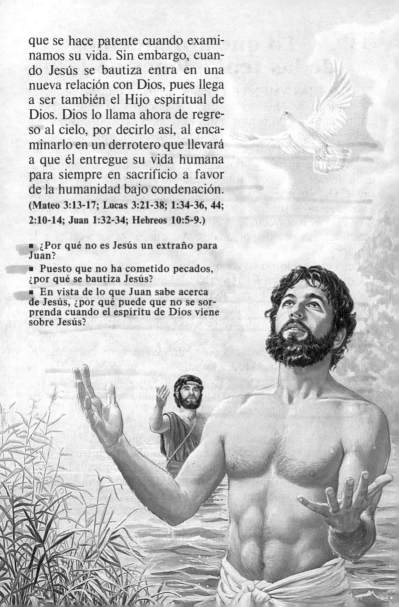

que se hace patente cuando examinamos su vida. Sin embargo, cuando Jesús se bautiza entra en una nueva relación con Dios, pues llega a ser también el Hijo espiritual de Dios. Dios lo llama ahora de regreso al cielo, por decirlo así, al encaminarlo en un derrotero que llevará a que él entregue su vida humana para siempre en sacrificio a favor de la humanidad bajo condenación. (Mateo 3:13-17; Lucas 3:21-38; 1:34-36, 44; 2:10-14; Juan 1:32-34; Hebreos 10:5-9.)

■ ¿Por qué no es Jesús un extraño para Juan?
■ Puesto que no ha cometido pecados, ¿por qué se bautiza Jesús?
■ En vista de lo que Juan sabe acerca de Jesús, ¿por qué puede que no se sorprenda cuando el espíritu de Dios viene sobre Jesús?

Lo que aprendemos
de las tentaciones de Jesús

INMEDIATAMENTE después del bautismo de Jesús, el espíritu de Dios lo conduce al desierto de Judea. Tiene mucho en qué pensar, pues al tiempo de su bautismo "los cielos se abrieron" para que él pudiera discernir asuntos celestiales. ¡Sí, tiene mucho sobre lo cual meditar!

Jesús pasa 40 días y 40 noches en el desierto y no come nada durante este tiempo. Entonces, cuando Jesús tiene mucha hambre, el Diablo se le acerca para tentarlo, y le dice: "Si eres hijo de Dios, di a estas piedras que se conviertan en panes". Pero Jesús sabe que es incorrecto que él use sus poderes milagrosos para satisfacer sus deseos personales. Así que se niega a ceder a la tentación.

Pero el Diablo no se da por vencido. Trata otra manera de abordarlo. Desafía a Jesús a saltar del muro del templo para que los ángeles de Dios lo rescaten. Pero Jesús no se deja tentar de modo que haga ese despliegue espectacular. Jesús cita de las Escrituras y muestra que es incorrecto poner a prueba a Dios de esa manera.

En una tercera tentación, de alguna manera milagrosa el Diablo muestra a Jesús todos los reinos del mundo y dice: "Todas estas cosas te las daré si caes y me rindes un acto de adoración". Pero de nuevo Jesús rehúsa ceder a la tentación de hacer lo malo, y escoge seguir siendo fiel a Dios.

De estas tentaciones de Jesús podemos aprender varias cosas. Por ejemplo, las tentaciones muestran que el Diablo no es simplemente la cualidad del mal, como algunos afirman, sino que es una persona real, invisible. La tentación de Jesús también muestra que todos los gobiernos mundiales son propiedad del Diablo. Pues, ¿cómo pudiera haber sido una verdadera tentación para Cristo el que el Diablo se los ofreciera si realmente no fueran suyos?

Y piense en esto: El Diablo dijo que estaba dispuesto a recompensar a Jesús por un solo acto de adoración, incluso a darle *todos los reinos del mundo*. El Diablo bien pudiera tratar de

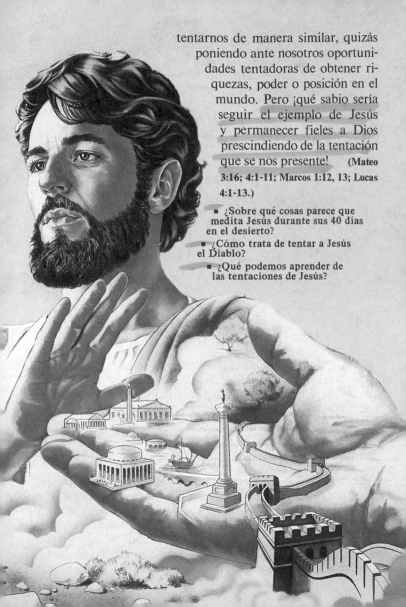

tentarnos de manera similar, quizás poniendo ante nosotros oportunidades tentadoras de obtener riquezas, poder o posición en el mundo. Pero ¡qué sabio sería seguir el ejemplo de Jesús y permanecer fieles a Dios prescindiendo de la tentación que se nos presente! (Mateo 3:16; 4:1-11; Marcos 1:12, 13; Lucas 4:1-13.)

- ¿Sobre qué cosas parece que medita Jesús durante sus 40 días en el desierto?
- ¿Cómo trata de tentar a Jesús el Diablo?
- ¿Qué podemos aprender de las tentaciones de Jesús?

14   Los primeros
discípulos de Jesús

DESPUÉS de 40 días en el desierto, Jesús regresa a donde Juan, quien lo había bautizado. Cuando Jesús se acerca, parece que Juan señala a él y exclama a los presentes: "¡Mira, el Cordero de Dios que quita el pecado del mundo! Este es aquel de quien dije: Detrás de mí viene un varón que se me ha adelantado, porque existió antes que yo". Aunque Juan es mayor que su primo Jesús, Juan sabe que Jesús existió antes que él como espíritu en el cielo.

Sin embargo, unas cuantas semanas antes, cuando Jesús vino a bautizarse, aparentemente Juan no sabía con certeza que Jesús sería el Mesías. "Ni siquiera yo lo conocía, pero la razón por la cual yo vine bautizando en agua fue para que él fuera puesto de manifiesto a Israel", reconoce Juan.

Juan pasa a explicar a sus oyentes lo que sucedió cuando él bautizó a Jesús: "Vi el espíritu bajar como paloma del cielo, y

permaneció sobre él. Ni siquiera yo lo conocía, pero El Mismo que me envió a bautizar en agua me dijo: 'Sobre quienquiera que veas el espíritu descender y permanecer, este es el que bautiza en espíritu santo'. Y yo lo he visto, y he dado testimonio de que este es el Hijo de Dios".

El día siguiente Juan está de pie con dos de sus discípulos. De nuevo, mientras Jesús se acerca, dice: "¡Miren, el Cordero de Dios!". Al oír esto, estos dos discípulos de Juan el Bautizante siguen a Jesús. Uno de ellos es Andrés, y está claro que el otro es la mismísima persona que puso por escrito estos sucesos, quien también se llama Juan. Hay indicaciones de que este Juan también es primo de Jesús, pues parece que es hijo de Salomé, la hermana de María.

Al volverse y ver que Andrés y Juan lo siguen, Jesús pregunta: "¿Qué buscan?".

"Rabí —le preguntan—, ¿dónde estás alojado?"

"Vengan, y verán", contesta Jesús.

Son más o menos las cuatro de la tarde, y Andrés y Juan permanecen con Jesús el resto del día. Después Andrés está tan emocionado que se apresura a buscar a su hermano, que se llama Pedro. "Hemos hallado al Mesías", le dice. Y lleva a Pedro a donde Jesús. Tal vez al mismo tiempo Juan busca a su hermano Santiago y lo lleva a Jesús; no obstante, como es característico de él, Juan omite de su Evangelio esta información personal.

El día siguiente Jesús busca a Felipe, quien es de Betsaida, la misma ciudad de donde vinieron Andrés y Pedro. Le extiende la invitación: "Sé mi seguidor".

Felipe entonces busca a Natanael, también llamado Bartolomé, y dice: "Hemos hallado a aquel de quien Moisés, en la Ley, y los Profetas escribieron, a Jesús, hijo de José, de Nazaret". Natanael expresa duda. "¿De Nazaret puede salir algo bueno?", pregunta.

"Ven y ve", dice con instancia Felipe. Cuando se acercan a Jesús, Jesús dice sobre Natanael: "Mira, un israelita de seguro, en quien no hay engaño".

"¿Cómo es que me conoces?", pregunta Natanael.

"Antes que Felipe te llamara, mientras estabas debajo de la higuera, te vi", contesta Jesús.

Natanael se sorprende. "Rabí [que significa Maestro] tú eres el Hijo de Dios, tú eres el Rey de Israel", dice.

"¿Porque te dije que te vi debajo de la higuera crees?", pregunta Jesús. "Cosas mayores que estas verás." Entonces promete: "Muy verdaderamente les digo: Verán el cielo abierto y a los ángeles de Dios ascendiendo y descendiendo al Hijo del hombre".

Al poco tiempo de esto, Jesús parte del valle del Jordán con los discípulos que acaba de adquirir y viaja a Galilea. (Juan 1:29-51.)

- ¿Quiénes son los primeros discípulos de Jesús?
- ¿Cómo es presentado Pedro, y quizás también Santiago, a Jesús?
- ¿Qué convence a Natanael de que Jesús es el Hijo de Dios?

15 El primer milagro de Jesús

SOLO un día o dos atrás Andrés, Pedro, Juan, Felipe, Natanael y quizás Santiago llegaron a ser los primeros discípulos de Jesús. Ahora van de regreso a su distrito de origen, Galilea. Van a Caná, el pueblo de Natanael, situado en colinas cercanas a Nazaret, donde Jesús mismo se crió. Se les ha invitado a un banquete de bodas en Caná.

La madre de Jesús también ha venido a la boda. Parece que como amiga de la familia de los novios María ha estado atendiendo a los muchos invitados. Por eso, pronto se da cuenta de que algo escasea, y lo informa a Jesús: "No tienen vino".

Cuando de este modo María en realidad sugiere que Jesús haga algo en cuanto a la falta de vino, al principio Jesús no se muestra dispuesto a hacerlo. "¿Qué tengo que ver contigo, mujer?", pregunta. Como Rey nombrado por Dios, ni su familia ni sus amistades han de dirigirlo mientras efectúa su actividad. Por eso, prudentemente María deja el asunto en manos de su hijo y simplemente dice a los que están ministrando: "Todo cuanto les diga, háganlo".

Pues bien, hay seis grandes tinajas de piedra para agua, cada una de las cuales puede contener más de 40 litros (10 galones). Jesús da las siguientes instrucciones a los que ministran: "Llenen de agua las tinajas para agua". Y los sirvientes las llenan hasta el borde. Entonces Jesús dice: "Saquen un poco ahora y llévenlo al director del banquete".

Al director, quien no se da cuenta de que el vino ha sido producido milagrosamente, le impresiona su excelente calidad. Llama al novio y le dice: "Todo otro hombre pone primero el vino excelente, y cuando la gente está embriagada, el inferior. Tú has reservado el vino excelente hasta ahora".

Este es el primer mi-

lagro de Jesús, y el verlo fortalece la fe de los que recientemente han llegado a ser sus discípulos. Después ellos, junto con la madre y los medio hermanos de Jesús, viajan a la ciudad de Capernaum, cerca del mar de Galilea. **(Juan 2:1-12.)**

- ¿Cuándo, durante el ministerio de Jesús, se celebra la boda de Caná?

- ¿Por qué se opone Jesús a la sugerencia de su madre?

- ¿Qué milagro realiza Jesús, y qué efecto tiene en otras personas?

Celo por la adoración de Jehová

LOS medio hermanos de Jesús —los otros hijos de María— son Santiago, José, Simón y Judas. Pero antes de que todos estos viajen con Jesús y sus discípulos a Capernaum, una ciudad que está cerca del mar de Galilea, puede que se detengan primero en su hogar, en Nazaret, para que la familia pueda empaquetar las cosas que han de necesitar.

Pero ¿por qué va Jesús a Capernaum en vez de efectuar su ministerio en Caná, en Nazaret o en algún otro lugar de las colinas de Galilea? En primer lugar, Capernaum está ubicada en un lugar más prominente y evidentemente es una ciudad más

grande. Además, la mayor parte de los discípulos que Jesús ha adquirido recientemente viven en Capernaum o en sus cercanías, de modo que no tendrán que dejar sus hogares para ser adiestrados por él.

Durante su estadía en Capernaum, Jesús efectúa obras maravillosas, como de ello testifica él mismo unos meses después. Pero al poco tiempo Jesús y sus compañeros están de viaje nuevamente. Es la primavera, y van de camino a Jerusalén para asistir a la Pascua del año 30 E.C. Mientras están allí, los discípulos ven un aspecto de Jesús que tal vez no han visto antes.

De acuerdo con la ley de Dios se requiere que los israelitas ofrezcan en sacrificio animales. Por eso, para la conveniencia de los israelitas unos mercaderes de Jerusalén venden animales o aves que se han de usar de ese modo. Pero están vendiendo allí mismo dentro del templo, y hacen trampa y le cobran demasiado a la gente.

Jesús, lleno de indignación, hace un azote de cuerdas y expulsa a los vendedores. Derrama las monedas de los cambistas y vuelca sus mesas. "¡Quiten estas cosas de aquí!", grita a los que venden las palomas. "¡Dejen de hacer de la casa de mi Padre una casa de mercancías!"

Cuando los discípulos de Jesús ven esto, recuerdan la profecía que dice acerca del Hijo de Dios: "El celo por tu casa me consumirá". Pero los judíos preguntan: "¿Qué señal tienes para mostrarnos, ya que haces estas cosas?". Jesús contesta: "Derriben este templo, y en tres días lo levantaré".

Los judíos suponen que Jesús está hablando del templo literal, y por eso preguntan: "Este templo fue edificado en cuarenta y seis años, ¿y tú en tres días lo levantarás?". Sin embargo, Jesús está hablando acerca del templo de su cuerpo. Y tres años después los discípulos recuerdan este dicho de él cuando es levantado de entre los muertos. (Juan 2:12-22; Mateo 13:55; Lucas 4:23.)

- Después de las bodas en Caná, ¿a qué lugares viaja Jesús?
- ¿Por qué se indigna Jesús, y qué hace?
- ¿Qué recuerdan los discípulos de Jesús al ver sus acciones?
- ¿Qué dice Jesús acerca de "este templo", y con qué significado?

17

Enseña a Nicodemo

MIENTRAS asiste a la Pascua del año 30 E.C., Jesús ejecuta notables señales o milagros. El resultado de esto es que muchos ponen fe en él. Nicodemo, miembro del Sanedrín, el tribunal supremo judío, queda impresionado y desea aprender más. Por eso, visita a Jesús en la oscuridad de la noche, probablemente por temor a que, de ser visto, se perjudique su reputación ante otros líderes judíos.

"Rabí —dice—, sabemos que tú como maestro has venido de Dios; porque nadie puede ejecutar estas señales que tú ejecutas a menos que Dios esté con él." En respuesta Jesús dice a Nicodemo que para entrar en el Reino de Dios uno tiene que 'nacer de nuevo' o "nacer otra vez".

Sin embargo, ¿cómo puede alguien nacer de nuevo?

"No puede entrar en la matriz de su madre por segunda vez y nacer, ¿verdad?", pregunta Nicodemo.

No, eso no es lo que significa nacer de nuevo. "A menos que uno nazca del agua y del espíritu —explica Jesús—, no puede entrar en el reino de Dios." Jesús nació "del agua y del espíritu" cuando fue bautizado y sobre él descendió espíritu santo. Dios, al declarar desde el cielo: 'Este es mi Hijo, a quien he aprobado', anunció que había producido un hijo espiritual que tenía la perspectiva de entrar en el Reino celestial. Más adelante, en el Pentecostés de 33 E.C., otras personas ya bautizadas recibirán espíritu santo y de ese modo también nacerán de nuevo como hijos espirituales de Dios.

Pero el papel del Hijo humano especial de Dios

es vital. "Así como Moisés alzó la serpiente en el desierto —dice Jesús a Nicodemo—, así tiene que ser alzado el Hijo del hombre, para que todo el que cree en él tenga vida eterna." Sí, tal como aquellos israelitas que fueron mordidos por serpientes venenosas tuvieron que mirar a la serpiente de cobre para salvarse, así también todo ser humano tiene que ejercer fe en el Hijo de Dios para salvarse de su condición de persona moribunda.

Jesús subraya el papel amoroso que desempeña Jehová, al decir entonces a Nicodemo: "Tanto amó Dios al mundo que dio su Hijo unigénito, para que todo el que ejerce fe en él no sea destruido, sino que tenga vida eterna". Así aclara Jesús, estando en Jerusalén sólo seis meses después de haber comenzado su ministerio, que él es el medio que Jehová Dios usa para salvar a la humanidad.

Jesús pasa a dar esta explicación a Nicodemo: "Porque Dios no envió a su Hijo al mundo para que juzgara al mundo", es decir, no para que lo juzgara adversamente, o lo condenara, sentenciando a destrucción a la raza humana. Más bien, como dice Jesús, él fue enviado "para que el mundo se salve por medio de él".

Nicodemo, temeroso, ha venido a Jesús bajo la protección de la oscuridad. Por eso es interesante el que Jesús cierre la conversación con él con las palabras: "Ahora bien, esta es la base para el juicio, que la luz [personificada por Jesús en su vida y sus enseñanzas] ha venido al mundo, pero los hombres han amado la oscuridad más bien que la luz, porque sus obras eran inicuas. Porque el que practica cosas viles odia la luz y no viene a la luz, para que sus obras no sean censuradas. Pero el que hace lo que es verdad viene a la luz, para que sus obras sean puestas de manifiesto como obradas en armonía con Dios". **(Juan 2:23–3:21; Mateo 3:16, 17; Hechos 2:1-4; Números 21:9.)**

- ¿Qué motiva la visita de Nicodemo, y por qué la hace de noche?
- ¿Qué significa 'nacer de nuevo'?
- ¿Cómo ilustra Jesús su papel en nuestra salvación?
- ¿Qué significa el que Jesús no viniera a juzgar al mundo?

Juan mengua, Jesús aumenta

DESPUÉS de la Pascua en la primavera de 30 E.C., Jesús y sus discípulos parten de Jerusalén. Sin embargo, no regresan a sus hogares en Galilea, sino que pasan al campo de Judea, donde efectúan bautismos. Juan el Bautizante ha estado haciendo el mismo trabajo por aproximadamente un año ya, y todavía tiene discípulos que se asocian con él.

En realidad Jesús mismo no efectúa ningún bautismo, pero sus discípulos lo hacen bajo su dirección. El bautismo que ellos efectúan tiene el mismo significado que el de Juan: es un símbolo del arrepentimiento del judío por pecados contra el pacto de la Ley de Dios. Sin embargo, después de su resurrección Jesús dice a sus discípulos que lleven a cabo un bautismo que tiene un significado diferente. El bautismo cristiano de hoy es símbolo de la dedicación de la persona para servir a Jehová Dios.

Sin embargo, durante este tiempo temprano en el ministerio de Jesús, tanto Juan como él, aunque trabajan por separado, están enseñando y bautizando a los que se arrepienten. Pero los discípulos de Juan sienten celos, y se quejan de Jesús: "Rabí, [...] fíjate, este está bautizando, y todos están yendo a él".

En vez de sentir celos, Juan se regocija por el éxito de Jesús y también quiere que sus discípulos se regocijen. Les recuerda: "Ustedes mismos me dan testimonio de que dije: Yo no soy el Cristo, sino que he sido enviado delante de aquel". Entonces presenta esta hermosa ilustración: "El que tiene la novia es el novio. Sin embargo, el amigo del novio, cuando está de pie y lo oye, tiene mucho gozo a causa de la voz del novio. Por eso este gozo mío se ha hecho pleno".

Juan, como el amigo del Novio, se había regocijado unos seis meses antes cuando había presentado sus discípulos a Jesús. Algunos de ellos habían llegado a ser miembros en perspectiva de la clase de la novia celestial de Cristo que se compondría de cristianos ungidos con el espíritu. Juan quiere que sus discípulos actuales sigan a Jesús, pues su propósito es preparar el camino para el próspero ministerio de Cristo. Como explica Juan el Bautizante: "Aquél tiene que seguir aumentando, pero yo tengo que seguir menguando".

Juan, discípulo reciente de Jesús que antes había sido también discípulo de Juan el Bautizante, escribe así respecto al origen de Jesús y Su importante papel en la salvación humana: "El que viene de arriba está sobre todos los demás. [...] El Padre ama al Hijo y ha entregado en su mano todas las cosas. El que ejerce fe en el Hijo tiene vida eterna; el que desobedece al Hijo no verá la vida, sino que la ira de Dios permanece sobre él".

Poco después que Juan el Bautizante menciona que su propia actividad menguará, el rey Herodes lo arresta. Herodes ha tomado como esposa a Herodías, la esposa de Filipo su hermano, y cuando Juan denuncia públicamente como incorrectas sus acciones, Herodes hace que sea encarcelado. Cuando Jesús oye del arresto de Juan, sale de Judea con sus discípulos y se dirige a Galilea. (Juan 3:22–4:3; Hechos 19:4; Mateo 28:19; 2 Corintios 11:2; Marcos 1:14; 6:17-20.)

■ ¿Qué significado tienen los bautismos efectuados bajo la dirección de Jesús antes de su resurrección?, ¿y después de su resurrección?

■ ¿Cómo muestra Juan que sus discípulos se quejan sin razón?

■ ¿Por qué se encarcela a Juan?

19

Enseña a
una samaritana

EN SU camino de Judea a Galilea, Jesús y sus discípulos viajan por el distrito de Samaria. Cansados por el viaje, se detienen para descansar a eso del mediodía al lado de un pozo cerca de la ciudad de Sicar. Este pozo había sido cavado siglos antes por Jacob, y permanece hasta este día, cerca de la ciudad moderna de Nablus.

Mientras Jesús descansa aquí, sus discípulos entran en la ciudad para comprar alimentos. Cuando una samaritana acude al pozo a sacar agua, él le dice: "Dame de beber".

Debido a prejuicios profundamente arraigados, los judíos y los samaritanos generalmente no tienen tratos unos con otros. Por eso, con asombro la mujer pregunta: "¿Cómo es que tú, a pesar de ser judío, me pides de beber a mí, que soy mujer samaritana?".

Jesús contesta: "Si hubieras conocido [...] quién es el que te dice: 'Dame de beber', tú le habrías pedido, y él te habría dado agua viva".

"Señor —responde ella—, ni siquiera tienes un cubo para sacar agua, y el pozo es hondo. ¿De dónde, pues, tienes esta agua viva? Tú no eres mayor que nuestro antepasado Jacob, que nos dio el pozo y que bebió de él él mismo junto con sus hijos y su ganado vacuno, ¿verdad?"

"A todo el que bebe de esta agua le dará sed otra vez —dice Jesús—. A cualquiera que beba del agua que yo le daré de ningún modo le dará sed jamás, sino que el agua que yo le daré se hará en él una fuente de agua que brotará para impartir vida eterna."

"Señor, dame esta agua, para que ni tenga sed ni siga viniendo acá a este lugar a sacar agua", contesta la mujer.

Jesús ahora le dice: "Ve, llama a tu esposo y ven a este lugar".

"No tengo esposo", contesta ella.

Jesús confirma su declaración. "Bien dijiste: 'No tengo esposo'. Porque has tenido cinco esposos, y el que ahora tienes no es tu esposo."

"Señor, percibo que eres profeta", dice la mujer, sorprendida. Manifestando su interés espiritual, ella indica que los samaritanos "adoraron en esta montaña [Guerizim, que está cerca]; pero ustedes [los judíos] dicen que en Jerusalén es el lugar donde se debe adorar".

Sin embargo, Jesús señala que lo que importa no es dónde se adora. Dice: "La hora viene [...] en que los verdaderos adoradores adorarán al Padre con espíritu y con verdad, porque, en realidad, el Padre busca a los de esa clase para que lo adoren. Dios es un Espíritu, y los que lo adoran tienen que adorarlo con espíritu y con verdad".

La mujer queda profundamente impresionada. "Yo sé que el Mesías viene, el que se llama Cristo —dice—. Cuando llegue ese, él nos declarará todas las cosas abiertamente."

"Yo, el que habla contigo, soy ese", declara Jesús. ¡Imagínese! Esta mujer que viene al mediodía a sacar agua, quizás para evitar encontrarse con las mujeres del pueblo que la desprecian por su modo de vivir, es favorecida de manera maravillosa por Jesús. Sin rodeos él le dice algo que no había confesado abiertamente a ninguna otra persona. ¿Qué consecuencias tiene esto?

Muchos samaritanos se hacen creyentes

Al regresar de Sicar con alimentos, los discípulos hallan a Jesús junto al pozo de Jacob, donde lo habían dejado, y donde está ahora hablando con una samaritana. Cuando los discípulos llegan, ella se marcha, dejando su cántaro de agua, y se dirige a la ciudad.

Profundamente interesada en las cosas que Jesús le ha dicho, ella dice a los hombres de la ciudad: "Vengan acá, vean a un hombre que me ha dicho todas las cosas que hice". Entonces, como para despertar curiosidad, pregunta: "¿Acaso no es este el Cristo?". La pregunta surte efecto... los hombres salen para ver por sí mismos.

Entretanto, los discípulos instan a Jesús a que coma el alimento que han traído de la ciudad. Pero él responde: "Yo tengo alimento para comer del cual ustedes no saben".

"Nadie le ha traído de comer, ¿verdad?", se preguntan los discípulos. Jesús explica: "Mi alimento es hacer la voluntad del que me envió y terminar su obra. ¿No dicen ustedes que todavía

hay cuatro meses antes que venga la siega?". Sin embargo, refiriéndose a la siega espiritual, Jesús dice: "Alcen los ojos y miren los campos, que están blancos para la siega. Ya el segador está recibiendo salario y recogiendo fruto para vida eterna, a fin de que el sembrador y el segador se regocijen juntos".

Puede ser que Jesús ya pueda ver el magnífico efecto de haberse encontrado con la samaritana... que muchos están poniendo fe en él debido al testimonio de ella. Ella está testificando a la gente del pueblo, diciendo: "Me dijo todas las cosas que hice". Por lo tanto, cuando los hombres de Sicar llegan a él junto al pozo, le piden que se quede y les hable más. Jesús acepta la invitación y permanece allí dos días.

A medida que los samaritanos escuchan a Jesús, muchos más creen. Entonces dicen a la mujer: "Ya no creemos a causa de tu habla; porque hemos oído por nosotros mismos y sabemos que este hombre es verdaderamente el salvador del mundo". ¡Sin duda, la samaritana es un magnífico ejemplo de cómo nosotros podemos dar testimonio de Cristo por medio de despertar la curiosidad de quienes nos escuchan, para que deseen investigar más!

Recuerde que solo faltan cuatro meses para la siega —evidentemente la siega de la cebada— que en Palestina viene en la primavera. De modo que ahora es, probablemente, noviembre o diciembre. Esto significa que después de la Pascua de 30 E.C. Jesús y sus discípulos pasaron más o menos ocho meses en Judea enseñando y bautizando. Ahora parten hacia su territorio de Galilea. ¿Qué les espera allí? **(Juan 4:3-43.)**

- ¿Por qué se sorprende la samaritana de que Jesús le hable?
- ¿Qué le enseñó Jesús respecto al agua viva y en cuanto a dónde adorar?
- ¿Cómo le revela Jesús quién es él, y por qué es tan asombrosa esa revelación?
- ¿Qué testificación efectúa la samaritana, y con qué resultado?
- ¿Cómo relaciona Jesús su alimento con la siega?
- ¿Cómo podemos determinar cuánto tiempo duró el ministerio de Jesús en Judea después de la Pascua de 30 E.C.?

Un segundo milagro mientras está en Caná

CUANDO Jesús regresa a su territorio de procedencia después de una extensa campaña de predicar en Judea, no es para descansar. Más bien, él da comienzo a un ministerio mayor aún en Galilea, la tierra donde se crió. Pero sus discípulos, en vez de seguir con él, regresan a sus respectivas familias y sus ocupaciones anteriores.

¿Qué mensaje empieza a predicar Jesús? Este: "El reino de Dios se ha acercado. Arrepiéntanse, y tengan fe en las buenas nuevas". ¿Y qué respuesta halla? Los galileos reciben a Jesús. Todos lo honran. Sin embargo, esto no se debe particularmente a su mensaje, sino más bien a que, unos meses antes, muchos de ellos habían estado en Jerusalén durante la Pascua y habían visto los milagros extraordinarios que él había ejecutado.

Parece que Jesús empieza en Caná su

gran ministerio de Galilea. Puede que usted recuerde que antes, al regresar de Judea, él había convertido agua en vino en un banquete de bodas allí. En esta segunda ocasión el hijo de un funcionario del rey Herodes Antipas está muy enfermo. El funcionario, tras enterarse de que Jesús ha venido de Judea a Caná, hace todo el viaje desde su hogar en Capernaum para buscar a Jesús. Apesadumbrado, el hombre le suplica: 'Por favor, ven inmediatamente, antes de que mi hijito muera'.

Jesús responde: 'Regresa a tu casa. ¡Tu hijo ha sido curado!'. El funcionario cree y emprende el largo trayecto de regreso. En el camino se encuentra con sus sirvientes, quienes se han apresurado para decirle que todo está bien; su hijo ha recobrado la salud. '¿Cuándo mejoró?', pregunta él.

'Ayer a la una de la tarde', contestan.

El funcionario se da cuenta de que fue precisamente en aquella hora cuando Jesús le dijo: "¡Tu hijo ha sido curado!". Después de eso, este hombre y toda su casa se hacen discípulos de Cristo.

De ese modo Caná llegó a ser favorecida como el lugar donde, para marcar su regreso de Judea, Jesús ejecutó milagros en dos ocasiones. Por supuesto, estos no son los únicos milagros que él ha ejecutado hasta ahora, pero son significativos porque señalaron su regreso a Galilea.

Jesús ahora se pone en camino a su ciudad, Nazaret. ¿Qué le aguarda allí? **(Juan 4:43-54; Marcos 1:14, 15; Lucas 4:14, 15.)**

■ Cuando Jesús regresa a Galilea, ¿qué les sucede a sus discípulos, y cómo lo recibe la gente?

■ ¿Qué milagro ejecuta Jesús, y qué efecto tiene en los implicados?

■ ¿Cómo favorece así Jesús a Caná?

21

En la sinagoga del pueblo de Jesús

SIN DUDA hay alguna excitación en Nazaret cuando Jesús regresa a su pueblo. Poco más de un año atrás, antes de que saliera de allí para ser bautizado por Juan, a Jesús se le conocía como carpintero. Pero ahora se le conoce extensamente como obrador de milagros. Los residentes del pueblo están deseosos de verle ejecutar entre ellos algunas de estas maravillosas obras.

La expectación de la gente aumenta cuando Jesús, como acostumbra, va a la sinagoga local. Durante los servicios él se pone de pie para leer, y le entregan el rollo del profeta Isaías. Él halla el lugar donde se habla de Aquel a quien se unge con el espíritu de Jehová, un lugar que en nuestras Biblias hoy es el capítulo 61.

Después de leer que este Ungido predicaría una liberación a los cautivos y un recobro de vista a los ciegos, y acerca del año acepto de Jehová, Jesús devuelve el rollo al servidor y se sienta. Los ojos de todos se fijan intensamente en él. Entonces él habla, probablemente por algún tiempo, y explica: *"Hoy se cumple esta escritura que acaban de oír"*.

La gente se maravilla de sus "palabras llenas de gracia" y comenta entre sí: "Este es hijo de José, ¿verdad?". Pero Jesús, que sabe que quieren verle hacer milagros, continúa expresándose así: "Sin duda me aplicarán esta ilustración: 'Médico, cúrate a ti mismo; las cosas que oímos que sucedieron en Capernaum, hazlas también aquí en tu propio territorio'". Parece que los que eran vecinos de Jesús creen que la

curación debe empezar en casa, para el provecho de su propia gente primero. Por eso creen que Jesús los ha menospreciado.

Jesús, que se da cuenta de lo que piensan, relata alguna historia que puede aplicarles. Dice que en los días de Elías había muchas viudas en Israel, pero Elías no fue enviado a ninguna de aquellas. Más bien, fue enviado a una viuda no israelita de Sidón, donde por un milagro Elías salvó una vida. Y en los días de Eliseo había muchos leprosos, pero Eliseo curó solamente a Naamán de Siria.

Enfurecidos por estas comparaciones históricas desfavorables que denunciaban su egoísmo y falta de fe, la gente de la sinagoga se levanta y saca apresuradamente de la ciudad a Jesús. Allí, en la cumbre de la montaña sobre la cual está edificada Nazaret, la gente trata de despeñarlo. Pero Jesús se les escapa de las manos sano y salvo. **(Lucas 4:16-30; 1 Reyes 17:8-16; 2 Reyes 5:8-14.)**

- ¿Qué ha producido alguna excitación en Nazaret?
- ¿Qué piensa la gente del discurso de Jesús, pero, después, qué la enfurece tanto?
- ¿Qué trata de hacerle la gente a Jesús?

22

Llama a cuatro discípulos

DESPUÉS del atentado contra su vida en Nazaret, su pueblo, Jesús se traslada a la ciudad de Capernaum, cerca del mar de Galilea. Esto cumple otra profecía de Isaías. Esta es la que predijo que gente de Galilea que estaría viviendo cerca del mar vería una gran luz.

Mientras Jesús efectúa su obra iluminadora de predicar el Reino aquí, busca a cuatro de sus discípulos. Estos habían viajado con él antes, pero habían vuelto a su negocio de pesca al regresar de Judea con Jesús. Probablemente Jesús los busca ahora porque es tiempo de tener auxiliares constantes y regulares a quienes pueda adiestrar para que efectúen el ministerio después de su partida.

Por eso, mientras Jesús camina por la orilla del mar y ve a Simón Pedro y a sus compañeros lavando sus redes, se les aproxima. Sube a la barca de Pedro y le pide que se aleje de la costa. Cuando están a corta distancia, Jesús se sienta en la barca y empieza a enseñar a la muchedumbre que está en la ribera.

Después, Jesús dice a Pedro: "Rema hasta donde está profundo, y echen sus redes para la pesca".

"Instructor —responde Pedro—, toda la noche nos afanamos y no sacamos nada, pero porque tú lo dices bajaré las redes."

Cuando bajan las redes, los pescados en ellas son tantos que las redes empiezan a romperse. Con urgencia, los hombres hacen señas a sus compañeros que están en una barca cercana para que vengan a ayudar. En poco tiempo las dos barcas se llenan de tantos pescados que empiezan a hundirse. Al ver esto, Pedro se postra ante Jesús y dice: "Apártate de mí, porque soy varón pecador, Señor".

"Deja de tener miedo —contesta Jesús—. De ahora en adelante estarás pescando vivos a hombres."

Jesús también invita a Andrés el hermano de Pedro. "Vengan en pos de mí —los exhorta—, y haré que lleguen a ser pescadores de hombres." Santiago y Juan, los hijos de Zebedeo, compañeros de pesca de Pedro y Andrés, reciben la misma invitación y también responden sin vacilar. Así estos cuatro abandonan su negocio de pesca y llegan a ser los primeros cuatro seguidores firmes, regulares, de Jesús. **(Lucas 5:1-11; Mateo 4:13-22; Marcos 1:16-20; Isaías 9:1, 2.)**

- ¿Por qué invita Jesús a sus discípulos a seguirle, y quiénes son estos?
- ¿Qué milagro asusta a Pedro?
- ¿A efectuar qué clase de pesca invita Jesús a sus discípulos?

Más milagros en Capernaum

EL SÁBADO después que Jesús llama a sus primeros cuatro discípulos —Pedro, Andrés, Santiago y Juan— Jesús va con ellos a una sinagoga local en Capernaum. Allí Jesús empieza a enseñar, y la gente queda atónita porque les enseña como quien tiene autoridad y no como los escribas.

Este mismo sábado está presente allí un endemoniado. Poco después este grita con voz fuerte: "¿Qué tenemos que ver contigo, Jesús Nazareno? ¿Viniste a destruirnos? Sé exactamente quién eres, el Santo de Dios".

El demonio que controla al hombre es realmente un ángel de Satanás. Jesús reprende así al demonio: "¡Calla, y sal de él!".

Pues bien, el demonio convulsiona al hombre y grita a voz en cuello. Pero sale del hombre sin hacerle daño. ¡Todos quedan completamente pasmados de asombro! Preguntan: "¿Qué es esto?". Y dicen: "Con autoridad ordena hasta a los espíritus inmundos, y le obedecen". Las noticias de esto se esparcen por toda la comarca.

Al salir de la sinagoga, Jesús y sus discípulos van a la casa de Simón, o Pedro. Allí está la suegra de Pedro, muy enferma con una fiebre alta. Le ruegan: 'Por favor, ayúdala'. De modo que Jesús va a donde ella, la toma de la mano y la levanta. ¡Ella queda sana de inmediato y empieza a prepararles una comida!

Más tarde, después de ponerse el Sol, personas de todas partes empiezan a traer a los enfermos a la casa de Pedro. ¡Dentro de poco toda la ciudad está reunida a la puerta! Y, sin importar cuáles sean las enfermedades, Jesús sana a todos los enfermos. Hasta libra de los demonios a los que estaban bajo el dominio de estos. Los demonios, al salir de la gente, gritan: "Tú eres el Hijo de Dios". Pero Jesús los reprende y no les permite hablar porque saben que él es el Cristo. **(Marcos 1:21-34; Lucas 4:31-41; Mateo 8:14-17.)**

- ¿Qué sucede en la sinagoga el sábado después que Jesús llama a sus cuatro discípulos?

- ¿Adónde va Jesús al salir de la sinagoga, y qué milagro ejecuta allí?

- ¿Qué sucede más tarde aquella misma noche?

24 | Por qué vino Jesús a la Tierra

JESÚS ha estado muy ocupado durante el día en Capernaum con sus cuatro discípulos, y al llegar la noche la gente de Capernaum le trae todos sus enfermos para que los cure. No ha habido tiempo para estar a solas.

Ahora es temprano la mañana siguiente. Mientras aún está oscuro, Jesús se levanta y sale solo. Viaja a un lugar solitario donde puede orar a su Padre en privado. Pero no está solo por mucho tiempo, pues cuando Pedro y los demás se dan cuenta de que Jesús se ha ido, salen a buscarlo.

Cuando lo hallan, Pedro dice: "Todos te buscan". La gente de Capernaum quiere que Jesús se quede allí con ellos. ¡En verdad aprecian lo que ha hecho por ellos! Pero ¿vino Jesús a

la Tierra principalmente para efectuar aquellas curaciones milagrosas? ¿Qué dice él acerca de esto?

De acuerdo con un relato bíblico, Jesús contesta así a sus discípulos: "Vamos a otra parte, a las villas cercanas, para que predique también allí, porque con este propósito he salido". Aunque la gente insta a Jesús a quedarse, él dice: "También a otras ciudades tengo que declarar las buenas nuevas del reino de Dios, porque para esto fui enviado".

Sí, Jesús vino a la Tierra particularmente para predicar acerca del Reino de Dios, un Reino que vindicará el nombre de su Padre y resolverá permanentemente todos los males del hombre. Sin embargo, para dar prueba de que Dios lo ha enviado, Jesús realiza curaciones milagrosas. De la misma manera, siglos antes, Moisés realizó milagros para dejar establecido que realmente era siervo de Dios.

Ahora bien, cuando Jesús parte de Capernaum para predicar en otras ciudades, sus cuatro discípulos van con él. Estos cuatro son Pedro y su hermano Andrés y Juan y su hermano Santiago. Usted recordará que precisamente la semana antes Jesús los había invitado a ser sus primeros colaboradores en viaje con él.

¡La gira de predicación de Jesús con sus cuatro discípulos en Galilea es un éxito maravilloso! De hecho, el informe sobre las actividades de él hasta se esparce por toda Siria. Grandes muchedumbres de Galilea, Judea y del otro lado del río Jordán siguen a Jesús y sus discípulos. **(Marcos 1:35-39; Lucas 4:42, 43; Mateo 4:23-25; Éxodo 4:1-9, 30, 31.)**

- ¿Qué sucede la mañana después del día que Jesús pasó ocupado en Capernaum?
- ¿Por qué fue enviado Jesús a la Tierra, y qué fin tienen sus milagros?
- ¿Quiénes acompañan a Jesús en su gira de predicación por Galilea, y cómo responde la gente a las actividades de Jesús?

25 Compasión por un leproso

A MEDIDA que Jesús y sus cuatro discípulos visitan las
ciudades de Galilea, las noticias sobre las cosas maravillosas que él hace se esparcen por todo el distrito. El
aviso de lo que hace llega a una ciudad donde hay un hombre
que está enfermo de lepra. El médico Lucas lo describe como
"lleno de lepra". En sus etapas avanzadas esta horrible enfermedad desfigura poco a poco diferentes partes del cuerpo. Este
leproso, pues, está en una condición muy lastimera.

Cuando Jesús llega a la ciudad, el leproso se le acerca. Según la Ley de Dios, el leproso debe gritar como advertencia: "¡Inmundo, inmundo!", para proteger a otros de acercarse demasiado y arriesgarse a ser infectados. El leproso ahora cae sobre su rostro y le suplica a Jesús: "Señor, si tan solo quieres, puedes limpiarme".

¡Cuánta fe cifra este hombre en Jesús! Sin embargo, ¡qué lastimera debe ser su apariencia debido a su enfermedad! ¿Qué hará Jesús? ¿Qué haría usted? Movido por la compasión, Jesús extiende la mano y toca al hombre y dice: "Quiero. Sé limpio". Y al instante la lepra desaparece del hombre.

¿Desearía usted como rey a alguien tan compasivo como Jesús? Su manera de tratar con este leproso nos hace confiar en que durante Su gobernación en su Reino se cumplirá esta profecía bíblica: "Le tendrá lástima al de condición humilde y al pobre, y las almas de los pobres salvará". Sí, Jesús entonces satisfará el deseo de su corazón de ayudar a *todos* los afligidos.

Aun antes de la curación del leproso el ministerio de Jesús ha estado creando gran excitación entre la gente. En cumplimiento de la profecía de Isaías, Jesús ahora da la siguiente orden al hombre sanado: "Mira que no digas nada a nadie". Entonces le da estas instrucciones: "Ve, muéstrate al sacerdote y ofrece a favor de tu limpieza las cosas que Moisés prescribió, para testimonio a ellos".

Pero el hombre está tan feliz que no puede quedarse callado acerca del milagro. Se va y empieza a dar la noticia por todas partes, y parece que despierta tanto interés y curiosidad entre la gente que a Jesús ya no se le hace posible entrar abiertamente en ciudad alguna. Por eso, Jesús permanece en lugares solitarios donde nadie vive, y de todas partes viene la gente a escucharle y para ser curada de sus enfermedades.

(Lucas 5:12-16; Marcos 1:40-45; Mateo 8:2-4; Levítico 13:45; 14:10-13; Salmo 72:13; Isaías 42:1, 2 .)

■ ¿Qué efecto puede tener la lepra, y qué advertencia tenía que dar un leproso?

■ ¿Qué le pide un leproso a Jesús, y qué podemos aprender de la respuesta de Jesús?

■ ¿Cómo sucede que el sanado desobedece a Jesús, y qué consecuencias tiene esto?

De regreso en Capernaum

PARA este tiempo la fama de Jesús se ha extendido por todas partes, y muchas personas viajan a los lugares apartados adonde él va. Pero después de algunos días vuelve a Capernaum, a orillas del mar de Galilea. Pronto se esparcen por toda la ciudad las noticias de que ha regresado, y muchos van a la casa donde está. Hasta de la distante Jerusalén vienen fariseos y maestros de la Ley.

La muchedumbre es tan grande que obstruye la entrada, y nadie más puede entrar. Se ha preparado el escenario para un suceso verdaderamente notable. Lo que pasa en esta ocasión es de importancia vital, pues nos ayuda a apreciar que Jesús puede eliminar la causa del sufrimiento humano y restaurar la salud a cualquier persona a quien desee curar.

Mientras Jesús enseña a la muchedumbre, cuatro hombres traen en una camilla a un paralítico. Quieren que Jesús cure al amigo de ellos, pero debido a la muchedumbre no pueden entrar. ¡Qué desalentador! Pero no se dan por vencidos. Suben al techo plano, hacen un hoyo en él, y bajan al paralítico en la camilla hasta el mismo lado de Jesús.

¿Se enoja Jesús por esta interrupción? ¡No! Al contrario, se impresiona por la fe de ellos. Dice al paralítico: "Tus pecados son perdonados". Pero ¿realmente puede perdonar pecados Jesús? Los escribas y fariseos no creen eso. Razonan así en el corazón: "¿Por qué habla este hombre de esta manera? Blasfema. ¿Quién puede perdonar pecados sino uno solo, Dios?".

Jesús, que sabe lo que piensan, les dice: "¿Por qué razonan estas cosas en sus corazones? ¿Qué es más fácil?, ¿decir al paralítico: 'Tus pecados son perdonados', o decir: 'Levántate y toma tu camilla y anda'?".

Entonces Jesús permite que la muchedumbre, incluso sus críticos, vean una notable demostración que revela que él tiene autoridad para perdonar pecados en la Tierra y que en

realidad es el hombre más grande de todos los tiempos. Se vuelve hacia el paralítico y ordena: "Levántate, toma tu camilla, y vete a tu casa". Y él lo hace inmediatamente: ¡sale con su camilla delante de ellos! La gente, asombrada, glorifica a Dios y exclama: ¡"Jamás hemos visto cosa semejante"!

¿Nota usted que Jesús menciona los pecados con relación a las enfermedades y que el perdón de los pecados se relaciona con adquirir salud física? La Biblia explica que nuestro primer padre, Adán, pecó y que todos hemos heredado las consecuencias de aquel pecado, a saber, las enfermedades y la muerte. Pero cuando el Reino de Dios gobierne Jesús perdonará los pecados de todos los que aman a Dios y Le sirven, y entonces se eliminarán todas las enfermedades. ¡Qué maravilloso será eso! **(Marcos 2:1-12; Lucas 5:17-26; Mateo 9:1-8; Romanos 5:12, 17-19.)**

- ¿Qué sirvió de escenario para un suceso verdaderamente notable?
- ¿Cómo llegó hasta Jesús el paralítico?
- ¿Por qué hay pecado en todos nosotros, pero cómo proveyó Jesús la esperanza de que alcancemos perdón por nuestros pecados y salud perfecta?

27   Mateo recibe la llamada

POCO después de sanar al paralítico, Jesús sale de Capernaum y va al mar de Galilea. De nuevo vienen muchedumbres a él, y empieza a enseñarles. Al ir caminando, ve sentado en la oficina de los impuestos a Mateo, a quien también llaman Leví. Jesús le extiende la invitación: "Sé mi seguidor".

Puede que Mateo ya esté familiarizado con las enseñanzas de Jesús, tal como lo habían estado Pedro, Andrés, Santiago y Juan cuando se les llamó. Y como ellos, Mateo responde inmediatamente a la invitación. Se levanta, deja atrás sus responsabilidades de recaudador de impuestos, y sigue a Jesús.

Después, Mateo hace un gran banquete de recepción en su casa, quizás para celebrar su llamamiento. Además de Jesús y sus discípulos, en el banquete están presentes socios anteriores de Mateo. A estos hombres por lo general los desprecian los demás judíos porque recaudan impuestos para las odiadas autoridades romanas. Además acostumbran desplegar falta de honradez al exigir de la gente más dinero que el impuesto regular.

Al ver que Jesús está en el banquete con aquellas personas, los fariseos preguntan a los discípulos de Jesús: "¿Por qué come su maestro con los recaudadores de impuestos y pecadores?". Jesús, quien oye la pregunta, responde a los fariseos: "Las personas en salud no necesitan médico, pero los enfermizos sí. Vayan, pues, y aprendan lo que esto significa: 'Quiero misericordia, y no sacrificio'. Porque no vine a llamar a justos, sino a pecadores".

Parece que Mateo ha invitado a estos recaudadores de impuestos a su hogar para que puedan escuchar a Jesús y recibir curación espiritual. De modo que Jesús se asocia con ellos para ayudarles a conseguir una relación saludable con Dios. Jesús no los desprecia, como lo hacen los fariseos pagados de su propia justicia. Más bien, movido por la compasión, de hecho les sirve de médico espiritual.

Así, el que Jesús muestre misericordia a los pecadores no es una aprobación tácita de los pecados de estos, sino una expresión de la misma ternura que manifestaba para con los que estaban enfermos físicamente. Por ejemplo, recuerde la ocasión en que él compasivamente extendió la mano y tocó a un leproso, y le dijo: "Quiero. Sé limpio". Que nosotros también mostremos misericordia ayudando a los necesitados, y especialmente ayudándoles en sentido espiritual. (Mateo 8:3; 9:9-13; Marcos 2:13-17; Lucas 5:27-32.)

- ¿Dónde está Mateo cuando Jesús lo ve?
- ¿Cuál es el oficio de Mateo, y por qué desprecian otros judíos a estas personas?
- ¿Qué queja expresan algunos contra Jesús, y cómo responde él?
- ¿Por qué se asocia Jesús con pecadores?

28 Interrogado sobre el ayuno

HA PASADO casi un año desde que Jesús asistió a la Pascua del año 30 E.C. Ya Juan el Bautista ha estado en prisión por varios meses. Aunque él quería que sus discípulos se hicieran seguidores de Cristo, no todos han hecho eso.

Ahora, mientras Juan está encarcelado, algunos de estos discípulos se acercan a Jesús y le preguntan: "¿Por qué practicamos el ayuno nosotros y los fariseos, pero tus discípulos no ayunan?". Los fariseos ayunan dos veces a la semana como rito de su religión. Y puede que los discípulos de Juan sigan una costumbre similar. También puede ser que estén ayunando en

lamentación por el encarcelamiento de Juan y se pregunten por qué los discípulos de Jesús no ayunan con ellos en aquella expresión de congoja.

Jesús contesta con esta explicación: "Los amigos del novio no tienen motivo para lamentarse mientras el novio está con ellos, ¿verdad? Pero vendrán días en que el novio les será quitado, y entonces ayunarán".

Los discípulos de Juan deberían recordar que Juan mismo llamó a Jesús el Novio. Por eso, mientras Jesús estuviera presente Juan no consideraría apropiado ayunar, y lo mismo piensan los discípulos de Jesús. Después, cuando Jesús muere, sus discípulos sí se lamentan y ayunan. Pero una vez que se le resucita y él asciende al cielo no tienen motivo para ayunar y lamentarse.

Luego Jesús da estas ilustraciones: "Nadie cose un remiendo de paño no encogido en una prenda de vestir exterior vieja; porque su plena fuerza tiraría de la prenda de vestir exterior, y el desgarrón se haría peor. Tampoco ponen vino nuevo en odres viejos; pero si acaso lo ponen, entonces los odres se revientan y el vino se derrama y los odres se echan a perder. Más bien, el vino nuevo se pone en odres nuevos". ¿Qué tienen que ver estas ilustraciones con el ayuno?

Jesús estaba ayudando a los discípulos de Juan el Bautista a comprender que nadie debería esperar que sus seguidores se conformaran a las viejas prácticas del judaísmo, como el ayunar a manera de rito. Él no había venido a remendar y prolongar sistemas de adoración viejos y gastados que estaban a punto de ser descartados. No se haría que el cristianismo se amoldara al judaísmo de aquel día con sus tradiciones de hombres. No; no sería como un remiendo nuevo en una prenda de vestir vieja ni como vino nuevo en un odre viejo. (Mateo 9:14-17; Marcos 2:18-22; Lucas 5:33-39; Juan 3:27-29.)

- ¿Quiénes practican el ayuno, y con qué propósito?
- ¿Por qué no ayunan los discípulos de Jesús mientras él está con ellos?, y, después, ¿por qué ha de desaparecer pronto el motivo para ayunar?
- ¿Qué ilustraciones da Jesús, y qué significan?

Buenas obras en el sábado

ES LA primavera de 31 E.C. Han pasado unos meses desde la conversación de Jesús con la mujer junto al pozo, en Samaria, mientras viajaba de Judea a Galilea.

Ahora, después de haber enseñado extensamente por toda Galilea, Jesús parte de nuevo hacia Judea, donde predica en las sinagogas. En comparación con lo mucho que la Biblia menciona de su ministerio en Galilea, dice poco de la actividad de Jesús en Judea durante esta visita y durante los meses que pasó en este lugar después de la Pascua

anterior. Evidentemente su ministerio no recibió tan favorable recepción en Judea como en Galilea.

Pronto Jesús se pone en camino a la ciudad principal de Judea, Jerusalén, para celebrar la Pascua de 31 E.C. Aquí, cerca de la Puerta de las Ovejas de la ciudad, hay un estanque llamado Betzata, adonde vienen muchos enfermos, ciegos y cojos. Estos creen que la gente se puede sanar si se mete en las aguas del estanque cuando estas se revuelven.

Es sábado, y Jesús ve junto al estanque a un hombre que ha estado enfermo por 38 años. Jesús, que está al tanto de lo mucho que ha durado la enfermedad del enfermo, le pregunta: "¿Quieres ponerte bien de salud?".

Él responde a Jesús: "Señor, no tengo un hombre que me meta en el estanque cuando se revuelve el agua; y entretanto que yo voy, otro baja antes que yo".

Jesús le dice: "Levántate, toma tu camilla y anda". Con eso, ¡al instante el hombre se pone bien de salud, toma su camilla y echa a andar!

Pero cuando los judíos ven al hombre, dicen: "Es sábado, y no te es lícito llevar la camilla".

El hombre les contesta: "El mismo que me sanó me dijo: 'Toma tu camilla y anda'".

"¿Quién es el hombre que te dijo: 'Tómala y anda'?" preguntan ellos. Jesús se había apartado

debido a la muchedumbre, y el sanado no sabía el nombre de Jesús. Sin embargo, más tarde Jesús y el hombre se encuentran en el templo, y el hombre se entera de quién lo sanó.

Por eso el sanado busca a los judíos para decirles que es Jesús quien lo ha sanado. Al enterarse de esto, los judíos van a donde Jesús. ¿Por qué? ¿Para saber cómo puede hacer aquellas cosas maravillosas? No. Para criticarlo porque hace estas buenas cosas en sábado. ¡Y hasta empiezan a perseguirlo! (Lucas 4:44; Juan 5:1-16.)

- ¿Como cuánto tiempo ha pasado desde la última vez que Jesús visitó Judea?
- ¿Por qué es tan popular el estanque llamado Betzata?
- ¿Qué milagro hace Jesús al lado del estanque, y cómo reaccionan los judíos?

CUANDO los líderes religiosos judíos acusan a Jesús de quebrantar el sábado, él contesta: "Mi Padre ha seguido trabajando hasta ahora, y yo sigo trabajando".

A pesar de lo que afirman los fariseos, la obra de Jesús no es del tipo prohibido por la ley sabática. Su obra de predicar y sanar es una asignación de Dios, y él sigue haciéndola diariamente en imitación del ejemplo de Dios. Sin embargo, su respuesta encoleriza aún más a los judíos, y procuran matarlo. ¿Por qué?

Es porque ahora no solo creen que Jesús está quebrando el sábado, sino que también ven como blasfemia el que él afirme que es el Hijo personal de Dios. Con todo, Jesús no se atemoriza, y sigue respondiendo respecto a su relación favorecida con Dios. "El Padre le tiene cariño al Hijo —dice— y le muestra todas las cosas que él mismo hace."

"Así como el Padre levanta a los muertos —pasa a decir Jesús—, así el Hijo también vivifica a los que él quiere." De hecho, ¡el Hijo ya está levantando a los muertos en sentido espiritual! "El que oye mi palabra y cree al que me envió —dice Jesús—, ha pasado de la muerte a la vida." Sí, continúa: "La hora viene, y ahora es, cuando los muertos oirán la voz del Hijo de Dios, y los que hayan hecho caso vivirán".

Aunque hasta este momento no hay registro de que Jesús haya levantado literalmente a nadie de entre los muertos, él dice a sus acusadores que dicha resurrección literal de los muertos sucederá. "No se maravillen de esto —dice—, porque viene la hora en que todos los que están en las tumbas conmemorativas oirán su voz y saldrán."

Es patente que hasta esta ocasión Jesús nunca ha descrito públicamente de manera tan clara e inequívoca el papel vital que desempeña en el propósito de Dios. Pero los acusadores de Jesús tienen más que el propio testimonio de él respecto a estos asuntos. "Ustedes han despachado hombres a Juan —les

recuerda Jesús—, y él ha dado testimonio de la verdad."

Solo dos años atrás Juan el Bautizante había hablado a estos líderes religiosos judíos acerca de Aquel que vendría después de él. Recordándoles que en otro tiempo tenían en alta estima a Juan, que ahora está en prisión, Jesús dice: "Ustedes por un poco de tiempo estuvieron dispuestos a regocijarse mucho en su luz". Jesús les recuerda esto con la esperanza de ayudarlos, sí, de salvarlos. Con todo, él no depende del testimonio de Juan.

"Las obras mismas que yo hago [incluso el milagro que acaba de ejecutar], dan testimonio acerca de mí, de que el Padre me despachó." Pero hay más; Jesús pasa a decir: "El Padre que me envió ha dado testimonio él mismo acerca de mí". Por ejemplo, cuando Jesús se bautizó Dios dio testimonio acerca de él al decir: "Este es mi Hijo, el amado".

En realidad los acusadores de Jesús no tienen excusa para rechazarlo. ¡Las mismísimas Escrituras que ellos dicen que escudriñan dan testimonio de él! "Si creyeran a Moisés, me creerían a mí —dice Jesús en conclusión—, porque aquel escribió de mí. Pero si no creen los escritos de aquel, ¿cómo creerán mis dichos?" **(Juan 5:17-47; 1:19-27; Mateo 3:17.)**

- ¿Por qué no viola el sábado la obra de Jesús?
- ¿Cómo describe Jesús el papel vital que desempeña en el propósito de Dios?
- Para probar que es el Hijo de Dios, ¿al testimonio de quién señala Jesús?

Arrancan grano en sábado

PRONTO Jesús y sus discípulos parten de Jerusalén para volver a Galilea. Es la primavera, y en los campos hay grano en las espigas. Los discípulos tienen hambre. Así que arrancan espigas y comen. Pero este día es un sábado, y eso hace que otros noten lo que ellos hacen.

Poco antes, los líderes religiosos de Jerusalén habían procurado matar a Jesús por supuestas violaciones del sábado. Ahora los fariseos presentan una acusación. "¡Mira! Tus discípulos están haciendo lo que no es lícito hacer en sábado", dicen.

Los fariseos alegan que el arrancar grano y frotarlo con las manos para comerlo es cosechar y trillar. Pero su rigurosa interpretación de lo que es trabajo ha hecho gravoso el sábado, cuando el propósito de aquel día era que fuera un tiempo gozoso y de edificación espiritual. De modo que Jesús responde con ejemplos de las Escrituras para mostrar que Jehová Dios nunca se propuso que se hiciera una aplicación tan indebidamente estricta de Su ley sabática.

Jesús dice que cuando David y sus compañeros tuvieron hambre se detuvieron en el tabernáculo y comieron los panes de la presentación. Aquellos panes ya habían sido removidos de delante de Jehová y reemplazados con panes frescos, y estos usualmente se reservaban para que los comieran los sacerdotes. Sin embargo, debido a las circunstancias no se condenó a David ni a sus compañeros por comerlos.

Jesús indica otro ejemplo, así: "¿No han leído en la Ley que los sábados los sacerdotes en el templo tratan el sábado como

no sagrado y continúan inculpables?". ¡Sí, hasta en el sábado los sacerdotes siguen degollando y haciendo otras obras en el templo para preparar los sacrificios animales! "Pues yo les digo —dice Jesús— que algo mayor que el templo está aquí."

Como amonestación a los fariseos, Jesús pasa a decir: "Si hubieran entendido qué significa esto: 'Quiero misericordia, y no sacrificio', no habrían condenado a los inculpables". Entonces termina así: "Porque Señor del sábado es el Hijo del hombre". ¿Qué quiere decir con eso Jesús? Jesús se refiere a su pacífico reinado de mil años.

Ya por 6.000 años la humanidad ha estado sufriendo penosa esclavitud bajo Satanás el Diablo, y la violencia y la guerra han sido lo común. Por otra parte, la gran gobernación sabática de Cristo será un tiempo en que se descansará de todo ese sufrimiento y esa opresión. (Mateo 12:1-8; Levítico 24:5-9; 1 Samuel 21:1-6; Números 28:9; Oseas 6:6.)

- ¿Qué acusación se hace contra los discípulos de Jesús, y cómo responde él a ella?
- ¿Qué falta de los fariseos les señala Jesús?
- ¿Cómo es Jesús "Señor del sábado"?

32

¿Qué es lícito en el sábado?

OTRO sábado Jesús visita una sinagoga cerca del mar de Galilea. Allí está un hombre que tiene la mano derecha seca. Los escribas y los fariseos están observando detenidamente para ver si Jesús lo cura. Por fin preguntan: "¿Es lícito curar en día de sábado?".

Los líderes religiosos judíos creen que solo es lícito curar en sábado si la vida está en peligro. Por ejemplo, enseñan que en sábado no es lícito restablecer en su lugar un hueso dislocado ni vendar una torcedura. Por lo tanto, los escribas y los fariseos le hacen la pregunta a Jesús para tener algo de qué acusarlo.

Sin embargo, Jesús sabe cómo razonan. A la misma vez, reconoce que han adoptado un punto de vista extremado y no bíblico en cuanto a lo que constituye una violación del requisito sabático que prohíbe trabajar. Por eso, Jesús prepara el escenario para una confrontación dramática cuando dice al hombre de la mano seca: "Levántate y ponte en medio".

Entonces, dirigiéndose a los escribas y los fariseos, Jesús dice: "¿Quién será el hombre entre ustedes que tenga una sola oveja y, si esta hubiera de caer en un hoyo en sábado, no habría de echarle mano y sacarla?". Puesto que la oveja representa una inversión financiera, ellos no la dejarían en el hoyo hasta el día siguiente, de modo que tal vez enfermara y les causara pérdida. Además, las Escrituras dicen: "El justo está cuidando del alma de su animal doméstico".

Jesús traza entonces un paralelo diciendo: "Todo considerado, ¡de cuánto más valor es un hombre que una oveja! De modo que es lícito hacer lo excelente en sábado". Los líderes religiosos no pueden refutar aquel razonamiento lógico y compasivo, y se quedan callados.

Indignado, a la vez que contristado por la estupidez obstinada que manifiestan, Jesús mira a su alrededor. Entonces dice al hombre: "Extiende la mano". Y él la extiende, y la mano queda sana.

En vez de alegrarse de que la mano del hombre haya sido restaurada, los fariseos salen e inmediatamente conspiran con los partidarios de Herodes para matar a Jesús. Es patente que este partido político incluye a miembros de la secta religiosa de los saduceos. Normalmente este partido político y los fariseos están en franca oposición unos a otros, pero están firmemente unidos en oponerse a Jesús. (Mateo 12:9-14; Marcos 3:1-6; Lucas 6:6-11; Proverbios 12:10; Éxodo 20:8-10.)

■ ¿Cuál es el marco de circunstancias para una confrontación dramática entre Jesús y líderes religiosos judíos?

■ ¿Qué creen estos judíos respecto a curar en sábado?

■ ¿Qué ilustración usa Jesús para refutar los puntos de vista incorrectos de ellos?

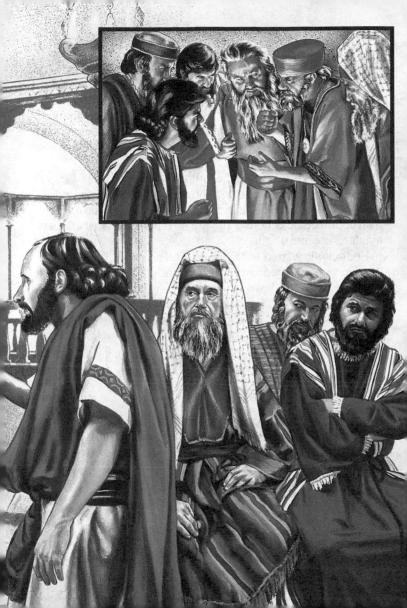

Cumple la profecía de Isaías

DESPUÉS que Jesús se entera de que los fariseos y los partidarios de Herodes planean matarlo, él y sus discípulos se retiran al mar de Galilea. Aquí vienen a él grandes muchedumbres de todas partes de Palestina, y hasta de más allá de la frontera. Él cura a muchas personas, y el resultado es que todos los que tienen enfermedades dolorosas vienen hacia él para tocarlo.

Debido a las grandes muchedumbres, Jesús dice a sus discípulos que le tengan dispuesto de continuo un bote. Al alejarse de la orilla en el bote evita que el gentío lo oprima. Así puede impartir instrucción desde el bote o viajar a otro punto de la ribera para ayudar a la gente de allí.

El discípulo Mateo nota que esta actividad de Jesús cumple "lo que se habló mediante Isaías el profeta". Entonces Mateo cita la profecía que Jesús cumple:

"¡Mira! ¡Mi siervo a quien escogí, mi amado, a quien mi alma aprobó! Pondré mi espíritu sobre él, y aclarará a las

naciones lo que es la justicia. No reñirá, ni levantará la voz, ni oirá nadie su voz en los caminos anchos. No quebrantará ninguna caña cascada, y no extinguirá ninguna mecha de lino que humea, hasta que envíe la justicia con éxito. Realmente, en su nombre esperarán naciones".

Por supuesto, Jesús es el siervo amado que tiene la aprobación de Dios. Y Jesús aclara lo que es la verdadera justicia, que ha sido oscurecida por tradiciones religiosas falsas. ¡Por su aplicación injusta de la ley de Dios los fariseos ni siquiera ayudan a un enfermo en el sábado! Al aclarar la justicia de Dios, Jesús alivia a la gente de la carga de las tradiciones injustas, y por esto los líderes religiosos tratan de matarlo.

¿Qué significa el que 'no reñirá, ni levantará la voz de manera que lo oigan en los caminos anchos'? Pues bien, cuando Jesús sana a las personas 'les ordena rigurosamente que no lo pongan de manifiesto'. No desea que le den publicidad ruidosa en las calles ni que circulen entre la gente excitada informes tergiversados.

Además, Jesús lleva su mensaje consolador a personas que, figurativamente, son como una caña cascada, doblada y pisoteada. Son como una mecha de lino que humea, cuya última chispa de vida está a punto de apagarse. Jesús no aplasta la caña cascada ni apaga el débil fuego de la mecha de lino. Más bien, con ternura y amor levanta o edifica a los mansos. ¡En verdad Jesús es la persona en quien las naciones pueden esperar! (Mateo 12: 15-21; Marcos 3:7-12; Isaías 42:1-4.)

■ ¿Cómo aclara Jesús lo que es la justicia y no riñe ni levanta su voz en los caminos anchos?

■ ¿Quiénes son como una caña cascada y una mecha de lino, y cómo los trata Jesús?

34   **Escoge a sus apóstoles**

HA PASADO como un año y medio desde que Juan el Bautizante presentó a Jesús como el Cordero de Dios y Jesús empezó su ministerio público. En aquel tiempo Andrés, Simón Pedro, Juan y tal vez Santiago (el hermano de Juan), así como Felipe y Natanael (también llamado Bartolomé), habían llegado a ser sus primeros discípulos. Con el tiempo, muchos más vinieron para seguir con ellos a Cristo.

Ahora Jesús se dispone a seleccionar a sus apóstoles. Estos serán sus compañeros íntimos a quienes suministrará adiestramiento especial. Pero antes de seleccionarlos Jesús se interna en una montaña y pasa la noche entera en oración, seguramente para pedir sabiduría y la bendición de Dios. Cuando llega el día,

llama a sus discípulos y de entre ellos escoge a 12. Sin embargo, puesto que siguen siendo alumnos de Jesús, también se les sigue llamando discípulos.

Seis de los que Jesús escoge, ya mencionados, habían sido sus primeros discípulos. También escoge a Mateo, a quien llamó de su oficina de recaudador de impuestos. Los otros cinco a quienes escoge son: Judas (también llamado Tadeo), Judas Iscariote, Simón el cananita, Tomás y Santiago hijo de Alfeo. A este Santiago también se le llama Santiago el Menos, quizás porque era o de menos estatura o de menos edad que el otro apóstol Santiago.

Para ahora estos 12 han estado con Jesús por algún tiempo, y él los conoce bien. De hecho, algunos son parientes de él. Evidentemente Santiago y su hermano Juan son primos hermanos de Jesús. Y es probable que Alfeo fuera hermano de José, el padre adoptivo de Jesús. Así que el hijo de Alfeo, el apóstol Santiago, también sería primo de Jesús.

Por supuesto, a Jesús no se le hace difícil recordar los nombres de sus apóstoles. Pero ¿puede recordarlos usted? Bueno, sencillamente recuerde que hay dos que se llaman Simón, dos que se llaman Santiago y dos que se llaman Judas, y que Simón tiene un hermano que se llama Andrés, y que Santiago tiene un hermano llamado Juan. Esa es la clave para recordar a ocho apóstoles. Los otros cuatro son: un recaudador de impuestos (Mateo), uno que después dudó (Tomás), uno a quien se llamó desde debajo de un árbol (Natanael), y el amigo de este, Felipe.

Once de los apóstoles son de Galilea, el territorio de Jesús. Natanael es de Caná. Felipe, Pedro y Andrés son de Betsaida, pero Pedro y Andrés se mudaron después a Capernaum, donde parece que vivía Mateo. Santiago y Juan tenían un negocio de pesca y posiblemente vivían también en Capernaum o cerca de allí. Parece que Judas Iscariote, quien después traicionó a Jesús, es el único apóstol de Judea. **(Marcos 3:13-19; Lucas 6:12-16.)**

- ¿Qué apóstoles quizás eran parientes de Jesús?
- ¿Quiénes son los apóstoles de Jesús, y cómo puede usted recordar sus nombres?
- ¿De qué territorios venían los apóstoles?

35 El más famoso sermón que se ha pronunciado

LA ESCENA es una de las más memorables de la historia
bíblica: Jesús sentado en la ladera de una montaña,
pronunciando su famoso Sermón del Monte. El lugar
está al lado del mar de Galilea, probablemente cerca de Capernaum. Después de haber pasado toda la noche en oración, Jesús
acaba de escoger a 12 de sus discípulos para que sean apóstoles.
Entonces, con todos ellos, baja a esta parte llana de la montaña.

Uno pensaría que para entonces Jesús estaría muy cansado y
desearía dormir un poco. Pero han venido grandes muchedumbres, y algunas personas han venido desde Judea y Jerusalén, a
una distancia de 100 a 110 kilómetros (de 60 a 70 millas). Otras
han venido desde la costa de Tiro y Sidón, situada al norte. Han
venido a escuchar a Jesús y a ser sanadas de sus enfermedades.
Hay hasta personas a quienes perturban los demonios, los
ángeles inicuos de Satanás.

Mientras Jesús baja, los enfermos se acercan para tocarlo, y
él los sana a todos. Parece que más tarde Jesús sube a un lugar
más alto en la montaña. Allí se sienta y empieza a enseñar a las
muchedumbres dispersadas en la parte llana ante él. Y piense
en esto: ¡ahora no hay en todo el auditorio ni siquiera una sola
persona que esté sufriendo de una enfermedad grave!

La gente está deseosa de oír al maestro que puede efectuar estos asombrosos milagros. Sin embargo, Jesús pronuncia su sermón principalmente para beneficio de sus discípulos, que probablemente están a su alrededor, más cerca que otras personas. Pero, para que nosotros podamos beneficiarnos también, tanto Mateo como Lucas lo han puesto por escrito.

El relato que da Mateo del sermón es unas cuatro veces más

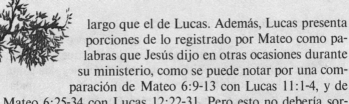

largo que el de Lucas. Además, Lucas presenta porciones de lo registrado por Mateo como palabras que Jesús dijo en otras ocasiones durante su ministerio, como se puede notar por una comparación de Mateo 6:9-13 con Lucas 11:1-4, y de Mateo 6:25-34 con Lucas 12:22-31. Pero esto no debería sorprendernos. Jesús obviamente enseñó las mismas cosas más de una vez, y Lucas optó por registrar algunas de estas enseñanzas en un marco de circunstancias diferente.

La profundidad del contenido espiritual del sermón de Jesús no es lo único que lo hace tan valioso, sino también la sencillez y claridad con que presenta estas verdades. Él ilustra lo que dice con experiencias comunes y se vale de cosas con que la gente está familiarizada, lo que permite que sus ideas sean fácilmente entendidas por todos los que buscan una vida mejor a la manera de Dios.

¿Quiénes son verdaderamente felices?

Todo el mundo desea ser feliz. Porque reconoce esto, Jesús empieza su Sermón del Monte describiendo a los que en verdad son felices. Como podemos imaginarnos, esto en seguida capta la atención de su numeroso auditorio. Sin embargo, sus palabras de apertura deben parecer contradictorias a muchos.

Dirigiendo sus comentarios a sus discípulos, Jesús empieza así: "Felices son ustedes, los pobres, porque de ustedes es el reino de Dios. Felices son ustedes los que tienen hambre ahora, porque serán saciados. Felices son ustedes los que lloran ahora, porque reirán. Felices son ustedes cuando los hombres los odien [...] Regocíjense en aquel día y salten, porque, ¡miren!, su galardón es grande en el cielo".

Este es el relato que da Lucas de la introducción del sermón de Jesús. Pero según el registro de Mateo, Jesús también dice que los de genio apacible, los misericordiosos, los de corazón puro y los pacíficos son felices. Jesús indica que estos son felices porque heredarán la Tierra, recibirán misericordia, verán a Dios y serán llamados hijos de Dios.

Sin embargo, lo que Jesús quiere decir por ser felices no es simplemente el ser jovial o estar alegre, como cuando uno se

está divirtiendo. La felicidad verdadera es más profunda, lleva la idea de contentamiento, un sentido de satisfacción y logro en la vida.

Así Jesús muestra que las personas que en verdad son felices reconocen su necesidad espiritual, se lamentan por su condición pecaminosa *y llegan a conocer y servir a Dios*. Entonces, aunque las odien o las persigan por hacer la voluntad de Dios, son felices porque saben que están agradando a Dios y que recibirán el galardón de la vida eterna que proviene de él.

No obstante, lo mismo que algunas personas hoy, muchos de los que escuchan a Jesús creen que lo que hace feliz a uno es ser próspero y disfrutar de placeres. Jesús sabe que no es así. Estableciendo un contraste que debe sorprender a muchos de sus oyentes, dice:

"¡Ay de ustedes los ricos, porque ya disfrutan de su consolación completa! ¡Ay de ustedes los que están saciados ahora, porque padecerán hambre! ¡Ay, ustedes que ríen ahora, porque se lamentarán y llorarán! ¡Ay, cuando todos los hombres hablen bien de ustedes, porque cosas como estas son las que los antepasados de ellos hicieron a los falsos profetas!".

¿Qué quiere decir Jesús con esto? ¿Por qué es un ay tener riquezas, procurar placeres y disfrutar del aplauso de los hombres? Esto se debe a que cuando alguien tiene estas cosas y las ama, entonces excluye de su vida el servicio a Dios, que es lo único que trae verdadera felicidad. A la misma vez, Jesús no quería decir que por simplemente ser pobre, tener hambre y estar triste uno es feliz. Con todo, a menudo sucede que las personas que tienen esas desventajas responden a las enseñanzas de Jesús, de modo que son bendecidas con verdadera felicidad.

A continuación, dirigiéndose a sus discípulos Jesús dice: "Ustedes son la sal de la tierra". Por supuesto, no quiere decir que ellos sean literalmente sal. Pero la sal sirve para conservar. Había un montón de sal cerca del altar del templo de Jehová, y los sacerdotes que oficiaban allí la usaban para salar las ofrendas.

Los discípulos de Jesús son "la sal de la tierra" porque ejercen en la gente una influencia que conserva. Sí, ¡el mensaje que llevan conserva la vida de todo el que responde a él! Produce en la vida de esas personas las cualidades de permanencia, lealtad y fidelidad, las cuales evitan en ellas decadencia espiritual y moral.

"Ustedes son la luz del mundo", dice Jesús a sus discípulos. Una lámpara no se pone debajo de una cesta, sino sobre el candelero, y Jesús dice: "Así mismo resplandezca la luz de ustedes delante de los hombres". Los discípulos de Jesús hacen esto por participar en la testificación pública y por resplandecer como ejemplos de conducta que se conforma a los principios bíblicos.

Normas elevadas para sus seguidores

Los líderes religiosos consideran a Jesús transgresor de la Ley de Dios, y últimamente hasta han entrado en conspiración para matarlo. Por eso, a medida que continúa con su Sermón del Monte, Jesús explica: "No piensen que vine a destruir la Ley o los Profetas. No vine a destruir, sino a cumplir".

Jesús tiene en alta estima la Ley de Dios, y anima a otros a estimarla como él. De hecho, dice: "Por eso, cualquiera que quiebre uno de estos mandamientos más pequeños y enseñe así a la humanidad, será llamado 'más pequeño' con relación al reino de los cielos", lo cual significa que esa persona nunca entraría en el Reino.

Lejos de desatender la Ley de Dios, Jesús condena hasta las actitudes que contribuyen a que alguien la quebrante. Después de señalar que la Ley dice: "No debes asesinar", Jesús agrega: "Sin embargo, yo les digo que todo el que continúe airado con su hermano será responsable al tribunal de justicia".

Puesto que el continuar airado con un compañero es un asunto tan serio, pues hasta puede llevar al asesinato, Jesús ilustra el grado a que uno debe esforzarse por alcanzar la paz. Da estas instrucciones: "Por eso, si estás llevando tu dádiva [de sacrificio] al altar y allí te acuerdas de que tu hermano tiene algo contra ti, deja tu dádiva allí enfrente del altar, y vete; primero haz las paces con tu hermano, y luego, cuando hayas vuelto, ofrece tu dádiva".

Jesús dirige la atención al séptimo de los Diez Mandamientos y pasa a decir: "Oyeron ustedes que se dijo: 'No debes cometer adulterio'". No obstante, Jesús condena hasta la contemplación constante del adulterio. "Yo les digo que todo el que sigue mirando a una mujer a fin de tener una pasión por ella ya ha cometido adulterio con ella en su corazón."

Aquí Jesús no habla simplemente de algún pensamiento inmoral pasajero, sino de *'seguir mirando'*. El continuar mirando así despierta las pasiones, las cuales, si surge la oportunidad, pueden culminar en adulterio. ¿Cómo se puede evitar que esto ocurra? Jesús ilustra que quizás sea necesario tomar medidas drásticas, al decir: "Ahora bien, si ese ojo derecho tuyo te está haciendo tropezar, arráncalo y échalo de ti. [...] También, si tu mano derecha te está haciendo tropezar, córtala y échala de ti".

Para salvarse la vida, la gente suele estar dispuesta a sacrificar una extremidad literal del cuerpo que esté enferma. Pero según Jesús es hasta más importante 'echar de uno' *cualquier cosa,* hasta algo tan precioso como el ojo o la mano, para evitar pensamientos y acciones inmorales. Jesús explica que los que no hagan eso serán arrojados en el Gehena (un basurero que se mantenía ardiendo cerca de Jerusalén), que simboliza la destrucción eterna.

Jesús también considera cómo tratar con los que causan daño y ofenden. "No resistan al que es inicuo —aconseja—; antes bien, al que te dé una bofetada en la mejilla derecha, vuélvele también la otra." Jesús no quiere decir que uno no debería defenderse ni

defender a su familia en caso de algún ataque. La bofetada no se da para causar daño físico a otra persona, sino, más bien, para insultar. Por eso, lo que Jesús dice es que si alguien trata de provocar a uno a una pelea o discusión, sea por abofetear a uno literalmente con la mano abierta o irritar con palabras insultantes, sería incorrecto pagar del mismo modo.

Después de dirigir la atención a la ley de Dios sobre el amar al prójimo, Jesús declara: "Sin embargo, yo les digo: Continúen amando a sus enemigos y orando por los que los persiguen". Suministra una razón de peso por la cual hacer eso, cuando añade: "Para que [así] demuestren ser hijos de su Padre que está en los cielos, ya que él hace salir su sol sobre inicuos y buenos".

Jesús concluye esta porción de su sermón con el consejo: "Ustedes, en efecto, tienen que ser perfectos, como su Padre celestial es perfecto". Jesús no quiere decir que la gente pueda ser perfecta en sentido absoluto. Más bien, al imitar a Dios las personas pueden ensanchar su amor de modo que abarque hasta a sus enemigos. El relato paralelo de Lucas registra las siguientes palabras de Jesús: "Continúen haciéndose misericordiosos, así como su Padre es misericordioso".

La oración y la confianza en Dios

Al seguir con su sermón, Jesús condena la hipocresía de la gente que exhibe su supuesta piedad. "Cuando andes haciendo dádivas —dice— no toques trompeta delante de ti, así como hacen los hipócritas."

"También —continúa Jesús—, cuando oren, no deben ser como los hipócritas; porque a ellos les gusta orar de pie en las sinagogas y en las esquinas de los caminos anchos para ser vistos de los hombres." Más bien, instruye Jesús: "Cuando ores, entra en tu cuarto privado y, después de cerrar tu puerta, ora a tu Padre que está en lo secreto". Jesús mismo oró en público, de modo que él no condena esto. Pero sí está denunciando las oraciones que se hacen para impresionar a los oidores y atraer sus lisonjas.

Además, Jesús aconseja: "Mas al orar, no digas las mismas cosas repetidas veces, así como la gente de las naciones". Jesús no quiere decir que la repetición misma sea incorrecta. En cierta ocasión él mismo usó repetidas veces "la misma palabra" al orar. Lo que en realidad desaprueba es que "repetidas veces" se digan frases memorizadas, como lo hacen los que van pasando cuentas entre los dedos mientras repiten sus oraciones mecánicamente.

Para ayudar a sus oyentes a orar, Jesús provee una oración modelo que abarca siete peticiones. Como es apropiado, las primeras tres expresan reconocimiento de la soberanía de Dios y los propósitos divinos. Son peticiones para que el nombre de Dios sea santificado, que su Reino venga y que se haga su voluntad. Las cuatro restantes son peticiones personales, a saber, por el alimento del día, el perdón de los pecados, el no ser tentado uno más allá de lo que pueda aguantar, y el que se le libre del inicuo.

Jesús entonces pasa a considerar el lazo de dar demasiada importancia a las posesiones materiales. Exhorta: "Dejen de acumular para sí tesoros sobre la tierra, donde la polilla y el moho consumen, y donde ladrones entran por fuerza y hurtan". Esos tesoros no solo son perecederos, sino que no edifican para uno ningún mérito ante Dios.

Por lo tanto Jesús dice: "Más bien, acumulen para sí tesoros en el cielo". Esto se

hace mediante poner en primer lugar en la vida el servir a Dios. Nadie puede robar el mérito así acumulado ante Dios, ni la magnífica recompensa. Entonces Jesús añade: "Donde está tu tesoro, allí también estará tu corazón".

Jesús considera más a fondo el lazo del materialismo al dar esta ilustración: "La lámpara del cuerpo es el ojo. Por eso, si tu ojo es sencillo, todo tu cuerpo estará brillante; pero si tu ojo es inicuo, todo tu cuerpo estará oscuro". El ojo que funciona apropiadamente es para el cuerpo como una lámpara encendida en un lugar oscuro. Pero, si se quiere ver correctamente, el ojo tiene que ser sencillo, es decir, tiene que concentrarse en una sola cosa. El ojo desenfocado hace que se estimen equivocadamente las cosas, que se pongan las búsquedas materialistas antes del servicio a Dios, y el resultado es que 'todo el cuerpo' se oscurece.

Jesús lleva este asunto al punto culminante con una ilustración clara y vigorosa: "Nadie puede servir como esclavo a dos amos; porque u odiará al uno y amará al otro, o se apegará al uno y despreciará al otro. No pueden ustedes servir como esclavos a Dios y a las Riquezas".

Después de dar este consejo, Jesús asegura a sus oyentes

que no tienen por qué estar inquietos en cuanto a sus necesidades materiales si ponen en primer lugar el servir a Dios. "Observen atentamente las aves del cielo —dice—, porque ellas no siembran, ni siegan, ni recogen en graneros; no obstante, su Padre celestial las alimenta." Entonces pregunta: "¿No valen ustedes más que ellas?".

Luego Jesús señala a los lirios del campo y dice que "ni siquiera Salomón en toda su gloria se vistió como uno de estos. Pues bien —continúa—, si Dios viste así a la vegetación del campo, [...] ¿no los vestirá a ustedes con mucha más razón, hombres de poca fe?". Por lo tanto Jesús llega a esta conclusión: "Nunca se inquieten y digan: '¿Qué hemos de comer?', o '¿qué hemos de beber?', o '¿qué hemos de ponernos?'. [...] Pues su Padre celestial sabe que ustedes necesitan todas estas cosas. Sigan, pues, buscando primero el reino y la justicia de Dios, y todas estas otras cosas les serán añadidas".

El camino a la vida

El camino a la vida consiste en observar las enseñanzas de Jesús. Pero no es fácil hacer esto. Por ejemplo, los fariseos tienden a juzgar severamente a otros, y es probable que muchos los imiten. Por eso, continuando su Sermón del Monte, Jesús da esta amonestación: "Dejen de juzgar, para que no sean juzgados; porque con el juicio con que ustedes juzgan, serán juzgados".

Es peligroso seguir la guía de los fariseos, que critican demasiado. De acuerdo con el relato de Lucas, Jesús ilustra este peligro al decir: "Un ciego no puede guiar a un ciego, ¿verdad? Ambos caerán en un hoyo, ¿no es cierto?".

El criticar demasiado a otros, exagerando sus faltas y buscándolas, es una ofensa seria. Por eso Jesús pregunta: "¿Cómo puedes decir a tu hermano: 'Permíteme extraer la paja de tu ojo', cuando ¡mira!, hay una viga en tu propio ojo? ¡Hipócrita! Primero extrae la viga de tu propio ojo, y entonces verás claramente cómo extraer la paja del ojo de tu hermano".

Esto no significa que los discípulos de Jesús no han de ejercer discernimiento con relación a otras personas, pues él dice: "No den lo santo a los perros, ni tiren sus perlas delante de los cerdos". Las verdades de la Palabra de Dios son sagradas. Son como perlas figurativas. Pero si algunos individuos, que son como perros o cerdos, no muestran aprecio por estas preciosas verdades, los discípulos de Jesús deben dejarlos y buscar a los que las acojan mejor.

Aunque antes en su sermón Jesús ha considerado la oración, ahora recalca que es necesario persistir en ella. "Sigan pidiendo —insta—, y se les dará." Para ilustrar que Dios está dispuesto a contestar las oraciones, Jesús pregunta: "¿Quién es el hombre entre ustedes a quien su hijo pide pan..., no le dará una piedra, ¿verdad? [...] Por lo tanto, si ustedes, aunque son inicuos, saben dar buenos regalos a sus hijos, ¿con cuánta más razón dará su Padre que está en los cielos cosas buenas a los que le piden?".

Entonces Jesús da lo que ha llegado a ser una famosa regla de conducta, llamada comúnmente la regla áurea, o de oro. Dice: "Por lo tanto, todas las cosas que quieren que los hombres les hagan, también ustedes de igual manera tienen que hacérselas a ellos". El vivir de acuerdo con esta regla implica la acción positiva de hacer el bien a otras personas, tratándolas como uno quiere que lo traten a uno.

El hecho de que el camino a la vida

no es fácil lo revelan estas instrucciones de Jesús: "Entren por la puerta angosta; porque ancho y espacioso es el camino que conduce a la destrucción, y muchos son los que entran por él; mientras que angosta es la puerta y estrecho el camino que conduce a la vida, y pocos son los que la hallan".

Es grande el peligro de que se nos extravíe, y por eso Jesús advierte: "Guárdense de los falsos profetas que vienen a ustedes en ropa de oveja, pero por dentro son lobos voraces". Jesús observa que, tal como por su fruto se puede distinguir un árbol bueno de uno malo, así también se puede distinguir a los falsos profetas por su conducta y sus enseñanzas.

Jesús pasa a explicar que no es simplemente lo que alguien *diga* lo que muestra que es Su discípulo, sino lo que *haga*. Algunos afirman que Jesús es su Señor, pero si no están haciendo la voluntad de su Padre, de ellos él dice: "Entonces les confesaré: ¡Nunca los conocí! Apártense de mí, obradores del desafuero".

Finalmente Jesús da la memorable conclusión de su sermón. Dice: "A todo el que oye estos dichos míos y los hace se le asemejará a un varón discreto, que edificó su casa sobre la masa rocosa. Y descendió la lluvia y vinieron las inundaciones y soplaron los vientos y dieron con ímpetu contra aquella casa, pero no se hundió, porque había sido fundada sobre la masa rocosa".

Por otra parte, Jesús declara: "A todo el que oye estos dichos míos y no los hace se le asemejará a un varón necio, que edificó su casa sobre la arena. Y descendió la lluvia y vinieron las inundaciones y soplaron los vientos y dieron contra aquella casa, y se hundió, y fue grande su desplome".

Cuando Jesús termina su sermón, las muchedumbres quedan atónitas por su modo de enseñar, porque les enseña como persona que tiene autoridad y no como sus líderes religiosos. (Lucas 6:12-23; Mateo 5:1-12; Lucas 6:24-26; Mateo 5:13-48; 6:1-34; 26:36-45; 7:1-29; Lucas 6:27-49.)

- ¿Dónde está Jesús cuando pronuncia su sermón más memorable, quiénes están presentes, y qué ha sucedido poco antes de que lo pronuncie?
- ¿Por qué no sorprende el que Lucas registre algunas enseñanzas del sermón en otro marco de circunstancias?
- ¿Qué hace tan valioso el sermón de Jesús?
- ¿Quiénes son en verdad felices, y por qué?
- ¿Quiénes reciben ayes, y por qué?
- ¿En qué sentido son los discípulos de Jesús "la sal de la tierra" y "la luz del mundo"?
- ¿Cómo muestra Jesús alta estima por la Ley de Dios?
- ¿Qué instrucciones da Jesús para desarraigar las causas del asesinato y el adulterio?
- ¿Qué quiere decir Jesús cuando habla de volver la otra mejilla?
- ¿Cómo podemos ser perfectos como Dios es perfecto?
- ¿Qué instrucciones da Jesús respecto a la oración?
- ¿Por qué son superiores los tesoros celestiales, y cómo se obtienen?
- ¿Qué ilustraciones se dan como ayuda para evitar el materialismo?
- ¿Por qué dice Jesús que no hay razón para inquietarse?
- ¿Qué dice Jesús respecto a juzgar a otros?, pero ¿cómo muestra él que sus discípulos tienen que ejercer discernimiento en cuanto a la gente?
- ¿Qué más dice Jesús sobre la oración, y qué regla de conducta provee?
- ¿Cómo muestra Jesús que el camino a la vida no sería fácil y que hay el peligro de que se nos extravíe?
- ¿Cómo concluye Jesús su sermón, y qué efecto tiene este?

La gran fe de un oficial del ejército

CUANDO Jesús pronuncia su Sermón del Monte, ha llegado como a la mitad de su ministerio público. Esto significa que solo tiene alrededor de un año y nueve meses para completar su obra en la Tierra.

Jesús entra ahora en la ciudad de Capernaum, que ha llegado a ser como su centro de operaciones. Aquí hombres mayores de entre los judíos se le acercan para pedirle algo. Los ha enviado un oficial del ejército romano que es gentil, o sea, un hombre que no es de la raza judía.

El siervo amado del oficial del ejército está a punto de morir de una grave enfermedad, y el oficial desea que Jesús lo sane. Los judíos ruegan solícitamente a favor del oficial: "Es digno de que le otorgues esto —dicen—, porque ama a nuestra nación, y él mismo nos edificó la sinagoga".

Sin titubear, Jesús va con los hombres. Sin embargo, cuando se acercan, el oficial del ejército envía unos amigos a decir: "Señor, no te molestes, porque no soy digno de que entres debajo de mi techo. Por esto no me consideré digno de ir a ti".

¡Qué expresión tan humilde de un oficial que está acostumbrado a dar órdenes a otros! Pero puede que él esté pensando también en Jesús, por reconocer que la costumbre le prohíbe a un judío tener tratos sociales con gente no judía. Hasta Pedro dijo: "Bien saben ustedes cuán ilícito le es a un judío unirse o acercarse a un hombre de otra raza".

El oficial, quizás por no querer que Jesús sufra las consecuencias de violar esta costumbre, hace que sus amigos soliciten de él lo siguiente: "Di tú la palabra, y sea sanado mi

sirviente. Porque yo también soy hombre puesto bajo autoridad, que tengo soldados bajo mí, y digo a este: '¡Vete!', y se va, y a otro: '¡Ven!', y viene, y a mi esclavo: '¡Haz esto!', y lo hace".

Pues bien, al oír aquello Jesús se maravilla. "Les digo la verdad —dice—: No he hallado en Israel a nadie con tan grande fe." Después de sanar al siervo del oficial, Jesús usa la ocasión para decir que gente no judía que tenga fe será favorecida con las bendiciones que rechazan los judíos faltos de fe.

Jesús dice: "Muchos vendrán de las partes orientales y de las partes occidentales y se reclinarán a la mesa con Abrahán e Isaac y Jacob en el reino de los cielos; entre tanto que los hijos del reino serán echados a la oscuridad de afuera. Allí es donde será su llanto y el crujir de sus dientes".

"Los hijos del reino [...] echados a la oscuridad de afuera" son judíos naturales que no aceptan la oportunidad que primero se les ofrece a ellos de ser gobernantes con Cristo. Abrahán, Isaac y Jacob representan el arreglo del Reino de Dios. Así Jesús está diciendo que se recibirá con gusto a gentiles para que se reclinen a la mesa celestial, por decirlo así, "en el reino de los cielos". (Lucas 7:1-10; Mateo 8:5-13; Hechos 10:28.)

■ ¿Por qué ruegan unos judíos a favor de un oficial del ejército gentil?

■ ¿Qué puede explicar el que el oficial no haya invitado a Jesús a entrar en su casa?

■ ¿Qué quiere decir Jesús por sus comentarios de conclusión?

37   Jesús disipa el dolor de una viuda

POCO después de haber sanado al esclavo del oficial del ejército, Jesús parte hacia Naín, una ciudad situada a más de 32 kilómetros (20 millas) al sudoeste de Capernaum. Sus discípulos y una gran muchedumbre lo acompañan. Probablemente está anocheciendo cuando se acercan a las afueras de Naín. Aquí se encuentran con una procesión fúnebre. La gente saca de la ciudad, para enterrarlo, el cadáver de un joven.

La situación de la madre es especialmente lamentable, pues es viuda y este es su único hijo. Cuando su esposo murió, ella pudo consolarse porque tenía a su hijo. Ella depositó en el futuro de este sus esperanzas, deseos y ambiciones. Pero ahora no tiene a nadie en quien hallar consuelo. La embarga un profundo dolor mientras la gente de la ciudad la acompaña al lugar del entierro.

Cuando Jesús alcanza a ver a la mujer, el corazón se le conmueve por la inmensa tristeza de ella. Por eso, con ternura, pero con una firmeza que imparte confianza, le dice: "Deja de llorar". Su porte y su acción atraen la atención de la muchedumbre. Por eso, cuando él se acerca y toca el féretro donde llevan el cadáver, los que lo llevan se detienen. Todos tienen que estar preguntándose qué va a hacer.

Es cierto que los que acompañan a Jesús lo han visto sanar milagrosamente de sus enfermedades a muchas personas. Pero parece que nunca le han visto levantar a nadie de entre los muertos. ¿Puede hacer tal cosa? Dirigiéndose al cadáver, Jesús ordena: "Joven, yo te digo: ¡Levántate!". ¡Y el hombre se incorpora! Empieza a hablar, y Jesús lo entrega a su madre.

Cuando la gente ve que el joven en verdad está vivo, empieza a decir: "Un gran profeta ha sido levantado entre nosotros". Otros dicen: "Dios ha dirigido su atención a su pueblo". Las noticias de esta asombrosa hazaña se esparcen rápidamente por toda Judea y por toda la comarca.

Juan el Bautizante todavía está en prisión, y desea saber más acerca de las obras que Jesús puede ejecutar. Los discípulos de Juan le informan acerca de estos milagros. ¿Cómo responde él? **(Lucas 7:11-18.)**

- ¿Qué está sucediendo mientras Jesús se acerca a Naín?
- ¿Cómo afecta a Jesús lo que ve, y qué hace él?
- ¿Cómo responde la gente al milagro de Jesús?

¿Le faltó fe a Juan?

JUAN el Bautizante, que para ahora lleva como un año en prisión, recibe el informe sobre la resurrección del hijo de la viuda de Naín. Pero Juan quiere oír directamente de Jesús acerca del significado de aquello, de modo que envía a dos de sus discípulos a preguntarle: "¿Eres tú Aquel Que Viene, o hemos de esperar a uno diferente?".

Puede que esta pregunta parezca extraña, especialmente puesto que casi dos años antes, cuando bautizaba a Jesús, Juan vio el espíritu de Dios descender sobre él y oyó la voz de Dios diciendo que lo aprobaba. La pregunta de Juan tal vez lleve a algunos a concluir que se ha debilitado en la fe. Pero no es así. Jesús no hablaría tan bien de Juan, algo que hace en esta ocasión, si Juan hubiera empezado a tener dudas. Entonces, ¿por qué hace Juan esta pregunta?

Quizás Juan simplemente quiere que Jesús le confirme que

es el Mesías. Esto fortalecería mucho a Juan mientras langui-
dece en prisión. Pero parece que la pregunta de Juan implica
más que solo eso. Evidentemente Juan quiere saber si va a venir
otro, un sucesor, por decirlo así, que complete el cumplimiento
de todas las cosas que se predijeron que efectuaría el Mesías.

Según las profecías bíblicas con las que está familiarizado
Juan, el Ungido de Dios ha de ser un rey, un libertador. Sin
embargo, a Juan todavía lo tienen en prisión, aun muchos
meses después del bautismo de Jesús. Por eso es patente que
Juan le está preguntando a Jesús: '¿Eres tú en realidad quien va
a establecer con poder externo el Reino de Dios, o hay uno
diferente, un sucesor, a quien debamos esperar para que
cumpla todas las profecías maravillosas con relación a la
gloria del Mesías?'.

En vez de decir a los discípulos de Juan: '¡Por supuesto que yo soy el que vendría!', Jesús en aquella misma hora hace un notable despliegue al sanar a muchas personas, curándolas de toda clase de enfermedades y dolencias. Entonces dice a los discípulos: "Vayan, informen a Juan lo que vieron y oyeron: los ciegos reciben la vista, los cojos andan, los leprosos quedan limpios y los sordos oyen, los muertos son levantados, a los pobres se anuncian las buenas nuevas".

En otras palabras, la pregunta de Juan quizás da a entender que él espera que Jesús haga más de lo que está haciendo y quizás libre a Juan mismo. Sin embargo, Jesús le está diciendo a Juan que no espere más que los milagros que Jesús está haciendo.

Después que los discípulos de Juan se van, Jesús se dirige a las muchedumbres y les dice que Juan es el "mensajero" de Jehová predicho en Malaquías 3:1 y también es el profeta Elías predicho en Malaquías 4:5, 6. Así alaba a Juan como un profeta en igualdad con cualquiera de los profetas que vivieron antes de él, como explica: "En verdad les digo: Entre los nacidos de mujer no ha sido levantado uno mayor que Juan el Bautista; mas el que sea de los menores en el reino de los cielos es mayor que él. Pero desde los días de Juan el Bautista hasta ahora el reino de los cielos es la meta hacia la cual se adelantan con ardor los hombres".

Aquí Jesús muestra que Juan no estará en el Reino celestial, pues uno de los menores allí es mayor que Juan. Juan preparó el camino para Jesús, pero muere antes de que Cristo selle el pacto o acuerdo con sus discípulos para que sean corregentes con él en su Reino. Por eso Jesús dice que Juan no estará en el Reino celestial. En vez de eso, Juan será un súbdito terrestre del Reino de Dios. **(Lucas 7:18-30; Mateo 11:2-15.)**

- ¿Por qué pregunta Juan si Jesús es Aquel Que Viene o si se debe esperar a uno diferente?

- ¿Qué profecías dice Jesús que Juan ha cumplido?

- ¿Por qué no estará Juan el Bautizante en el cielo con Jesús?

39 Los orgullosos y los humildes

DESPUÉS de mencionar las virtudes de Juan el Bautizante, Jesús dirige su atención a la gente orgullosa y voluble que está a su alrededor. "Esta generación", declara, "es semejante a los niñitos sentados en las plazas de mercado, que dan voces a sus compañeros de juego, y dicen: 'Les tocamos la flauta, pero no danzaron; plañimos, pero no se golpearon en desconsuelo'."

¿Qué quiere decir Jesús? Él explica: "Juan vino sin comer ni beber, pero dicen: 'Tiene demonio'; el Hijo del hombre sí vino comiendo y bebiendo, y no obstante dicen: '¡Miren! Un hombre glotón y dado a beber vino, amigo de recaudadores de impuestos y pecadores'".

Es imposible satisfacer a la gente. Nada le complace. Juan ha vivido una vida austera de abnegación como nazareo, conforme a la declaración del ángel de que "no debe beber en absoluto vino ni bebida alcohólica alguna". Y sin embargo la gente dice que está endemoniado. Por otra parte, Jesús vive como otros hombres, sin practicar austeridad, y lo acusan de excesos.

¡Qué difícil es complacer a la gente! Son como compañeros de juego, algunos de los cuales se niegan a responder con danzas cuando otros niños tocan la flauta o con desconsuelo cuando sus compañeros plañen. No obstante, Jesús dice: "La sabiduría queda probada justa por sus obras". Sí, la evidencia —las obras— muestra claramente que las acusaciones contra Juan y Jesús son falsas.

Jesús pasa a reprender específicamente a las tres ciudades de Corazín, Betsaida y Capernaum, donde ha efectuado la mayor parte de sus obras poderosas. Jesús menciona que si hubiera hecho estas obras en las ciudades fenicias de Tiro y Sidón estas se habrían arrepentido en saco y ceniza. Al condenar a Capernaum, la cual aparentemente ha sido su base de operaciones durante el período de su ministerio, Jesús declara: "Le será más soportable a la tierra de Sodoma en el Día del Juicio que a ti".

A continuación Jesús alaba públicamente a su Padre celestial. Lo que lo mueve a hacer esto es que Dios oculta de los sabios y la gente intelectual preciosas verdades espirituales, pero revela estas cosas maravillosas a gente humilde, sí, a pequeñuelos, por decirlo así.

Por último Jesús extiende esta atractiva invitación: "Vengan a mí, todos los que se afanan y están cargados, y yo los refrescaré. Tomen sobre sí mi yugo y aprendan de mí, porque soy de genio apacible y humilde de corazón, y hallarán refrigerio para sus almas. Porque mi yugo es suave y mi carga es ligera".

¿Cómo ofrece refrigerio Jesús? Lo hace mediante librar a la gente de las tradiciones esclavizadoras con que los líderes religiosos la han cargado, lo que incluye, por ejemplo, reglas restrictivas sobre guardar el sábado. Él muestra también la senda de alivio para los que se sienten aplastados por la dominación de las autoridades políticas y para aquellos que, por su conciencia afligida, sienten el peso de sus pecados. Revela a estos afligidos cómo se les pueden perdonar sus pecados y cómo pueden disfrutar de una preciosa relación con Dios.

El yugo suave que ofrece Jesús es uno de dedicación completa a Dios, el que podamos servir a nuestro compasivo y misericordioso Padre celestial. Y la carga ligera que ofrece Jesús a los que vienen a él es la de obedecer los requisitos de Dios para la vida, que son Sus mandamientos registrados en la Biblia. Y de ninguna manera es gravoso obedecerlos. **(Mateo 11:16-30; Lucas 1:15; 7:31-35; 1 Juan 5:3.)**

■ ¿De qué manera son como niños las personas orgullosas y volubles de la generación de Jesús?

■ ¿Qué mueve a Jesús a alabar a su Padre celestial?

■ ¿De qué maneras está cargada la gente, y qué alivio ofrece Jesús?

40 Una lección de misericordia

PUEDE que Jesús todavía esté en Naín, donde hace poco resucitó al hijo de una viuda, o quizás esté visitando otra ciudad cerca de allí. Cierto fariseo llamado Simón desea ver más de cerca al que está efectuando estas extraordinarias obras. Por eso, invita a Jesús a comer con él.

Jesús, que considera esta ocasión como una oportunidad para ministrar a los presentes, acepta la invitación, tal como ha aceptado invitaciones a comer con recaudadores de impuestos y pecadores. Sin embargo, cuando Jesús entra en la casa de Simón no recibe la atención cordial que suele concederse a los invitados.

Los pies calzados con sandalias se calientan y ensucian como resultado del viaje en caminos polvorientos, y como acto de hospitalidad se acostumbra lavar con agua fresca los pies de los invitados. Pero a Jesús no le lavan los pies cuando llega. Ni le dan un beso de bienvenida, que es cortesía común. Tampoco le suministran el aceite que se acostumbra dar para el cabello como muestra de hospitalidad.

Durante la comida, mientras los invitados están reclinados a la mesa, cierta mujer que no ha sido invitada entra sigilosamente en aquel lugar. En la ciudad la conocen como persona de vida inmoral. Puede que haya oído las enseñanzas de Jesús, incluso su invitación a 'todos los que estaban cargados a venir a él y hallar refrigerio'. Y porque lo que ha visto y oído la ha conmovido profundamente, ahora ha buscado a Jesús.

La mujer viene por detrás de Jesús cuando él está reclinado a la mesa, y se arrodilla a sus pies. Al caer sus lágrimas sobre los pies de Jesús, le enjuga los pies con el cabello. También toma aceite perfumado de su frasco y, besándole tiernamente los pies, derrama el aceite sobre ellos. Simón observa esto con desaprobación. "Este hombre, si fuera profeta —razona—, conocería quién y qué clase de mujer es la que le toca, que es pecadora."

Percibiendo lo que Simón piensa, Jesús dice: "Simón, tengo algo que decirte".

"Maestro, ¡dilo!", responde él.

"Dos hombres eran deudores a cierto prestamista —empieza Jesús—; el uno le debía quinientos denarios, pero el otro cincuenta. Cuando no tuvieron con qué pagar, él sin reserva perdonó a ambos. Por lo tanto, ¿cuál de ellos le amará más?"

"Supongo —dice Simón, quizás con un aire de indiferencia ante lo aparentemente fuera de propósito de la pregunta— que será aquel a quien sin reserva le perdonó más."

"Juzgaste correctamente", dice Jesús. Entonces, volviéndose hacia la mujer, dice a Simón: "¿Contemplas a esta mujer? Entré en tu casa; no me diste agua para los pies. Pero esta mujer me ha mojado los pies con sus lágrimas y los ha enjugado con sus cabellos. No me diste beso; pero esta mujer, desde la hora que entré, no ha dejado de besarme los pies tiernamente. No me untaste la cabeza con aceite; pero esta mujer me ha untado los pies con aceite perfumado".

Así la mujer ha dado prueba de estar sinceramente arrepentida de sus antecedentes de inmoralidad. Por lo tanto Jesús concluye sus palabras así: "En virtud de esto, te digo, los pecados de ella, por muchos que sean, son perdonados, porque amó mucho; mas al que se le perdona poco, poco ama".

Jesús de ningún modo está disculpando ni aprobando tácitamente la inmoralidad. Más bien, este incidente revela su comprensión y compasión para con las personas que cometen errores en la vida pero que luego se arrepienten de ellos y, por eso, vienen a Cristo en busca de alivio. Jesús suministra verdadero refrigerio a la mujer al decir: "Tus pecados son perdonados. [...] Tu fe te ha salvado; vete en paz". **(Lucas 7:36-50; Mateo 11:28-30.)**

- ¿Cómo recibe a Jesús su anfitrión, Simón?
- ¿Quién busca a Jesús, y por qué?
- ¿Qué ilustración provee Jesús, y cómo la aplica?

Centro de controversia

POCO después de haber estado en la casa de Simón, Jesús comienza un segundo recorrido de predicación por Galilea. En su viaje anterior por el territorio lo acompañaron sus primeros discípulos: Pedro, Andrés, Santiago y Juan. Pero ahora lo acompañan los 12 apóstoles, y también algunas mujeres. Entre ellas están María Magdalena, Susana y Juana, cuyo esposo es un oficial del rey Herodes.

Al intensificarse el paso del ministerio de Jesús, también se intensifica la controversia respecto a su actividad. En cierta ocasión llevan a donde Jesús un endemoniado que también es ciego y mudo. Cuando Jesús lo cura y el hombre queda libre de la influencia demoníaca y puede tanto hablar como ver, las muchedumbres simplemente se embelesan. La gente empieza a decir: "¿Acaso no será este el Hijo de David?".

Es tanta la muchedumbre que se ha reunido alrededor de la casa donde Jesús está alojado que él y sus apóstoles no pueden siquiera tomar una comida. Además de los que creen que tal vez sea el prometido "Hijo de David", también están allí escribas y fariseos que han venido desde Jerusalén misma para desacreditarlo. Cuando los parientes de Jesús se enteran de la conmoción en torno a Jesús, vienen a apoderarse de él. ¿Por qué?

Pues sucede que los mismos hermanos de Jesús todavía no creen que él sea el Hijo de Dios. Además, la agitación y las disputas que él ha suscitado entre el público no son nada típico del Jesús que conocían mientras él se criaba en Nazaret. Por lo tanto, creen que Jesús padece de una enfermedad mental grave. "Ha perdido el juicio", es su conclusión, y quieren llevárselo consigo.

Sin embargo, está claro que Jesús ha sanado al endemoniado. Los escribas y fariseos saben que no pueden negar la realidad de este hecho. Por eso, para desacreditar a Jesús dicen a la gente: "Este no expulsa a los demonios sino por medio de Beelzebub, el gobernante de los demonios".

Jesús, que sabe lo que piensan, llama a sí a los escribas y fariseos y dice: "Todo reino dividido contra sí mismo viene a parar en desolación, y toda ciudad o casa dividida contra sí misma no permanecerá en pie. Así mismo, si Satanás expulsa a Satanás, ha llegado a estar dividido contra sí mismo; entonces, ¿cómo podrá estar en pie su reino?".

¡Qué devastadora lógica! Puesto que los fariseos afirman que entre ellos hay quienes han expulsado demonios, Jesús también pregunta: "Si yo expulso a los demonios por medio de Beelzebub, ¿por medio de quién los expulsan los hijos de ustedes?". Es decir, la acusación contra Jesús aplica tanto a ellos como a él. Entonces Jesús advierte: "Pero si es por medio del espíritu de Dios como yo expulso a los demonios, el reino de Dios verdaderamente los ha alcanzado".

Para demostrar que el que él haya expulsado demonios es prueba de su poder sobre Satanás, Jesús dice: "¿Cómo puede alguien invadir la casa de un hombre fuerte y arrebatar sus bienes muebles, a menos que primero ate al fuerte? Y entonces saqueará su casa. El que no está de parte mía, contra mí está; y el que no recoge conmigo, desparrama". Está claro que los fariseos se oponen a Jesús y demuestran que son agentes de Satanás. Están haciendo que los israelitas se aparten de Jesús.

Por consiguiente, Jesús advierte a estos opositores satánicos que "la blasfemia contra el espíritu no será perdonada". Explica: "A cualquiera que hable una palabra contra el Hijo del hombre, le será perdonado; pero a cualquiera que hable contra el espíritu santo, no le será perdonado, no, ni en este sistema de cosas ni en el venidero". Esos escribas y fariseos han cometido ese pecado imperdonable cuando, por su mala intención, atribuyen a Satanás lo que claramente es la operación milagrosa del espíritu santo de Dios. (Mateo 12:22-32; Marcos 3:19-30; Juan 7:5.)

- ¿Cómo difiere del primer recorrido de Galilea por Jesús el segundo?
- ¿Por qué tratan de apoderarse de Jesús sus parientes?
- ¿Cómo tratan de desacreditar los milagros de Jesús los fariseos, y cómo los refuta Jesús?
- ¿De qué son culpables esos fariseos, y por qué?

42 Jesús reprende a los fariseos

JESÚS presenta el argumento de que si es por el poder de Satanás como él expulsa a los demonios, entonces Satanás está dividido contra sí mismo. Pasa a decir: "O hagan el árbol excelente y su fruto excelente, o hagan el árbol podrido y su fruto podrido; porque por su fruto se conoce el árbol".

Es insensata la acusación de que el buen fruto de expulsar demonios es el resultado de que Jesús sirva a Satanás. Si el fruto es excelente, el árbol no puede estar podrido. Por otra parte, el fruto podrido de los fariseos de lanzar acusaciones absurdas contra Jesús y presentarle oposición sin fundamento es prueba de que ellos mismos son gente corrupta, en podredumbre. Jesús exclama: "Prole de víboras, ¿cómo pueden hablar cosas buenas cuando son inicuos? Porque de la abundancia del corazón habla la boca".

Puesto que nuestras palabras reflejan la condición de nuestro corazón, lo que decimos suministra base para que se nos juzgue. Jesús dice: "Les digo que de todo dicho ocioso que hablen los hombres rendirán cuenta en el Día del Juicio; porque por tus palabras serás declarado justo, y por tus palabras serás condenado".

A pesar de todas las obras poderosas de Jesús, los escribas y fariseos hacen esta petición: "Maestro, queremos ver de ti alguna señal". Aunque puede que en particular estos hombres de Jerusalén no hayan visto personalmente Sus milagros, existe evidencia irrefutable de testigos oculares respecto a ellos. Por eso Jesús dice a los líderes judíos: "Una generación inicua y adúltera sigue buscando una señal, más no se le dará ninguna señal, sino la señal de Jonás el profeta".

Jesús pasa a explicar lo que quiere decir: "Así como Jonás estuvo en el vientre del gran pez tres días y tres noches, así el Hijo del hombre estará en el corazón de la tierra tres días y tres noches". Jonás, después de haber sido tragado por el pez, salió de él como si hubiera sido resucitado, y así Jesús predice que él morirá y que al tercer día será levantado a la vida. Pero aun

después, cuando Jesús es resucitado, los líderes religiosos rechazan "la señal de Jonás".

Por eso Jesús dice que los varones de Nínive, que se arrepintieron cuando Jonás les predicó, se levantarán en el juicio y condenarán a los judíos que rechazan a Jesús. Traza también un paralelo con la reina de Seba, quien vino desde los fines de la Tierra para oír la sabiduría de Salomón y se maravilló por lo que vio y oyó. "Pero, ¡miren! —dice Jesús—, algo más que Salomón está aquí."

Jesús entonces da la ilustración de un hombre de quien sale un espíritu inmundo. Pero el hombre no llena ese vacío con cosas buenas, y por eso siete espíritus más inicuos vienen a dominarlo. "Así también será con esta generación inicua", dice Jesús. La nación israelita había sido limpiada y había experimentado reformas... algo que era comparable a la salida temporal de un espíritu inmundo. Pero el que la nación haya rechazado a los profetas de Dios, hasta el colmo de oponerse a Cristo mismo, revela que su condición de iniquidad sobrepasa por mucho a la de su principio.

Mientras Jesús habla, su madre y sus hermanos llegan y se sitúan al borde de la muchedumbre. Por eso alguien dice: "¡Mira! Tu madre y tus hermanos están parados fuera, y procuran hablarte".

"¿Quién es mi madre, y quiénes son mis hermanos?", pregunta Jesús. Extendiendo la mano hacia sus discípulos, dice: "¡Mira! ¡Mi madre y mis hermanos! Porque cualquiera que hace la voluntad de mi Padre que está en el cielo, ese es mi hermano y hermana y madre". Así Jesús muestra que, prescindiendo de cuánto estime él los vínculos que lo unen a sus parientes, mucho más estimada le es la relación que tiene con sus discípulos. (Mateo 12:33-50; Marcos 3:31-35; Lucas 8:19-21.)

- ¿Cómo es que los fariseos no hacen excelente ni el "árbol" ni su "fruto"?
- ¿Qué es "la señal de Jonás", y cómo se la rechaza después?
- ¿Cómo es la nación israelita del primer siglo como el hombre de quien había salido un espíritu inmundo?
- ¿Cómo recalca Jesús la estrecha relación que hay entre él y sus discípulos?

Enseña por ilustraciones

PARECE que Jesús está en Capernaum cuando reprende a los fariseos. Más tarde, el mismo día, sale de la casa y va andando al cercano mar de Galilea, donde se reúnen muchedumbres. Allí sube a una barca, se aleja un poco de la orilla y empieza a enseñar acerca del Reino de los cielos a la gente que está en la ribera. Lo hace por una serie de parábolas o ilustraciones, cada una enmarcada en una situación que la gente conoce bien.

Primero Jesús habla acerca de un sembrador que siembra semilla. Algunas semillas caen a lo largo del camino, y las aves se las comen. Otras caen en terreno que se extiende sobre una masa rocosa. Puesto que las raíces no tienen mucha profundidad, las nuevas plantas se marchitan bajo el sol abrasador. Otras semillas caen entre espinos, que ahogan a las plantas cuando estas crecen. Por último, algunas semillas caen en tierra buena y producen de a ciento por uno, algunas de a sesenta y otras de a treinta.

En otra ilustración Jesús compara el Reino de Dios a un hombre que siembra semilla. Al pasar los días, mientras el hombre duerme y cuando está despierto, la semilla crece. El hombre no sabe cómo. Crece por sí misma y produce grano. Cuando el grano madura, el hombre lo siega.

Jesús da una tercera ilustración acerca de un hombre que siembra la clase correcta de semilla, pero "mientras los hombres dormían" viene un enemigo y sobresiembra mala hierba entre el trigo. Los siervos del hombre preguntan si deben arrancar la mala hierba. Pero él contesta: 'No; porque si lo hacen van a desarraigar trigo también. Dejen que ambos crezcan juntos hasta la siega. Entonces diré a los segadores que saquen la mala hierba y la quemen, y que pongan el trigo en el granero'.

Jesús sigue hablando a las muchedumbres que están en la ribera, y les da otras dos ilustraciones. Explica que "el reino de los cielos" es como un grano de mostaza que cierto hombre siembra. Aunque es la más pequeña de todas las semillas, dice él, se desarrolla hasta ser la mayor de todas las legumbres. Llega a ser un árbol al cual las aves vienen porque hallan albergue entre sus ramas.

Hoy algunos presentan la objeción de que hay semillas que son más pequeñas que las de la mostaza. Pero Jesús no está enseñando botánica. De las semillas que les son conocidas a los galileos de su día, la semilla de la mostaza en realidad es la más pequeña. Por eso ellos comprenden el asunto del crecimiento fenomenal que Jesús ilustra.

Por último Jesús compara "el reino de los cielos" a la levadura que una mujer toma y mezcla en tres grandes medidas de harina. Con el tiempo, dice él, la levadura afecta toda la masa.

Después de dar estas cinco ilustraciones, Jesús despi-

de a las muchedumbres y regresa a la casa donde se aloja. Poco después sus 12 apóstoles y otros acuden a Jesús allí.

Se benefician de las ilustraciones de Jesús

Cuando los discípulos vienen a Jesús después que él pronuncia su discurso ante las muchedumbres reunidas en la playa, les intriga su nuevo método de enseñar. Es cierto que le han oído usar ilustraciones antes, pero nunca tan extensamente. Por eso preguntan: "¿Por qué les hablas usando ilustraciones?".

Una razón para esto es cumplir estas palabras del profeta: "Abriré mi boca con ilustraciones, publicaré cosas escondidas desde la fundación". Pero hay más implicado en ello. Su uso de ilustraciones sirve para que se revele la actitud del corazón de la gente.

En realidad la mayoría de la gente solo se interesa en Jesús como hábil narrador y como hacedor de milagros, no como alguien a quien servir como Señor y a quien seguir con altruismo. No quieren perturbación en su manera de ver las cosas ni en su modo de vivir. No quieren que el mensaje penetre en ellos hasta ese grado.

Esto lleva a Jesús a decir: "Por esto les hablo a ellos usando ilustraciones, porque, mirando, miran en vano, y oyendo, oyen en vano, ni captan el sentido de ello; y para con ellos se cumple la profecía de Isaías, que dice: '[...] Porque el corazón de este pueblo se ha hecho indispuesto a recibir'".

"Sin embargo —pasa a decir Jesús—, felices son los ojos de ustedes porque contemplan, y sus oídos porque oyen. Porque en verdad les digo: Muchos profetas y hombres justos desearon ver las cosas que ustedes contemplan, y no las vieron, y oír las cosas que ustedes oyen, y no las oyeron."

Sí, los 12 apóstoles y los que están con ellos tienen un corazón receptivo. Jesús, por lo tanto, dice: "A ustedes se concede entender los secretos sagrados del reino de los cielos, mas a aquéllos no se les concede". Puesto que desean entender, Jesús explica a sus discípulos la ilustración del sembrador.

"La semilla es la palabra de Dios", dice Jesús, y la tierra es el corazón. Tocante a la semilla que cayó en la superficie dura a lo largo del camino, explica: "Viene el Diablo y quita la palabra de su corazón para que no crean y sean salvos".

Por otra parte, la semilla que se siembra en tierra que cubre una masa rocosa se refiere al corazón de personas que reciben con gozo la palabra. Sin embargo, porque la palabra no puede arraigar profundamente en esos corazones, estas personas se apartan cuando les viene un tiempo de pruebas o persecución.

Respecto a la semilla que ha caído entre los espinos, Jesús explica que esto se refiere a personas que han oído la palabra. No obstante, las inquietudes, las riquezas y los placeres de esta vida absorben su interés, de modo que se las ahoga por completo, y no perfeccionan nada.

Por último, en cuanto a la semilla que se siembra en tierra excelente, Jesús dice que son las personas que, después de oír la palabra con corazón excelente y bueno, la retienen y llevan fruto con aguante.

¡Cuán bendecidos quedan estos discípulos que han buscado a Jesús para obtener una explicación de sus enseñanzas! Jesús quiere que sus ilustraciones se entiendan, para que impartan la verdad a otros. "No se trae la lámpara para ponerla debajo de la cesta de medir, o debajo de la cama, ¿verdad?", pregunta. No; "se trae para ponerla sobre el candelero". Por eso Jesús añade: "Por lo tanto, presten atención a cómo escuchan".

Bendecidos con más instrucción

Después de oír a Jesús explicarles la ilustración del sembrador, los discípulos desean aprender más. "Explícanos —solicitan— la ilustración de la mala hierba en el campo."

¡Cuánto difiere la actitud de los discípulos de la del resto de la muchedumbre que está en la playa! Aquellas personas no tienen un deseo intenso y sincero de aprender el significado de las ilustraciones; están satisfechas con simplemente el esquema de asuntos que se da en ellas. Jesús, estableciendo un contraste entre aquel auditorio de la playa y sus discípulos inquisitivos, que han entrado con él en la casa, dice:

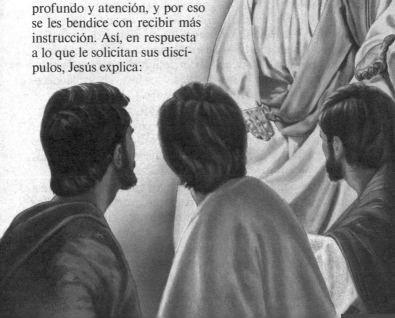

"Con la medida con que ustedes miden, se les medirá a ustedes, sí, hasta se les añadirá". Los discípulos están midiéndole a Jesús interés profundo y atención, y por eso se les bendice con recibir más instrucción. Así, en respuesta a lo que le solicitan sus discípulos, Jesús explica:

"El sembrador de la semilla excelente es el Hijo del hombre; el campo es el mundo; en cuanto a la semilla excelente, estos son los hijos del reino; pero la mala hierba son los hijos del inicuo, y el enemigo que la sembró es el Diablo. La siega es una conclusión de un sistema de cosas, y los segadores son los ángeles".

Después de aclarar cada rasgo de su ilustración, Jesús describe el resultado. En la conclusión del sistema de cosas, dice, "los segadores", o ángeles, separarán a los cristianos de imitación —parecidos a mala hierba— de los verdaderos "hijos del reino". Entonces "los hijos del inicuo" serán designados para la destrucción, pero los hijos del Reino de Dios, "los justos", resplandecerán brillantemente en el Reino de su Padre.

Jesús entonces bendice a sus discípulos inquisitivos con otras tres ilustraciones. Primero, dice: "El reino de los cielos es semejante a un tesoro escondido en el campo, que un hombre halló y escondió; y por el gozo que tiene, va y vende cuantas cosas tiene, y compra aquel campo".

"Otra vez —continúa—: el reino de los cielos es semejante a un comerciante viajero que buscaba perlas excelentes. Al hallar una perla de gran valor, se fue y prontamente vendió todas las cosas que tenía, y la compró."

Jesús mismo es como el hombre que descubre un tesoro escondido y como el comerciante que halla una perla de gran valor. Se pudiera decir que él vendió todo lo que tenía, al abandonar un puesto de honor en el cielo para llegar a ser un humilde humano. Entonces, como hombre en la Tierra, sufre vituperio y enconada persecución, probando que es digno de llegar a ser el Gobernante del Reino de Dios.

Ante los seguidores de Jesús también se coloca el reto de vender todo lo que tienen para obtener la magnífica recompensa de ser, o cogobernantes con Cristo, o súbditos terrestres del Reino. ¿Consideraremos el participar en el Reino de Dios como algo más valioso que toda otra cosa de la vida, como un tesoro inapreciable o una perla de gran valor?

Finalmente, Jesús compara "el reino de los cielos" a una red barredera que junta peces de toda clase. Cuando se separan los peces, los que no son apropiados son tirados, pero los buenos son retenidos. Así será en la conclusión del sistema de cosas, dice Jesús; los ángeles separarán a los inicuos de entre los justos, y los inicuos serán designados para aniquilación.

Jesús mismo comienza este proyecto de pesca, pues dice a sus discípulos que deben ser "pescadores de hombres". Bajo vigilancia angelical, la obra de pescar continúa a través de los siglos. Al fin llega el tiempo de sacar la "red barredera", que simboliza a las organizaciones de la Tierra que afirman que son cristianas.

Aunque se arroja en la destrucción a los peces que no son apropiados, nosotros podemos agradecer el que se nos cuente entre los 'buenos peces' que son retenidos. Si desplegamos el mismo sincero y profundo deseo de los discípulos de Jesús (de recibir más conocimiento y entendimiento) se nos bendecirá, no solo con más instrucción, sino con la bendición divina de vida eterna. **(Mateo 13:1-52; Marcos 4:1-34; Lucas 8:4-18; Salmo 78:2; Isaías 6:9, 10.)**

- ¿Cuándo y dónde habla Jesús con ilustraciones a las muchedumbres?
- ¿Qué cinco ilustraciones da Jesús ahora a las muchedumbres?
- ¿Por qué dice Jesús que la semilla de mostaza es la más pequeña de todas las semillas?
- ¿Por qué habla por ilustraciones Jesús?
- ¿Cómo muestran los discípulos de Jesús que difieren de las muchedumbres?
- ¿Qué explicación da Jesús de la ilustración del sembrador?
- ¿Qué diferencia hay entre los discípulos y las muchedumbres que están en la playa?
- ¿A quién, o qué, representan el sembrador, el campo, la semilla excelente, el enemigo, la siega y los segadores?
- ¿Qué otras tres ilustraciones suministra Jesús, y qué podemos aprender de ellas?

JESÚS ha estado muy activo este día, entre otras cosas enseñando a las muchedumbres en la playa y después explicando las ilustraciones en privado a sus discípulos. Cuando viene la noche, dice: "Pasemos a la otra ribera".

Al otro lado, en la ribera oriental del mar de Galilea, está la región llamada la Decápolis, de los términos griegos *dé·ka,* que significa "diez", y *pó·lis,* que quiere decir "ciudad". Las ciudades de la Decápolis son un centro de cultura griega, aunque sin duda viven también allí muchos judíos. Sin embargo, la actividad de Jesús en aquella región es muy limitada. Hasta en esta visita, como veremos después, se le impide permanecer allí mucho tiempo.

Cuando Jesús solicita partir hacia la otra ribera, los discípulos lo llevan en la barca. Pero la gente nota que ellos parten. Pronto otras personas suben a sus barcas para acompañarlos. No tienen que cruzar gran distancia. De hecho, el mar de Galilea es solo un gran lago que tiene unos 21 kilómetros (13 millas) de largo y un máximo de 12 kilómetros (7,5 millas) de ancho.

No es difícil comprender que Jesús esté cansado. Por eso, poco después de embarcarse se recuesta en una almohada, en la parte trasera de la barca, y queda profundamente dormido. Varios de los apóstoles son marinos duchos, con mucha experiencia de pesca en el mar de Galilea. Por eso, toman el control de la barca.

Pero este viaje no va a ser fácil. Debido a que la temperatura en la superficie del lago —que está a unos 210 metros (700 pies) bajo el nivel del mar— es caliente, y el aire de las montañas cercanas es frío, a veces bajan vientos fuertes que de repente crean violentos ventarrones en el lago. Esto es lo que ocurre ahora. En poco tiempo las olas empiezan a azotar la barca, y el agua entra en ella, de modo que la barca está en peligro de hundirse. Sin embargo, ¡Jesús sigue durmiendo!

Los marinos experimentados se esfuerzan desesperadamente por fijar el curso de la barca. Sin duda han manejado una barca en medio de tormentas antes. Pero esta vez todo cuanto hacen

les falla. Al ver su vida en peligro, despiertan a Jesús. 'Maestro, ¿no te importa lo que pasa? ¡Nos estamos hundiendo!', exclaman. '¡Sálvanos!, ¡nos vamos a ahogar!'

Levantándose, Jesús ordena al viento y el mar: '¡Silencio! ¡Callen!'. Y la furia del viento se apacigua, y el mar se calma. Volviéndose a sus discípulos, Jesús dice: '¿Por qué tienen tanto miedo? ¿Todavía no tienen fe?'.

Entonces, un temor extraordinario se apodera de los discípulos. '¿Quién será realmente este hombre?', se preguntan unos a otros. 'Porque da órdenes hasta a los vientos y el agua, y le obedecen.'

¡Qué poder despliega Jesús! ¡Qué confortador es saber que nuestro Rey tiene poder sobre los elementos naturales, y que cuando dirija toda su atención hacia nuestra Tierra durante su reinado toda persona morará en seguridad, sin temor a calamidades naturales aterradoras!

Algún tiempo después de calmarse la tormenta, Jesús y sus discípulos llegan a salvo a la ribera oriental. Quizás las otras barcas no experimentaron la intensidad de la tormenta y la gente regresó sin percance a sus hogares. (**Marcos 4:35–5:1; Mateo 8:18, 23-27; Lucas 8:22-26.**)

- ¿Qué es la Decápolis, y dónde se encuentra?

- ¿Qué rasgos físicos causan violentas tormentas en el mar de Galilea?

- Cuando no pueden salvarse por su habilidad de marinos, ¿qué hacen los discípulos?

Un discípulo inverosímil

¡QUÉ aterradora vista se presenta ante Jesús cuando llega a la ribera! Dos hombres extraordinariamente fieros salen del cementerio cercano y corren hacia él. Están poseídos de demonios. Puesto que uno de ellos es posiblemente más violento que el otro y ha sufrido por mucho más tiempo bajo el control de los demonios, se hace el foco de la atención.

Por mucho tiempo este hombre digno de lástima ha estado viviendo desnudo entre las tumbas. Continuamente, día y noche, clama y se corta con piedras. Es tan violento que nadie se atreve a pasar por aquel lugar de la carretera. Se ha intentado atarlo, pero él rompe las cadenas y quiebra los grilletes que se le ponen en los pies. Nadie tiene suficiente fuerza para subyugarlo.

Al acercarse el hombre a Jesús y caer a sus pies, los demonios que lo dominan hacen que grite: "¿Qué tengo que ver contigo, Jesús, Hijo del Dios Altísimo? Te pongo bajo juramento por Dios que no me atormentes".

"Sal del hombre, espíritu inmundo", sigue diciendo. Jesús. Pero entonces Jesús pregunta: "¿Cuál es tu nombre?".

"Mi nombre es Legión, porque somos muchos", es la respuesta. A los demonios les deleita ver el sufrimiento de las personas a quienes pueden dominar, y aparentemente disfrutan de atacarlas en grupo, con cobarde espíritu de chusmas. Pero frente a Jesús, suplican que no se les envíe al abismo. De nuevo vemos que Jesús tenía gran poder; podía vencer hasta a los crueles demonios. Esto también revela que los demonios saben que el juicio que con el tiempo les vendrá de Dios es que se les encierre en el abismo a la vez que se encierra en él a su caudillo, Satanás el Diablo.

Cerca de allí, en la montaña, se alimenta una piara de unos 2.000 cerdos. De modo que los demonios dicen: "Envíanos a los cerdos, para que entremos en ellos". Evidentemente los demonios experimentan cierto placer contranatural, sádico, en invadir el cuerpo de criaturas carnales. Cuando Jesús les permite entrar en los cerdos, los 2.000 animales se lanzan en estampida por el precipicio y se ahogan en el mar.

Cuando los porquerizos ven esto, se apresuran a llevar la noticia a la ciudad y a la región rural. La gente entonces sale a ver qué ha sucedido. Cuando llegan, ven al hombre del cual han salido los demonios. ¡Está vestido y en su sano juicio, sentado a los pies de Jesús!

Los testigos oculares relatan cómo fue sanado el hombre. También le cuentan a la gente acerca de la muerte extraña de los cerdos. Al oír esto, la gente siente gran temor, y le pide encarecidamente a Jesús que salga de su territorio. Por eso, él hace lo que le piden y sube a la barca. El hombre que había estado endemoniado le suplica a Jesús que le permita ir con él. Pero Jesús le dice: "Vete a casa a tus parientes, e infórmales acerca de todas las cosas que Jehová ha hecho por ti, y de la misericordia que te tuvo".

Jesús suele decir a las personas a quienes sana que no le digan a nadie lo que ha sucedido, pues no quiere que la gente llegue a conclusiones sobre la base de informes sensacionales. Pero esta excepción es apropiada, porque el hombre que había estado endemoniado estará testificando entre personas a quienes Jesús ahora probablemente no tendrá la oportunidad de llegar. Además, la presencia del hombre suministrará testimonio acerca del poder de Jesús para hacer el bien, algo que contrarrestará cualquier informe desfavorable que se esparciera debido a la pérdida de los cerdos.

Cumpliendo con la instrucción de Jesús, el hombre que había estado endemoniado se va. Empieza a proclamar por toda la Decápolis todas las cosas que Jesús ha hecho por él, y la gente queda muy sorprendida. (Mateo 8:28-34; Marcos 5:1-20; Lucas 8:26-39; Revelación 20:1-3.)

■ ¿Por qué pudiera ser que se enfoque la atención en un solo endemoniado, cuando hubo dos?

■ ¿Qué muestra que los demonios saben que en el futuro se les encerrará en un abismo?

■ ¿Por qué razón, aparentemente, les gusta a los demonios tomar posesión de humanos y animales?

■ ¿Por qué hace Jesús una excepción en el caso del hombre a quien libró de los demonios, al darle la instrucción de que cuente a otros lo que hizo por él?

46

Le tocó la prenda de vestir

LAS noticias de que Jesús ha regresado de la Decápolis llegan a Capernaum, y una gran muchedumbre se reúne al lado del mar para recibirlo. Tienen que haberse enterado de que apaciguó la tempestad y curó a los endemoniados. Ahora, cuando él llega a la ribera, la gente se le reúne alrededor, a la expectativa de lo que haya de hacer.

Uno de los que desea ver a Jesús es Jairo, un presidente de la sinagoga. Cae a los pies de Jesús y le suplica vez tras vez: "Mi hijita está gravísima. Sírvete venir y poner las manos sobre ella, para que recobre la salud y viva". Puesto que Jairo no tiene más hijos, y la jovencita tiene solo 12 años, esta le es especialmente preciosa.

Jesús responde y, acompañado por la muchedumbre, se encamina a la casa de Jairo. Podemos imaginarnos cuán emocionada está la gente a la espera de otro milagro. Pero la atención de cierta mujer entre la muchedumbre está enfocada en su propio grave problema.

Por 12 largos años esta mujer ha padecido de un flujo de sangre. Ha ido de un médico a otro, y ha gastado todo su dinero en tratamientos. Pero no ha recibido ayuda; en vez de eso, su problema ha empeorado.

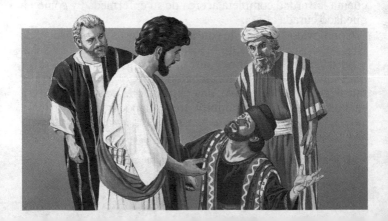

Como usted quizás pueda comprender, la enfermedad que ella tiene, además de debilitarla muchísimo, es embarazosa y humillante. No es una aflicción de la cual alguien por lo general hablaría en público. Además, bajo la Ley de Moisés, el flujo de sangre hace inmunda a la mujer, y cualquiera que la toca o que toca las prendas de vestir manchadas de sangre de ella tiene que lavarse y quedar inmundo hasta el atardecer.

Aquella mujer se ha enterado de los milagros que efectúa Jesús, y ahora lo ha buscado. Porque está inmunda, se mueve entre la muchedumbre tratando de atraer la menor atención posible, mientras se dice: "Si toco nada más que sus prendas de vestir exteriores, recobraré la salud". Cuando hace eso, ¡inmediatamente siente que su flujo de sangre se ha secado!

"¿Quién es el que me ha tocado?" ¡Cómo tienen que sacudirla esas palabras de Jesús! ¿Cómo podía saber él lo que había pasado? 'Instructor —protesta Pedro—, las muchedumbres te cercan y te oprimen estrechamente, y dices tú: "¿Quién me tocó?".'

Buscando con la vista a la mujer, Jesús explica: "Alguien me ha tocado, porque percibí que ha salido poder de mí". Ciertamente no es un toque ordinario, porque la curación que ha resultado le resta vitalidad a Jesús.

La mujer, al ver que no ha pasado inadvertida, viene y cae delante de Jesús, atemorizada y temblando. Ante toda la gente cuenta la verdad completa acerca de su enfermedad y cómo ha quedado curada ahora.

Conmovido al oír que lo confiesa todo, Jesús se compadece de ella y la consuela: "Hija, tu fe te ha devuelto la salud. Ve en paz, y queda sana de tu penosa enfermedad". ¡Qué bueno es saber que Aquel a quien Dios ha escogido para gobernar la Tierra es tan afectuoso y compasivo, una persona que no solo se interesa en la gente, sino que también tiene el poder necesario para ayudarla! (Mateo 9:18-22; Marcos 5:21-34; Lucas 8:40-48; Levítico 15:25-27.)

- ¿Quién es Jairo, y por qué viene a Jesús?
- ¿Qué aflicción tiene cierta mujer, y por qué se le hace tan difícil venir a Jesús en busca de ayuda?
- ¿Cómo es curada la mujer, y cómo la consuela Jesús?

47

El lloro se convierte en gran éxtasis

NO HAY duda de que cuando Jairo ve la curación de la mujer que tenía el flujo de sangre su confianza en los poderes milagrosos de Jesús aumenta. Anteriormente, aquel mismo día, Jairo le había pedido a Jesús que fuera con él a ayudar a su amada hija de 12 años de edad, que estaba moribunda. Pero ahora sucede lo que Jairo más teme. Mientras Jesús todavía está hablando con la mujer, unos hombres llegan y le dicen a Jairo en voz baja: "¡Tu hija murió! ¿Por qué molestar ya al maestro?".

¡Qué terrible noticia! Imagínese: Este hombre, que disfruta de gran respeto en la comunidad, no puede hacer nada ahora

cuando se entera de la muerte de su hija. Sin embargo, Jesús oye por casualidad aquella conversación. Por eso, volviéndose a Jairo, dice para confortarlo: "No temas, ejerce fe solamente".

Jesús acompaña a aquel hombre desconsolado a su hogar. Cuando llegan, hallan una gran conmoción, porque la gente está llorando y lamentándose. Se ha reunido una muchedumbre, y algunos se están golpeando de dolor. Cuando Jesús entra, pregunta: "¿Por qué causan ruidosa confusión y lloran? La niñita no ha muerto, sino que duerme".

Al oír esto, la gente empieza a reírse desdeñosamente de Jesús, porque saben que la niña realmente ha muerto. No obstante, Jesús dice que solo está durmiendo. Por medio de los poderes que Dios le ha dado, mostrará que se puede hacer que la gente regrese de la muerte con la misma facilidad con que se la puede despertar de un sueño profundo.

Jesús ahora hace que salgan todos los presentes excepto Pedro, Santiago, Juan y la madre y el padre de la jovencita muerta. Entonces lleva consigo a estas cinco personas a la habitación donde yace la joven. Tomándola de la mano, Jesús dice: *"Tál·i·tha cú·mi"*, que, traducido, significa: "Jovencita, te digo: ¡Levántate!". ¡E inmediatamente la joven se levanta y empieza a andar! Los padres casi quedan fuera de sí con gran éxtasis ante lo que ven.

Después de dar instrucciones de que den algo de comer a la joven, Jesús ordena a Jairo y su esposa que no le digan a nadie lo que ha sucedido. A pesar de lo que Jesús dice, el informe de lo que ha hecho se extiende por toda aquella región. Esta es la segunda resurrección que ejecuta Jesús. **(Mateo 9:18-26; Marcos 5:35-43; Lucas 8:41-56.)**

- ¿Qué noticia recibe Jairo, y cómo lo conforta Jesús?
- ¿Qué situación hallan al llegar al hogar de Jairo?
- ¿Por qué dice Jesús que la joven que ha muerto solo duerme?
- ¿Quiénes son las cinco personas que están con Jesús y que son testigos de la resurrección?

48

Sale de casa de Jairo y visita de nuevo Nazaret

JESÚS ha estado muy ocupado este día: ha viajado por mar desde la Decápolis, ha sanado a la mujer que tenía el flujo de sangre y ha resucitado a la hija de Jairo. Pero el día no ha terminado. Parece que cuando Jesús sale de la casa de Jairo dos ciegos le siguen, gritando: "Ten misericordia de nosotros, Hijo de David".

Al llamar "Hijo de David" a Jesús, esos hombres muestran que creen que Jesús es el heredero del trono de David, y, por lo tanto, que es el Mesías prometido. Sin embargo, parece que Jesús no presta atención a sus clamores por ayuda, quizás para someter a prueba su persistencia. Pero los hombres no ceden. Siguen a Jesús hasta donde se aloja, y cuando él entra en la casa, entran tras él.

Allí Jesús pregunta: "¿Tienen fe en que yo puedo hacer esto?". "Sí, Señor", responden seguros.

Por eso, tocándoles los ojos Jesús dice: "Según su fe, sucédales". De repente, ¡pueden ver! Jesús entonces les dice, rigurosamente: "Miren que nadie llegue a saberlo". Pero ellos, llenos de alegría, pasan por alto el mandato de Jesús y hablan acerca de él por toda la región rural.

Precisamente cuando estos hombres se van, la gente trae a un hombre a quien el demonio que lo posee ha privado del habla. Jesús expulsa del hombre el demonio, e instantáneamente el hombre empieza a hablar. Las muchedumbres se maravillan de estos milagros, y dicen: "Nunca se ha visto cosa semejante en Israel".

También hay fariseos presentes. No pueden negar los milagros, pero en su iniquidad e incredulidad repiten su acusación sobre la fuente de las obras poderosas de Jesús, diciendo: "Por el gobernante de los demonios expulsa los demonios".

Poco después de estos sucesos Jesús regresa a su pueblo de Nazaret, esta vez acompañado de sus discípulos. Aproximadamente un año antes él había visitado la sinagoga y enseñado allí. Aunque la gente al principio se había maravillado de sus agradables palabras, después se ofendió por su enseñanza y trató de matarlo. Ahora, por misericordia, de nuevo Jesús trata de ayudar a los que habían sido sus vecinos.

Mientras que en otros lugares la gente acude en grandes cantidades a Jesús, parece que aquí no sucede eso. De modo que el sábado él va a la sinagoga a enseñar. La mayoría de los que le escuchan quedan sorprendidos. "¿Dónde consiguió este hombre esta sabiduría y estas obras poderosas?", preguntan. "¿No es este el hijo del carpintero? ¿No se llama su madre María, y los

hermanos de él Santiago y José y Simón y Judas? Y sus hermanas, ¿no están todas con nosotros? ¿Dónde, entonces, consiguió este hombre todas estas cosas?"

'Jesús es solo un hombre de aquí, como nosotros —razonan—. Nosotros lo vimos crecer, y conocemos a su familia. ¿Cómo puede ser él el Mesías?' Así, a pesar de toda la evidencia —su gran sabiduría y sus milagros— lo rechazan. Debido a lo íntimo de su relación con él, hasta sus propios parientes tropiezan en cuanto a él, por lo cual Jesús llega a esta conclusión: "El profeta no carece de honra sino en su propio territorio y entre sus parientes y en su propia casa".

Sí; Jesús se maravilla de la falta de fe de ellos. Por eso, los únicos milagros que hace allí consisten en colocar las manos sobre unos cuantos enfermos y sanarlos. **(Mateo 9:27-34; 13:54-58; Marcos 6:1-6; Isaías 9:7.)**

■ Al llamar "Hijo de David" a Jesús, ¿qué manifiestan que creen los ciegos?

■ ¿Qué explicación para los milagros de Jesús han decidido dar los fariseos?

■ ¿Por qué es una muestra de misericordia el que Jesús regrese para ayudar a la gente de Nazaret?

■ ¿Cómo reciben a Jesús en Nazaret, y por qué?

49

Otro recorrido de predicación en Galilea

DESPUÉS de unos dos años de predicación intensa, ¿empezará Jesús ahora a aflojar el paso e ir con calma en lo que hace? Al contrario: expande su predicación al emprender otro recorrido, el tercero que efectúa en Galilea. Visita todas las ciudades y aldeas del territorio, enseñando en las sinagogas y predicando las buenas nuevas del Reino. Lo que ve en este recorrido lo convence más que nunca de que es necesario intensificar la predicación.

Vaya donde vaya, Jesús observa que las muchedumbres necesitan curación y consuelo espirituales. Son como ovejas sin pastor, desolladas y desparramadas, y él se compadece de ellas. Dice a sus discípulos: "Sí; la mies es mucha, pero los obreros son pocos. Por lo tanto, rueguen al Amo de la mies que envíe obreros a su siega".

Jesús tiene un plan de acción. Convoca a los 12 apóstoles, a quienes había escogido casi un año antes. Los divide en pares y forma seis equipos de predicadores, y les da instrucciones. Explica: "No se vayan por el camino de las naciones, y no entren en ciudad samaritana; sino, más bien, vayan continuamente a las ovejas perdidas de la casa de Israel. Al ir, prediquen, diciendo: 'El reino de los cielos se ha acercado'".

Ese Reino sobre el cual han de predicar es el que Jesús les ha enseñado a pedir en la oración modelo. El Reino se ha acercado en el sentido de que el Rey designado por Dios, Jesucristo, está presente. Para que quede establecido que sus discípulos son representantes de ese gobierno sobrehumano, Jesús los faculta para sanar a los enfermos y hasta levantar a los muertos. Les da instrucciones de ejecutar estos servicios gratuitamente.

Después dice a sus discípulos que no se preparen en sentido material para su recorrido de predicación. "No consigan oro, ni plata, ni cobre para las bolsas de sus cintos, ni alforja para el viaje, ni dos prendas de vestir interiores, ni sandalias, ni bastón; porque el obrero merece su alimento." La gente que aprecie el mensaje responderá y contribuirá alimento y vivienda. Como dice Jesús: "En cualquier ciudad o aldea que entren, busquen hasta descubrir quién en ella es merecedor, y quédense allí hasta que salgan".

Jesús entonces los instruye en presentar el mensaje del Reino a los amos de casa. "Al entrar en la casa —dice—, salúdenla; y si la casa lo merece, venga sobre ella la paz que le desean; pero si no lo merece, vuelva sobre ustedes la paz de ustedes. Dondequiera que alguien no los reciba ni escuche sus palabras, al salir de aquella casa o de aquella ciudad, sacúdanse el polvo de los pies."

De la ciudad que rechace el mensaje de ellos, Jesús revela que recibirá juicio verdaderamente severo. Explica: "En verdad les digo: En el Día del Juicio le será más soportable a la tierra de Sodoma y Gomorra que a aquella ciudad". (Mateo 9:35–10:15; Marcos 6:6-12; Lucas 9:1-5.)

■ ¿Cuándo empieza Jesús un tercer recorrido de predicación en Galilea, y de qué lo convence esto?

■ Al enviar a sus 12 apóstoles a predicar, ¿qué instrucciones les da?

■ ¿Por qué es correcto que los discípulos enseñen que el Reino se ha acercado?

50

Preparados para la persecución

DESPUÉS de instruir a sus apóstoles en los métodos de efectuar la predicación, Jesús les advierte acerca de opositores. Dice: "¡Miren! Los estoy enviando como ovejas en medio de lobos [...] Guárdense de los hombres; porque los entregarán a los tribunales locales, y los azotarán en sus sinagogas. ¡Si hasta los llevarán ante gobernadores y reyes por mi causa[!]".

A pesar de la severa persecución que sus seguidores afrontarán, Jesús los fortalece con esta promesa: "Cuando los entreguen, no se inquieten acerca de cómo o qué han de hablar; porque en aquella hora se les dará lo que han de hablar; porque los que hablan no son únicamente ustedes, sino que el espíritu de su Padre habla por ustedes".

"Además —continúa Jesús—, el hermano entregará a la muerte al hermano, y el padre a su hijo, y los hijos se levantarán contra los padres y los harán morir." Añade: "Serán objeto de odio de parte de toda la gente por motivo de mi nombre; mas el que haya aguantado hasta el fin es el que será salvo".

La predicación es de importancia fundamental. Por esa razón Jesús recalca que es necesario ejercer discreción para permanecer en libertad y efectuar la obra. "Cuando los persigan en una ciudad, huyan a otra —dice—; porque en verdad les digo: De ninguna manera completarán el circuito de las ciudades de Israel hasta que llegue el Hijo del hombre."

Es verdad que Jesús dio esta instrucción, advertencia y

estímulo a sus 12 apóstoles, pero también era para los que participarían en la predicación mundial después de Su muerte y resurrección. Esto lo muestra el hecho de que dijo que sus discípulos serían *odiados por toda la gente'*, no solo por los israelitas a quienes se envió a los apóstoles a predicar. Además, los apóstoles evidentemente no fueron llevados ante gobernadores y reyes cuando Jesús los envió en su corta campaña de predicación. También, en aquel tiempo los creyentes no fueron entregados a la muerte por miembros de su familia.

Por eso, cuando Jesús dijo que sus discípulos no completarían su circuito de predicación "hasta que llegue el Hijo del hombre", estaba diciéndonos, proféticamente, que sus discípulos no completarían el circuito de toda la tierra habitada con la predicación del Reino establecido de Dios antes que el glorificado Rey Jesucristo llegara como el funcionario encargado por Jehová para ejecutar Su juicio en Armagedón.

Continuando con sus instrucciones sobre la predicación, Jesús dice: "El discípulo no es superior a su maestro, ni el esclavo superior a su señor". Por eso, los seguidores de Jesús deben esperar el mismo maltrato y la misma persecución que recibió Jesús por predicar el Reino de Dios. Pero él da esta amonestación: "No se hagan temerosos de los que matan el cuerpo pero no pueden matar el alma; sino, más bien, teman al que puede destruir tanto el alma como el cuerpo en el Gehena".

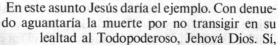

En este asunto Jesús daría el ejemplo. Con denuedo aguantaría la muerte por no transigir en su lealtad al Todopoderoso, Jehová Dios. Sí, es Jehová quien puede destruir el "alma" de uno (lo que en este caso quiere decir las expectativas futuras de uno como alma viviente), o en

vez de eso puede resucitar a uno para que disfrute de vida eterna. ¡Qué amoroso y compasivo Padre celestial es Jehová!

Jesús entonces anima a sus discípulos con una ilustración que destaca el cuidado amoroso que Jehová les manifiesta. "¿No se venden dos gorriones por una moneda de poco valor?", pregunta. "Sin embargo, ni uno de ellos cae a tierra sin el conocimiento de su Padre. Mas los mismísimos cabellos de la cabeza de ustedes están todos contados. Por lo tanto, no tengan temor: ustedes valen más que muchos gorriones."

El mensaje del Reino que por comisión de Jesús sus discípulos han de proclamar dividirá hogares, pues dentro de una familia algunos miembros lo aceptarán y otros lo rechazarán. "No piensen que vine a poner paz en la tierra —explica él—; no vine a poner paz, sino espada." Por eso, requiere valor el que un miembro de una familia acepte la verdad bíblica. "El que le tiene mayor cariño a padre o a madre que a mí no es digno de mí —dice Jesús—; y el que le tiene mayor cariño a hijo o a hija que a mí no es digno de mí."

Jesús termina sus instrucciones explicando que los que reciben a sus discípulos lo reciben a él también. "Y cualquiera que dé de beber tan solo un vaso de agua fría a uno de estos pequeños porque es discípulo, de cierto les digo, de ninguna manera perderá su galardón." **(Mateo 10:16-42.)**

- ¿Qué advertencias da Jesús a sus discípulos?
- ¿Qué ánimo y consuelo les da?
- ¿Por qué aplican también a los cristianos de hoy día las instrucciones de Jesús?
  - ¿De qué manera no es superior a su maestro el discípulo de Jesús?

51

Asesinato durante un cumpleaños

DESPUÉS de dar instrucciones a sus apóstoles, Jesús los envía en pares al territorio. Probablemente Pedro y Andrés —que son hermanos— van juntos, y lo mismo hacen Santiago y Juan, Felipe y Bartolomé, Tomás y Mateo, Santiago y Tadeo, y Simón y Judas Iscariote. Los seis pares de evangelizadores declaran las buenas nuevas del Reino y ejecutan curaciones milagrosas en todo lugar adonde van.

Mientras tanto, Juan el Bautizante todavía está en prisión. Ya lleva casi dos años allí. Usted quizás recuerde que Juan había declarado públicamente que era incorrecto el que Herodes Antipas tomara como esposa a Herodías, la esposa de su hermano Felipe. Puesto que Herodes Antipas afirmaba que seguía la Ley de Moisés, era propio que Juan hubiera denunciado esta unión adulterina. Por eso Herodes había echado a Juan en la prisión, quizás a instancias de Herodías.

Herodes Antipas se da cuenta de que Juan es un hombre justo, y hasta le escucha con placer. Por lo tanto, no sabe qué hacer con él. Herodías, por otra parte, odia a Juan y sigue buscando la manera de hacer que se le dé muerte. Finalmente se le presenta la oportunidad que ha estado esperando.

Poco antes de la Pascua de 32 E.C., Herodes prepara una gran celebración de su cumpleaños. A la fiesta asisten todos los funcionarios de primer rango y oficiales del ejército de Herodes, así como los ciudadanos prominentes de Galilea. Al adelantar la noche, se hace que Salomé, la joven hija de Herodías por su esposo anterior, Felipe, pase a bailar para los invitados. Los varones del auditorio quedan encantados con su baile.

Herodes está muy complacido con Salomé. "Pídeme lo que quieras, y te lo daré —declara. Hasta jura—: Cualquier cosa que me pidas, te la daré, hasta la mitad de mi reino."

Antes de contestar, Salomé sale a consultar con su madre. "¿Qué debo pedir?", pregunta.

¡Al fin la oportunidad esperada! "La cabeza de Juan el bautizante", responde sin vacilación Herodías.

Salomé regresa rápidamente a donde Herodes y solicita: "Quiero que me des ahora mismo en una bandeja la cabeza de Juan el Bautista".

Esto causa mucha angustia a Herodes. Sin embargo, porque sus huéspedes han oído su juramento, no quiere quedar avergonzado por no otorgar lo que le han pedido, aunque esto signifique asesinar a un hombre inocente. Inmediatamente envía a un verdugo a la prisión con sus espantosas instrucciones. En poco tiempo este regresa con la cabeza de Juan en una bandeja, y la da a Salomé. Ella, a su vez, la lleva a su madre. Cuando los discípulos de Juan oyen lo que ha ocurrido, vienen y se llevan el cuerpo de Juan y lo entierran, y entonces informan a Jesús lo que ha sucedido.

Más tarde, cuando Herodes oye que Jesús sana a la gente y expulsa demonios, se asusta, pues teme que Jesús sea en realidad Juan levantado de entre los muertos. Desde entonces en adelante tiene grandes deseos de ver a Jesús, no para oír lo que predica, sino para asegurarse de si sus temores están bien fundados o no. **(Mateo 10:1-5; 11:1; 14:1-12; Marcos 6:14-29; Lucas 9:7-9.)**

- ¿Por qué está en prisión Juan, y por qué no quiere darle muerte Herodes?
- ¿Cómo logra al fin Herodías la muerte de Juan?
- Después de la muerte de Juan, ¿por qué desea Herodes ver a Jesús?

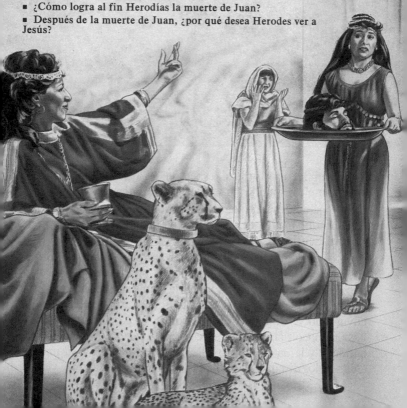

52

Jesús alimenta milagrosamente a miles

LOS 12 apóstoles han disfrutado de un notable recorrido de predicación por toda Galilea. Ahora, poco después de la ejecución de Juan, regresan a Jesús y le relatan sus muy agradables experiencias. Al ver que están cansados y que tanta gente va y viene que ni siquiera tienen tiempo para comer, Jesús dice: 'Vámonos a un lugar solitario donde puedan descansar'.

Subiendo a su barca, quizás cerca de Capernaum, se dirigen a un lugar aislado que evidentemente se halla al este del Jordán y más allá de Betsaida. Sin embargo, muchas personas los ven partir, y otras se enteran de ello. Todas se les adelantan, corren por la ribera y, cuando la barca llega, la gente ya está allí para recibirlos.

Jesús, al bajar de la barca y ver a la gran muchedumbre, se enternece porque la gente es como ovejas sin pastor. Por eso, sana a los enfermos entre los presentes y empieza a enseñarles muchas cosas.

El tiempo pasa rápidamente, y los discípulos de Jesús vienen a él y le dicen: "El lugar es aislado, y la hora es ya muy avanzada. Despídelos para que se vayan a la región rural y a las aldeas de alrededor y se compren algo de comer".

Sin embargo, Jesús les responde: "Denles ustedes algo de comer". Entonces, puesto que Jesús ya sabe lo que va a hacer, para probar a Felipe le pregunta: "¿Dónde compraremos panes para que estos coman?".

Desde el punto de vista de Felipe la situación es imposible. Hay unos 5.000 hombres, ¡y probablemente mucho más de 10.000 personas si se cuenta también a las mujeres y los niños! Felipe responde que "doscientos denarios [un denario era entonces la paga de un día de trabajo] de pan no les bastan, para que cada uno reciba un poco".

Quizás para mostrar lo imposible de alimentar a tantos, Andrés dice: "Aquí está un muchachito que tiene cinco panes de cebada y dos pescaditos". Y añade: "Pero ¿qué son estos entre tantos?".

Puesto que es primavera, poco antes de la Pascua de 32 E.C., hay mucha hierba verde. Por eso Jesús hace que sus discípulos digan a la gente que se recueste sobre la hierba en grupos de 50 y de 100. Toma los cinco panes y los dos pescados, mira al cielo, y pronuncia una bendición. Entonces empieza a partir

los panes y dividir los pescados. Los pasa a sus discípulos, quienes, a su vez, los distribuyen a la gente. Algo sorprendente sucede: ¡todos comen hasta satisfacerse!

Después Jesús dice a sus discípulos: "Recojan los trozos que sobran, para que nada se desperdicie". Cuando hacen esto, ¡llenan 12 cestos con lo que sobra de lo que han comido! (Mateo 14:13-21; Marcos 6:30-44; Lucas 9:10-17; Juan 6:1-13.)

- ¿Por qué busca Jesús un lugar privado para sus apóstoles?
- ¿Adónde lleva Jesús a sus discípulos, y por qué no logran descansar?
- Cuando se hace tarde, ¿qué piden los discípulos que se haga, pero cómo atiende Jesús a la gente?

Un gobernante sobrehumano deseado

CUANDO Jesús alimenta milagrosamente a aquellos miles, la gente se asombra. "Con certeza este es el profeta que había de venir al mundo", dicen. No solo llegan a la conclusión de que Jesús tiene que ser aquel profeta mayor que Moisés; también opinan que sería un gobernante muy deseable. Por eso, piensan prenderlo para hacerlo rey.

Sin embargo, Jesús sabe lo que la gente planea hacer. Por eso, se apresura a evitar que lo recluten a la fuerza. Despide a las muchedumbres y hace que sus discípulos entren en la barca y partan de regreso a Capernaum. Entonces se retira a la montaña a orar. Esa noche Jesús está allí completamente solo.

Poco antes del amanecer Jesús mira desde el elevado lugar donde está y observa que un viento fuerte levanta grandes olas en el mar. A la luz de una luna casi llena, puesto que se acerca el tiempo de la Pascua, Jesús ve que sus discípulos luchan por adelantar contra el embate de las olas. Están remando con todas sus fuerzas.

Al ver esto, Jesús desciende de la montaña y empieza a andar hacia la barca sobre las aguas. La barca ha cubierto una distancia de cinco o seis kilómetros (tres o cuatro millas) cuando Jesús la alcanza. Sin embargo, él sigue adelante como si fuera a pasarlos de largo. Cuando los discípulos lo ven, claman: "¡Es un fantasma!".

Para fortalecerlos, Jesús dice: "Soy yo; no tengan temor".

Pero Pedro dice: "Señor, si eres tú, mándame venir a ti sobre las aguas".

"¡Ven!", contesta Jesús.

Entonces Pedro sale de la barca y anda sobre las aguas hacia Jesús. Pero al mirar a la tempestad de viento le da miedo, y, empezando a hundirse, clama: "¡Señor, sálvame!".

Inmediatamente Jesús extiende la mano y lo ase, diciendo: "Hombre de poca fe, ¿por qué cediste a la duda?".

Después que Pedro y Jesús suben a la barca, el viento se detiene, para asombro de los discípulos. Pero ¿deberían haberse asombrado? Si hubieran captado "el significado de los panes" y comprendido el gran milagro que Jesús había ejecutado pocas horas antes cuando alimentó a miles de personas con solo cinco panes y dos pescaditos, entonces no debería haberles parecido tan asombroso el que Jesús pudiera andar sobre el agua y apaciguar el viento. Sin embargo, ahora los discípulos rinden homenaje a Jesús y dicen: "Verdaderamente eres Hijo de Dios".

Poco tiempo después llegan a Genesaret, una hermosa y fructífera llanura cerca de Capernaum. Allí echan anclas. Pero cuando bajan a la ribera, la gente reconoce a Jesús y pasa al campo de alrededor en busca de los enfermos. Cuando los traen en sus camillas y estos solo tocan el fleco de la prenda de vestir exterior de Jesús, quedan completamente sanos.

Mientras tanto, la muchedumbre que había visto la alimentación milagrosa de los miles descubre que Jesús ha partido. Por eso, cuando llegan unas barcas pequeñas de Tiberíades, suben a estas y parten hacia Capernaum en busca de Jesús. Cuando lo hallan, preguntan: "Rabí, ¿cuándo llegaste acá?". Jesús los reprende, como pronto veremos. (Juan 6:14-25; Mateo 14:22-36; Marcos 6:45-56.)

- Después que Jesús alimenta milagrosamente a los miles, ¿qué quiere hacer con él la gente?
- ¿Qué ve Jesús desde la montaña adonde se ha retirado, y qué hace entonces?
- ¿Por qué no deben sorprenderse tanto los discípulos por estas cosas?
- ¿Qué sucede después que llegan a la ribera?

EL DÍA antes habían sucedido muchas cosas interesantes. Jesús había alimentado milagrosamente a miles de personas y luego evadido su intento de hacerlo rey. Aquella noche había andado sobre el agitado mar de Galilea; había rescatado a Pedro, quien empezó a hundirse mientras andaba sobre el agua azotada por la tempestad; y había calmado las olas para salvar del naufragio a sus discípulos.

Ahora las personas a quienes Jesús había alimentado milagrosamente al nordeste del mar de Galilea lo hallan cerca de Capernaum y preguntan: "¿Cuándo llegaste acá?". Jesús las reprende; les dice que solo lo han buscado porque esperan conseguir otra comida gratis. Exhorta a la gente a trabajar, no por alimento que perece, sino por alimento que permanece para vida eterna. Por eso, la gente pregunta: "¿Qué haremos para obrar las obras de Dios?".

Jesús menciona una sola obra del más grande valor. "Esta es la obra de Dios —explica—: que ejerzan fe en aquel a quien Ese ha enviado."

Sin embargo, la gente no ejerce fe en Jesús, a pesar de todos los milagros que ha ejecutado. Increíble como parezca, aun después de todas las maravillas que ha hecho preguntan: "¿Qué ejecutas tú de señal, entonces, para que la veamos y te creamos? ¿Qué obra haces? Nuestros antepasados comieron el maná en el desierto, así como está escrito: 'Pan del cielo les dio a comer'".

En respuesta a su solicitud de una señal, Jesús indica claramente la Fuente de las provisiones milagrosas; dice: "Moisés no les dio el pan del cielo, pero mi Padre sí les da el verdadero pan del cielo. Porque el pan de Dios es aquel que baja del cielo y da vida al mundo".

"Señor —dice la gente—, siempre danos este pan."

"Yo soy el pan de la vida —explica Jesús—. Al que viene a mí, de ninguna manera le dará hambre, y al que ejerce fe

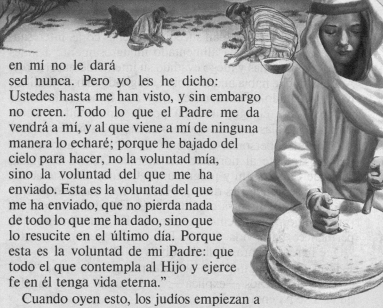

en mí no le dará
sed nunca. Pero yo les he dicho:
Ustedes hasta me han visto, y sin embargo
no creen. Todo lo que el Padre me da
vendrá a mí, y al que viene a mí de ninguna
manera lo echaré; porque he bajado del
cielo para hacer, no la voluntad mía,
sino la voluntad del que me ha
enviado. Esta es la voluntad del que
me ha enviado, que no pierda nada
de todo lo que me ha dado, sino que
lo resucite en el último día. Porque
esta es la voluntad de mi Padre: que
todo el que contempla al Hijo y ejerce
fe en él tenga vida eterna."

Cuando oyen esto, los judíos empiezan a
murmurar contra Jesús porque ha dicho: "Yo soy el
pan que bajó del cielo". En él ellos solo ven a un
hijo de padres humanos, y por eso objetan como lo
hizo la gente de Nazaret: "¿No es este Jesús, hijo
de José, cuyo padre y madre nosotros conocemos?
¿Cómo es que ahora dice: 'Yo he bajado del cielo'?".

"Dejen de murmurar entre ustedes —responde
Jesús—. Nadie puede venir a mí a menos que el Padre,
que me envió, lo atraiga; y yo lo resucitaré en el último día.
Está escrito en los Profetas: 'Y todos ellos serán enseñados
por Jehová'. Todo el que ha oído de parte del Padre, y ha
aprendido, viene a mí. No que hombre alguno haya visto al
Padre, salvo aquel que es de Dios; este ha visto al Padre.
Muy verdaderamente les digo: El que cree tiene vida eterna."

Continuando, Jesús repite: "Yo soy el pan de la vida. Los antepasados de ustedes comieron el maná en el desierto y sin embargo murieron. Este es el pan que baja del cielo, para que cualquiera pueda comer de él y no morir. Yo soy el pan vivo que bajó del cielo; si alguien come de este pan vivirá para siempre". Sí, la gente puede tener vida eterna si ejerce fe en Jesús, el enviado de Dios. ¡Ningún maná, ni ningún otro pan como ese, puede suministrar tal cosa!

Parece que la consideración acerca del pan del cielo empezó poco después que la gente halló a Jesús cerca de Capernaum. Pero continúa, y llega a una culminación después mientras Jesús enseña en una sinagoga de Capernaum. (Juan 6:25-51, 59; Salmo 78:24; Isaías 54:13; Mateo 13:55-57.)

- ¿Qué sucesos precedieron a las expresiones de Jesús acerca del pan del cielo?

- En vista de lo que Jesús acaba de hacer, ¿por qué es tan impropio el que se le pida una señal?

- ¿Por qué murmuran los judíos cuando Jesús afirma que él es el verdadero pan del cielo?

- ¿Dónde tuvo lugar la consideración acerca del pan del cielo?

55 Muchos discípulos dejan de seguir a Jesús

JESÚS está enseñando en una sinagoga de Capernaum acerca de su papel como el verdadero pan del cielo. Parece que su discurso es una extensión de los puntos que empezó a considerar con la gente cuando esta lo encontró al volver del lado oriental del mar de Galilea, donde la gente había comido los panes y pescados que Jesús había provisto milagrosamente.

Jesús continúa sus declaraciones así: "El pan que yo daré es mi carne a favor de la vida del mundo". Solo dos años antes, en la primavera del año 30 E.C., Jesús había dicho a Nico-

demo que tanto amaba Dios al mundo que había provisto como Salvador a su Hijo. Por eso, Jesús ahora muestra que cualquiera del mundo de la humanidad que coma simbólicamente de su carne —por ejercer fe en el sacrificio que él pronto hará— puede recibir vida eterna.

Sin embargo, la gente tropieza por estas palabras de Jesús. "¿Cómo puede este hombre darnos a comer su carne?", pregunta. Jesús desea que los que le escuchan entiendan que su carne se habría de comer figurativamente. Por eso, para recalcar esto, dice algo que es más inaceptable todavía si se toma en sentido literal.

"A menos que coman la carne del Hijo del hombre y beban su sangre —declara Jesús—, no tienen vida en ustedes. El que se alimenta de mi carne y bebe mi sangre tiene vida eterna, y yo lo resucitaré en el último día; porque mi carne es verdadero alimento, y mi sangre es verdadera bebida. El que se alimenta de mi carne y bebe mi sangre permanece en unión conmigo, y yo en unión con él."

Es verdad que la enseñanza de Jesús parecería muy ofensiva si él estuviera sugiriendo participar en canibalismo. Pero, por supuesto, Jesús no está recomendando comer carne ni beber sangre literalmente. Solo está recalcando que todos los que reciben vida eterna tienen que ejercer fe en el sacrificio que él va a hacer cuando ofrezca su cuerpo humano perfecto y derrame su sangre vital. Sin embargo, hasta muchos de sus discípulos no se esfuerzan por entender su enseñanza, y por eso objetan así: "Este discurso es ofensivo; ¿quién puede escucharlo?".

Porque sabe que muchos de sus discípulos murmuran, Jesús dice: "¿Esto los hace tropezar? ¿Qué hay, pues, si contemplaran al Hijo del hombre ascender a donde estaba antes? [...] Los dichos que yo les he hablado son espíritu y son vida. Pero hay algunos de ustedes que no creen".

Jesús continúa: "Por esto les he dicho: Nadie puede venir a mí a menos que se lo conceda el Padre". Al oír eso, muchos de sus discípulos se van y ya no lo siguen. Por eso, Jesús se vuelve a sus 12 apóstoles y pregunta: "Ustedes no quieren irse también, ¿verdad?".

Pedro responde: "Señor, ¿a quién nos iremos? Tú tienes dichos de vida eterna; y nosotros hemos creído y llegado a conocer que tú eres el Santo de Dios". ¡Qué excelente expresión de lealtad, aunque Pedro y los demás apóstoles tal vez no hayan entendido de lleno lo que Jesús enseñaba sobre este asunto!

Aunque la respuesta de Pedro le agrada, Jesús dice: "Yo los escogí a ustedes, a los doce, ¿no es verdad? No obstante, uno de ustedes es calumniador". Se refiere a Judas Iscariote. Posiblemente en esta ocasión Jesús detecta en Judas un "principio" o comienzo de un mal derrotero.

Jesús acaba de desilusionar a la gente al resistir sus intentos de hacerlo rey, y la gente quizás razona así: '¿Cómo puede este ser el Mesías si no se pone en la posición que debidamente corresponde al Mesías?'. Este punto sería también un asunto en que pensaría la gente en aquel momento. **(Juan 6:51-71; 3:16.)**

- ¿A favor de quiénes da Jesús su carne, y cómo 'comen su carne' estos?
- ¿Qué otras palabras de Jesús sacuden a la gente, pero qué está recalcando él?
- Cuando muchos dejan de seguir a Jesús, ¿cómo responde Pedro?

AUMENTA la oposición a Jesús. No solo sucede que muchos de sus discípulos se alejan; también los judíos de Judea procuran matarlo, como trataron de hacerlo cuando él estuvo en Jerusalén durante la Pascua de 31 E.C.

Llega el tiempo de la Pascua de 32 E.C. Como sería de esperarse, conforme al requisito divino de asistir Jesús sube a la Pascua en Jerusalén. Sin embargo, lo hace cautelosamente, porque su vida está en peligro. Después regresa a Galilea.

Quizás Jesús se halla en Capernaum cuando desde Jerusalén vienen a él fariseos y escribas. Buscan una base para acusarlo de alguna ofensa religiosa. Preguntan: "¿Por qué traspasan tus discípulos la tradición de los hombres de otros tiempos? Por ejemplo, no se lavan las manos cuando van a tomar una comida". Esto no es algo que Dios exija, pero los fariseos consideran delito serio no ejecutar este rito tradicional, que implicaba lavarse desde las manos hasta los codos.

En vez de contestar a su acusación, Jesús indica que ellos quebrantan inicua y voluntariosamente la Ley de Dios. "¿Por qué traspasan ustedes también el mandamiento de Dios a causa de su tradición?", quiere saber. "Por ejemplo, Dios dijo: 'Honra a tu padre y a tu madre'; y: 'El que injurie a padre o a madre termine en muerte'. Pero ustedes dicen: 'Cualquiera que diga a su padre o a su madre: "Todo lo que tengo por lo cual pudieras sacar provecho de mí es una dádiva dedicada a Dios", no debe honrar de ningún modo a su padre'."

Sí; los fariseos enseñan que el dinero, la propiedad o cualquier cosa dedicada como dádiva a Dios pertenece al templo y no se puede usar con ningún otro propósito. Sin embargo, en realidad la persona que ha dedicado la dádiva la conserva en su poder. De esta manera, por solo decir que su dinero o propiedad es "corbán" —una dádiva dedicada a Dios o al templo— un hijo evade su responsabilidad de ayudar a sus padres de edad avanzada, que pueden hallarse en gran apretura.

Jesús, con razón indignado por el torcimiento inicuo de la

Ley de Dios por los fariseos, dice: "Ustedes han invalidado la palabra de Dios a causa de su tradición. Hipócritas, aptamente profetizó de ustedes Isaías, cuando dijo: 'Este pueblo me honra con los labios, pero su corazón está muy alejado de mí. En vano siguen adorándome, porque enseñan mandatos de hombres como doctrinas'".

Puede que la muchedumbre se haya echado atrás para permitir que los fariseos interroguen a Jesús. Ahora, cuando los fariseos no pueden responder a la vigorosa censura de Jesús, él pide a la muchedumbre que se acerque. "Escúchenme —dice—, [...] y capten el significado. Nada hay que entre en el hombre de fuera de él que pueda contaminarlo; mas las cosas que proceden del hombre son las cosas que contaminan al hombre."

Después, cuando entran en una casa, sus discípulos preguntan: "¿Sabes que los fariseos tropezaron al oír lo que dijiste?".

"Toda planta que mi Padre celestial no ha plantado será desarraigada —responde Jesús—. Déjenlos. Guías ciegos es lo que son. Por eso, si un ciego guía a un ciego, ambos caerán en un hoyo."

Parece que Jesús se sorprende cuando Pedro, hablando por los discípulos, le pide una aclaración en cuanto a lo que contamina al hombre. "¿También ustedes están aún sin entendimiento?", responde Jesús. "¿No se dan cuenta de que todo lo que entra en la boca va pasando de allí a los intestinos, y se expele en la cloaca? Sin embargo, las cosas que proceden de la boca salen del corazón, y esas cosas contaminan al hombre. Por ejemplo, del corazón salen razonamientos inicuos, asesinatos, adulterios, fornicaciones, hurtos, testimonios falsos, blasfemias. Estas son las cosas que contaminan al hombre; mas el tomar una comida con las manos sin lavar no contamina al hombre."

Aquí Jesús no está oponiéndose a la higiene normal. No está diciendo que no es necesario que uno se lave las manos antes de preparar alimento o comer. Más bien, está condenando la hipocresía de los líderes religiosos que mañosamente tratan de evadir las leyes justas de Dios insistiendo en tradiciones que no son bíblicas. Sí; lo que contamina al hombre son los hechos inicuos, y Jesús muestra que estos salen del corazón de la persona.   (Juan 7:1; Deuteronomio 16:16; Mateo 15:1-20; Marcos 7:1-23; Éxodo 20:12; 21:17; Isaías 29:13.)

■ ¿A qué oposición se enfrenta Jesús ahora?
■ ¿Qué acusación presentan los fariseos? Pero, según Jesús, ¿cómo quebrantan la Ley de Dios voluntariamente los fariseos?
■ Como lo revela Jesús, ¿cuáles son las cosas que contaminan al hombre?

Compasión para los afligidos

DESPUÉS de denunciar a los fariseos por sus tradiciones egoístas, Jesús parte junto con sus discípulos. Usted quizás recuerde que poco tiempo antes las muchedumbres interrumpieron el esfuerzo de Jesús por apartarse de ellas con sus discípulos para descansar un poco. Ahora él y sus discípulos se dirigen hacia las regiones de Tiro y Sidón, muchos kilómetros al norte. Parece que ese es el único viaje que Jesús y sus discípulos hacen a más allá de las fronteras de Israel.

Después de hallar una casa donde alojarse, Jesús dice que no desea que nadie sepa dónde están. Sin embargo, ni siquiera en ese territorio no israelita escapa de la atención de algunos. Una griega, nacida aquí en Fenicia de Siria, lo encuentra y empieza a suplicar: "Ten misericordia de mí, Señor, Hijo de David. Mi hija está terriblemente endemoniada". Sin embargo, Jesús no le responde ni una palabra.

Con el tiempo, los discípulos dicen a Jesús: "Despídela; porque sigue clamando tras nosotros". Jesús explica por qué no le hace caso: "No fui enviado a nadie aparte de las ovejas perdidas de la casa de Israel".

Sin embargo, la mujer no cede. Se acerca a Jesús y se postra ante él. Suplica: "¡Señor, ayúdame!".

¡Cómo debe haberse conmovido el corazón de Jesús ante la súplica sincera de aquella mujer! Sin embargo, de nuevo señala a lo que era su responsabilidad primordial: ministrar al pueblo de Dios, Israel. Al mismo tiempo, al parecer para probar la fe de ella, recurre a un punto de vista judío de prejuicio en cuanto a personas de otras nacionalidades, y dice: "No es correcto tomar el pan de los hijos y echarlo a los perritos".

Por la compasión en el tono de la voz y en la expresión facial, de seguro Jesús revela su propia ternura para con los no judíos. Hasta suaviza la comparación de los gentiles con perros al referirse a ellos como *"perritos"*. En vez de ofenderse,

la mujer utiliza la referencia de Jesús a los prejuicios judíos y presenta la humilde observación: "Sí, Señor; pero en realidad los perritos comen de las migajas que caen de la mesa de sus amos".

"Oh mujer, grande es tu fe —contesta Jesús—; que te suceda según deseas." ¡Y así sucede! Cuando ella regresa a su hogar, halla completamente sanada a su hija en la cama.

Desde la región costanera de Sidón, Jesús y sus discípulos van a campo traviesa hacia las cabeceras del río Jordán. Aparentemente cruzan el Jordán por algún lugar más arriba del mar de Galilea y entran en la región de la Decápolis al este del mar. Allí suben a una montaña, pero las muchedumbres los encuentran y llevan a Jesús sus cojos, lisiados, ciegos y sordos, y muchas otras personas a quienes afligen otras enfermedades y deformidades. Casi arrojan a estas personas a los pies de Jesús, y él las cura. La gente queda sorprendida, pues ve que los mudos hablan, los cojos andan y los ciegos ven; y alaba al Dios de Israel.

Jesús da atención especial a un hombre que es sordo y casi no puede hablar. Por lo general los sordos se desconciertan con facilidad, especialmente rodeados de una muchedumbre. Quizás Jesús nota la nerviosidad particular de este hombre. Por eso, compadeciéndose de él, lo aparta de la muchedumbre y trata con él en privado. Cuando están solos, Jesús indica lo que va a hacer. Pone los dedos en los oídos del hombre y, después de escupir, le toca la lengua. Entonces Jesús, mirando al cielo, suspira profundamente y dice: "Sé abierto". Ahora el hombre puede oír, y puede hablar normalmente.

Cuando Jesús ha ejecutado todas estas curaciones, las muchedumbres responden con aprecio. Dicen: "Todas las cosas las ha hecho bien. Hasta a los sordos hace oír y a los mudos hablar". (Mateo 15:21-31; Marcos 7:24-37.)

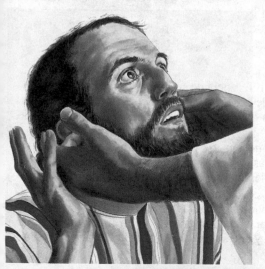

■ ¿Por qué no sana inmediatamente Jesús a la hija de la griega?

■ Después, ¿adónde lleva Jesús a sus discípulos?

■ ¿Cómo manifiesta Jesús compasión al sordo que casi no puede hablar?

58

Los panes y la levadura

GRANDES muchedumbres han acudido a Jesús en la Decápolis. Muchas personas han viajado largas distancias hasta esta región, mayormente poblada por gentiles, para escuchar a Jesús y ser sanadas de sus enfermedades. Han traído consigo grandes cestas para provisiones que acostumbran usar cuando viajan por zonas de gentiles.

Sin embargo, con el tiempo Jesús llama a sus discípulos y dice: "Me compadezco de la muchedumbre, porque ya son tres días que han permanecido cerca de mí y no tienen qué comer; y si los envío en ayunas a sus casas, desfallecerán en el camino. De hecho, algunos de ellos son de muy lejos".

"¿De dónde podrá alguien aquí en un lugar aislado satisfacer a estos con panes?", preguntan los discípulos.

Jesús inquiere: "¿Cuántos panes tienen?".

"Siete —responden—, y unos cuantos pescaditos."

Jesús dice a la gente que se recline en el suelo, y toma los panes y los pescados y, orando a Dios, los parte, y empieza a darlos a sus discípulos. Ellos, a su vez, sirven a la gente, y todos comen hasta quedar satisfechos. Después, cuando se recogen las sobras, hay siete cestas de provisiones llenas, ¡aunque unos 4.000 hombres, y también mujeres y niños, han comido!

Jesús despide a las muchedumbres, sube a una barca con sus discípulos y cruza hacia la ribera occidental del mar de Galilea. Aquí los fariseos, esta vez acompañados de miembros de la secta religiosa de los saduceos, tratan de tentar a Jesús pidiéndole que despliegue una señal procedente del cielo.

Jesús, que sabe que quieren someterlo a tentación, responde: "Al anochecer ustedes acostumbran decir: 'Habrá buen tiempo, porque el cielo está rojo encendido'; y a la mañana: 'Hoy habrá tiempo invernal y lluvioso, porque el cielo está rojo encendido, pero de aspecto sombrío'. Saben interpretar la apariencia del cielo, pero las señales de los tiempos no las pueden interpretar".

Dicho eso, Jesús los llama una generación inicua y adúltera y les advierte que, como había dicho antes a los fariseos, no se les dará ninguna señal excepto la señal de Jonás. Entonces él y sus discípulos se embarcan en dirección a Betsaida, en la ribera nordeste del mar de Galilea. Mientras viajan, los discípulos descubren que han olvidado traer panes; solo tienen consigo un pan.

Jesús tiene presente el encuentro reciente que ha tenido con los fariseos y los saduceos que apoyan a Herodes, y aconseja: "Mantengan los ojos abiertos, cuídense de la levadura de los fariseos y de la levadura de Herodes". Evidentemente la mención de levadura hace que los discípulos piensen que Jesús se refiere a que olvidaron traer pan, de modo que empiezan a discutir sobre ese asunto. Al notar que no han entendido bien, Jesús dice: "¿Por qué discuten sobre el no tener panes?".

Poco tiempo antes Jesús había provisto pan milagrosamente para miles de personas, un milagro que había efectuado quizás solo un día o dos antes. Ellos deberían saber que no está preocupado por la falta de panes literales. "¿No se acuerdan —les recuerda—, cuando partí los cinco panes para los cinco mil hombres, cuántas cestas llenas de trozos recogieron?"

"Doce", responden.

"Cuando partí los siete para los cuatro mil hombres, ¿cuántas cestas de provisiones llenas de trozos recogieron?"

"Siete", responden.

"¿Todavía no captan el significado?", pregunta Jesús. "¿Cómo no disciernen que no les hablé acerca de panes? Mas guárdense de la levadura de los fariseos y saduceos."

Finalmente los discípulos entienden. La palabra levadura, que se refiere a una sustancia que causa fermentación y hace que suba la masa del pan, se usaba para denotar corrupción. Por eso ahora los discípulos entienden que Jesús está empleando un simbolismo, que les está advirtiendo que se guarden de "la *enseñanza* de los fariseos y saduceos", una enseñanza que corrompe. **(Marcos 8:1-21; Mateo 15:32–16:12.)**

- ¿Por qué lleva la gente consigo grandes cestas para provisiones?

- Después de partir de la Decápolis, ¿qué viajes hace Jesús en barca?

- ¿Qué entienden mal los discípulos cuando Jesús comenta sobre la levadura?

- ¿Qué quiere decir Jesús con la expresión "la levadura de los fariseos y saduceos"?

59

¿Quién es en verdad Jesús?

CUANDO la barca en que van Jesús y sus discípulos llega a Betsaida, la gente le trae un ciego a Jesús y le suplica que lo toque y lo sane. Jesús toma de la mano al hombre y lo saca de la aldea y, después de escupir en sus ojos, pregunta: "¿Ves algo?".

"Veo hombres —contesta él—, porque observo lo que parece árboles, pero están andando." Jesús coloca las manos sobre los ojos del ciego y le restaura la vista, y el hombre puede ver claramente. Jesús entonces lo envía de regreso a su casa y le dice que no entre en la ciudad.

Jesús ahora parte con sus discípulos hacia las aldeas de Cesarea de Filipo, en el extremo norte de Palestina. Es una subida larga, de unos 48 kilómetros (30 millas) hasta la hermosa Cesarea de Filipo, a unos 351 metros (1.150 pies) sobre el nivel del mar. Puede que el viaje les tome dos días.

De camino, Jesús se aparta para orar. Solo faltan unos nueve o diez meses para su muerte, y se preocupa por sus discípulos. Muchos ya han dejado de seguirlo. Otros, según parece, están confusos y desilusionados porque él rechazó los esfuerzos de la gente por hacerlo rey y porque, cuando sus enemigos lo retaron a darles una señal del cielo en prueba de que era rey, rehusó hacerlo. ¿Qué creen sus apóstoles sobre quién es él? Cuando vienen a donde está orando, Jesús pregunta: "¿Quién dicen las muchedumbres que soy?".

"Algunos dicen Juan el Bautista —responden—; otros, Elías; otros más, Jeremías o uno de los profetas." Sí, ¡la gente cree que Jesús es uno de estos hombres resucitado de entre los muertos!

"Pero ustedes, ¿quién dicen que soy?", pregunta Jesús.

Pedro responde sin dilación: "Tú eres el Cristo, el Hijo del Dios vivo".

Después de expresar aprobación por la respuesta de Pedro, Jesús dice: "Yo te digo a ti: Tú eres Pedro, y sobre esta masa

rocosa edificaré mi congregación, y las puertas del Hades no la subyugarán". Jesús aquí anuncia por primera vez que edificará una congregación, y que ni siquiera la muerte retendrá cautivos a los miembros de esta después de la carrera fiel de ellos en la Tierra. Entonces dice a Pedro: "Yo te daré las llaves del reino de los cielos".

Así Jesús revela que Pedro ha de recibir privilegios especiales. No, a Pedro no se le da el primer lugar entre los apóstoles, ni se le hace el fundamento de la congregación. Jesús mismo es la Masa Rocosa sobre la cual se edificará su congregación. Pero a Pedro se le darán tres llaves con las cuales abrir, por decirlo así, la oportunidad para que ciertos grupos de personas entren en el Reino de los cielos.

Pedro usaría la primera llave en el Pentecostés de 33 E.C. para mostrar a los judíos arrepentidos lo que tenían que hacer para salvarse. Emplearía la segunda poco después para abrir a los samaritanos creyentes la oportunidad de entrar en el Reino de Dios. Más tarde, en 36 E.C., utilizaría la tercera llave para abrir la misma oportunidad a gentiles incircuncisos: Cornelio y sus amigos.

Jesús continúa su consideración con los apóstoles. Los desilusiona al hablarles de los sufrimientos y la muerte que pronto afrontará en Jerusalén. Pedro, sin entender que Jesús será resucitado a la vida celestial, lo lleva aparte. "Sé bondadoso contigo mismo, Señor —le dice—; tú absolutamente no tendrás este destino." Volviéndole la espalda, Jesús contesta: "¡Ponte detrás de mí, Satanás! Me eres un tropiezo, porque no piensas los pensamientos de Dios, sino los de los hombres".

Parece que, además de los apóstoles, otras personas viajan con Jesús, de modo que ahora él llama a sí a estas y les explica que no será fácil ser seguidor de él. "Si alguien quiere venir en pos de mí —dice—, repúdiese a sí mismo y tome su madero de tormento y sígame de continuo. Porque el que quiera salvar su alma, la perderá; mas el que pierda su alma por causa de mí y de las buenas nuevas, la salvará."

Sí, si los seguidores de Jesús quieren demostrar que son dignos de su favor deben ser valerosos y abnegados. Él dice: "Porque el que se avergüence de mí y de mis palabras en esta generación adúltera y pecadora, el Hijo del hombre también se avergonzará de él cuando llegue en la gloria de su Padre con los santos ángeles". (Marcos 8:22-38; Mateo 16:13-28; Lucas 9:18-27.)

■ ¿Por qué está preocupado Jesús por sus discípulos?

■ ¿Quién cree la gente que es Jesús?

■ ¿Qué llaves recibe Pedro, y cómo ha de usarlas?

■ ¿Cómo se corrige a Pedro, y por qué?

60

Vista anticipada de Cristo en su gloria real

JESÚS ha llegado a las partes de Cesarea de Filipo y está enseñando a una muchedumbre que incluye a sus apóstoles. Les hace este sorprendente anuncio: "En verdad les digo que hay algunos de los que están en pie aquí que de ningún modo gustarán la muerte hasta que primero vean al Hijo del hombre viniendo en su reino".

'¿Qué querrá decir Jesús?', puede que se pregunten los discípulos. Aproximadamente una semana después Jesús sube con Pedro, Santiago y Juan a una montaña encumbrada. Puede que sea de noche, pues los discípulos tienen sueño. Mientras Jesús ora, se transfigura ante ellos. El rostro le empieza a brillar como el Sol, y sus prendas de vestir se hacen brillantes como la luz.

Entonces dos figuras —identificadas como "Moisés y Elías"— aparecen y empiezan a hablar a Jesús acerca de su 'partida que ha de ocurrir en Jerusalén'. Esta partida evidentemente se refiere a la muerte y la resurrección subsiguiente de Jesús. Por lo tanto, esta conversación es prueba de que su muerte en humillación no es algo que deba evadirse, como Pedro había deseado.

Completamente despiertos ahora, los discípulos observan y escuchan asombrados. Aunque esto es una visión, parece tan real que Pedro empieza a participar en la escena, diciendo: "Señor, es excelente que estemos aquí. Si quieres, erigiré aquí tres tiendas: una para ti y una para Moisés y una para Elías".

Mientras Pedro habla, una nube brillante los cubre, y de la nube sale una voz que dice: "Este es mi Hijo, el amado, a quien he aprobado; escúchenle". Al oír la voz, los discípulos caen sobre sus rostros. Pero Jesús dice: "Levántense y no teman". Cuando se levantan, no ven a nadie sino a Jesús.

Mientras bajan de la montaña el día siguiente, Jesús les manda: "No digan a nadie la visión hasta que el Hijo del hombre sea levantado de entre los muertos". El que Elías apareciera en la visión hace que en la mente de los discípulos surja una pregunta.

"¿Por qué, pues —preguntan—, dicen los escribas que Elías tiene que venir primero?"

"Elías ya ha venido —dice Jesús—, y ellos no lo reconocieron." Sin embargo, Jesús se refiere a Juan el Bautizante, quien cumplió un papel similar al de Elías. Juan preparó el camino para Cristo, tal como Elías lo hizo para Eliseo.

¡Cuán fortalecedora resulta ser esta visión, tanto para Jesús como para los discípulos! Se puede decir que la visión es una vista por anticipado de la gloria de Cristo en el Reino. Para los efectos, los discípulos vieron "al Hijo del hombre viniendo en su reino", tal como Jesús había prometido una semana antes. Después de la muerte de Jesús, Pedro escribió que ellos habían 'llegado a ser testigos oculares de la magnificencia de Cristo mientras estaban con él en la santa montaña'.

Los fariseos habían exigido de Jesús una señal que probara que él era el que por la promesa de las Escrituras sería el Rey escogido por Dios. No recibieron tal señal. Por otra parte, a los discípulos allegados de Jesús se les permite ver la transfiguración de Jesús como confirmación de las profecías del Reino. Por eso, después Pedro escribió: "Por consiguiente, tenemos la palabra profética hecha más segura". (Mateo 16:13, 28–17:13; Marcos 9:1-13; Lucas 9:27-37; 2 Pedro 1:16-19.)

- Antes de gustar la muerte, ¿cómo ven algunos venir a Cristo en su Reino?
- En la visión, ¿de qué hablan Moisés y Elías con Jesús?
- ¿Por qué es una ayuda tan fortalecedora para los discípulos esta visión?

61

Un muchacho librado de un demonio

EN LA ausencia de Jesús, Pedro, Santiago y Juan, que quizás están en un ramal del monte Hermón, los demás discípulos afrontan un problema. Cuando Jesús regresa, inmediatamente nota que algo anda mal. Una muchedumbre rodea a sus discípulos, y los escribas disputan con ellos. Cuando la gente ve venir a Jesús, muestra gran sorpresa y corre a encontrarse con él. "¿Qué disputan con ellos?", pregunta él.

De entre la muchedumbre sale un hombre, se arrodilla delante de Jesús, y explica: "Maestro, te traje a mi hijo porque tiene un espíritu mudo; y dondequiera que lo prende lo echa al suelo, y el muchacho echa espumarajos y hace rechinar los dientes y pierde la fuerza. Y dije a tus discípulos que lo expulsaran, pero no pudieron".

Parece que los escribas están aprovechándose de que los discípulos no hayan podido sanar al muchacho, y quizás estén burlándose de sus esfuerzos. Precisamente en ese momento crítico se presenta Jesús. "Oh generación falta de fe —dice—, ¿hasta cuándo tengo que continuar con ustedes? ¿Hasta cuándo tengo que soportarlos?"

Parece que Jesús dirige sus palabras a todos los presentes, pero no hay duda de que particularmente las dirige a los escribas, que han estado causando dificultad a Sus discípulos. Después, Jesús dice en cuanto al muchacho: "Tráiganmelo". Pero cuando el muchacho viene a Jesús, el demonio que lo posee derriba al joven al suelo y lo convulsiona violentamente. El muchacho se revuelca en el suelo y echa espuma por la boca.

"¿Cuánto tiempo hace que le sucede esto?", pregunta Jesús.

"Desde niño —contesta el padre—; y repetidas veces [el demonio] lo echaba en el fuego así como en el agua para destruirlo." Entonces el padre suplica: "Si puedes hacer algo, compadécete de nosotros y ayúdanos".

Puede que aquel padre haya estado buscando ayuda por años. Y ahora, cuando los discípulos de Jesús no pueden hacer

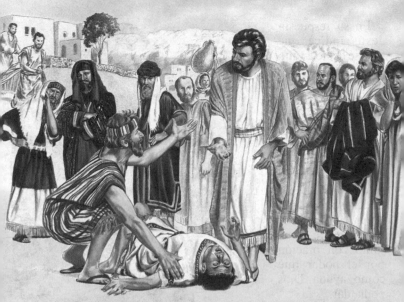

nada, verdaderamente se desespera. Jesús repite palabras de la solicitud desesperada del hombre y le infunde ánimo diciendo: "Esa expresión: ¡'Si puedes'! ¡Todas las cosas son posibles para uno si tiene fe!".

"¡Tengo fe!", clama el padre inmediatamente. Pero suplica: "¡Ayúdame donde necesite fe!".

Al notar que toda la muchedumbre viene corriendo hacia ellos, Jesús reprende al demonio: "Espíritu mudo y sordo, yo te ordeno: sal de él y no entres más en él". Al partir el demonio, de nuevo hace que el muchacho clame, y le causa muchas convulsiones. Entonces el muchacho queda inmóvil en el suelo, y la mayoría de la gente empieza a decir: "¡Está muerto!". Pero Jesús lo toma de la mano, y él se levanta.

Antes, cuando los discípulos habían sido enviados a predicar, habían expulsado demonios. Por eso ahora, cuando entran en una casa, le preguntan en privado a Jesús: "¿Por qué no pudimos expulsarlo nosotros?".

En su respuesta Jesús indica que esto se debió a falta de fe por parte de ellos: "Este género con nada puede salir salvo con oración". Era patente que se necesitaba preparación para expulsar al demonio especialmente poderoso implicado en este caso. Se necesitaba fe firme junto con oración por el poder que como ayuda Dios podía dar.

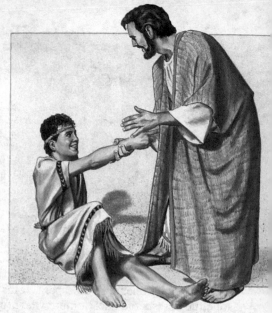

Y entonces Jesús añade: "En verdad les digo: Si tienen fe del tamaño de un grano de mostaza, dirán a esta montaña: 'Transfiérete de aquí allá', y se transferirá, y nada les será imposible". ¡Cuán poderosa puede ser la fe!

Puede que los obstáculos y las dificultades que impiden el progreso en el servicio de Jehová parezcan tan infranqueables e inmovibles como una gran montaña literal. Sin embargo, Jesús muestra que si cultivamos fe en nuestro corazón, y la regamos, y estimulamos su crecimiento, alcanzará madurez y podremos remover obstáculos y dificultades parecidos a montañas. **(Marcos 9:14-29; Mateo 17:19, 20; Lucas 9:37-43.)**

- ¿Qué situación afronta Jesús al regresar del monte Hermón?
- ¿Cómo anima Jesús al padre del muchacho poseído por un demonio?
- ¿Por qué no pudieron expulsar al demonio los discípulos?
- ¿Cuán poderosa puede ser la fe, según lo muestra Jesús?

62

Una lección de humildad

DESPUÉS de sanar al muchacho endemoniado en la región cerca de Cesarea de Filipo, Jesús desea regresar a Capernaum. Sin embargo, quiere estar a solas con sus discípulos mientras viaja para seguir preparándolos para Su muerte y las responsabilidades que ellos tendrán después. "El Hijo del hombre ha de ser entregado en manos de los hombres —les explica—, y lo matarán, pero, a pesar de que lo maten, se levantará tres días después."

Aunque Jesús había hablado acerca de esto antes, y tres apóstoles vieron la transfiguración misma durante la cual se había considerado su "partida", sus seguidores todavía no entienden este asunto. Aunque ninguno trata de negar que se le dará muerte, como hizo Pedro antes, temen seguir preguntándole acerca de esto.

Con el tiempo llegan a Capernaum, que ha sido como una base de actividades durante el ministerio de Jesús. También es la ciudad de Pedro y de otros apóstoles. Allí, hombres que cobran el impuesto del templo abordan a Pedro. Quizás para implicar a Jesús en alguna violación de la costumbre aceptada, preguntan: "¿No paga el maestro de ustedes el impuesto de los dos dracmas [para el templo]?".

"Sí", responde Pedro.

Jesús, que quizás haya llegado a la casa poco después, está al tanto de lo que ha sucedido. Por eso, aun antes de que Pedro pueda mencionar el asunto, pregunta: "¿Qué te parece, Simón? ¿De quiénes reciben los reyes de la tierra contribuciones o la capitación? ¿De sus hijos, o de los extraños?".

"De los extraños", contesta Pedro.

"Entonces, realmente, los hijos están libres de impuestos", indica Jesús. Puesto que el Padre de Jesús es el Rey del universo, Aquel a quien se adora en el templo, en realidad no es un requisito legal que el Hijo de Dios pague el impuesto del templo. "Pero para que no los hagamos tropezar —dice Jesús—, ve al mar, echa el anzuelo, y toma el primer pez que suba y, al abrirle la boca, hallarás una moneda de estater [cuatro dracmas]. Toma esa y dásela a ellos por mí y por ti."

Cuando los discípulos se reúnen después de regresar a Capernaum, quizás en la casa de Pedro, preguntan: "¿Quién, realmente, es mayor en el reino de los cielos?".

Jesús sabe por qué hacen esta pregunta, pues está al tanto de lo que sucedía entre ellos mientras le seguían de regreso de Cesarea de Filipo. Por eso pregunta: "¿Qué discutían en el camino?". Avergonzados, los discípulos se quedan callados, pues habían discutido entre sí sobre quién sería el mayor.

Después de haber sido enseñados por Jesús por casi tres años, ¿parece increíble que los discípulos tengan una discusión como aquella? Pues bien, aquello revela la vigorosa influencia de la imperfección humana, así como de los antecedentes religiosos. La religión judía en la cual se habían criado los discípulos recalcaba posición o rango en todo trato. Además, quizás Pedro, por la promesa que le hizo Jesús de que recibiría ciertas "llaves" del Reino, se creía superior. Puede que Santiago y Juan hayan tenido ideas similares porque se les había favorecido con ser testigos de la transfiguración de Jesús.

Sea lo que sea, Jesús hace algo conmovedor para corregir la actitud de ellos. Llama a un niño, lo pone en medio de ellos, lo abraza, y dice: "A menos que ustedes se vuelvan y lleguen a ser como niñitos, de ninguna manera entrarán en el reino de los cielos. Por eso, cualquiera que se humille como este niñito, es el mayor en el reino de los cielos; y cualquiera que reciba a un niñito como este sobre la base de mi nombre, a mí también me recibe".

¡Qué maravillosa manera de corregir a sus discípulos! Jesús no se encoleriza con ellos ni los llama orgullosos, codiciosos ni ambiciosos. No; más bien, ilustra la corrección mediante usar el ejemplo de niñitos, que tienden a ser modestos y libres de ambición y por lo general no piensan en rango entre sí. Así Jesús muestra que sus discípulos tienen que desarrollar estas cualidades que caracterizan a los niños humildes. Como dice Jesús en conclusión: "El que se porta como uno de los menores entre todos ustedes es el que es grande". **(Mateo 17:22-27; 18:1-5; Marcos 9:30-37; Lucas 9:43-48.)**

■ Al regresar a Capernaum, ¿qué enseñanza repite Jesús, y cómo se recibe?

■ ¿Por qué no está Jesús bajo la obligación de pagar el impuesto del templo, pero por qué lo paga?

■ ¿Qué contribuyó quizás a la disputa entre los discípulos, y cómo los corrige Jesús?

Más consejo y corrección

MIENTRAS Jesús y sus apóstoles todavía están en la casa en Capernaum, se considera otro asunto además de la disputa entre los apóstoles sobre quién es el mayor. Es un incidente que quizás ocurrió también mientras regresaban a Capernaum, en ausencia de Jesús. El apóstol Juan informa: "Vimos a cierto hombre que expulsaba demonios por el uso de tu nombre y tratamos de impedírselo, porque no nos acompañaba".

Está claro que para Juan los apóstoles son un grupo selecto de sanadores con título. Por eso, para él aquel hombre estaba ejecutando obras poderosas de manera indebida, pues no era parte del grupo de ellos.

Sin embargo, Jesús aconseja: "No traten de impedírselo, porque nadie hay que haga una obra poderosa sobre la base de mi nombre que pronto pueda injuriarme; porque el que no está contra nosotros, está a favor nuestro. Porque cualquiera que les dé de beber un vaso de agua debido a que pertenecen a Cristo, verdaderamente les digo, de ninguna manera perderá su galardón".

Este hombre no tenía que seguir corporalmente a Jesús para estar de Su parte. Todavía no se había establecido la congregación cristiana, y por eso el que él no formara parte del grupo de ellos no significaba que fuera de otra congregación. Aquel hombre en realidad tenía fe en el nombre de Jesús y por eso lograba expulsar demonios. Estaba haciendo algo parecido a lo que Jesús dijo que merecía una recompensa. Jesús muestra que, por hacer esto, no perderá su recompensa.

Pero ¿qué sucedería si las palabras y acciones de los apóstoles causaran tropiezo a aquel hombre? ¡Eso sería muy serio! Jesús comenta: "Cualquiera que haga tropezar a uno de estos pequeños que creen, mejor le sería que se le pusiera alrededor del cuello una piedra de molino como la que el asno hace girar y realmente fuera arrojado al mar".

Jesús dice que sus seguidores deben quitar de su vida todo lo que les sea tan estimado como una mano, un pie o un ojo que pueda causarles tropiezo. Es mejor que no tengan esa cosa preciada y entren en el Reino de Dios que apegarse a ella y ser arrojados al Gehena (un basurero que ardía constantemente, cerca de Jerusalén), símbolo de la destrucción eterna.

Jesús también advierte: "Miren que no desprecien a uno de estos pequeños; porque les digo que sus ángeles en el cielo siempre contemplan el rostro de mi Padre que está en el cielo". Entonces ilustra que esos "pequeños" son preciosos cuando habla acerca de un hombre que posee cien ovejas pero pierde una. Jesús explica que el hombre deja las 99 para buscar la perdida, y al hallarla se regocija más por ella que por las 99. "Así mismo —concluye entonces Jesús—, no es cosa deseable a mi Padre que está en el cielo el que uno de estos pequeños perezca."

Quizás pensando en la disputa que habían tenido entre sí los apóstoles, Jesús insta: "Tengan sal en ustedes, y mantengan paz entre unos y otros". La sal hace más sabrosos los alimentos insípidos. Así, la sal figurativa facilita el aceptar lo que uno dice. El tener esa sal ayuda a conservar la paz.

Pero puede que a veces haya disputas graves como resultado de la imperfección humana. Jesús también nos da pautas para encargarnos de ellas. "Si tu hermano comete un pecado —dice—, ve y pon al descubierto su falta entre tú y él a solas. Si te escucha, has ganado a tu hermano." Jesús aconseja que se haga lo siguiente si el hermano no escucha: "Toma contigo a uno o dos más, para que por boca de dos o tres testigos se establezca todo asunto".

Solo como último recurso, dice Jesús, se ha de llevar el asunto a "la congregación", es decir, a los superintendentes responsables de la congregación que pueden tomar una decisión judicial. Si el pecador no acata la decisión de ellos, la conclusión de Jesús es: "Sea para ti exactamente como hombre de las naciones y como recaudador de impuestos".

Al tomar una decisión de esa clase los superintendentes tienen que adherirse estrechamente a las instrucciones de la Palabra de Jehová. Así, cuando hallan a alguien culpable y digno de castigo, el juicio 'habrá sido atado ya en el cielo'. Y cuando ellos lo 'desatan sobre la tierra', es decir, cuando hallan inocente a la persona, ese juicio ya habrá sido 'desatado en el cielo'. Jesús dice que en esas deliberaciones judiciales "donde están dos o tres reunidos en mi nombre, allí estoy yo en medio de ellos". (Mateo 18:6-20; Marcos 9:38-50; Lucas 9:49, 50.)

- En los días de Jesús, ¿por qué no era necesario acompañarlo?
- ¿Cuán serio es causar tropiezo a uno de los pequeños, y cómo ilustra Jesús la importancia de ellos?
- ¿Qué razón quizás impulsa a Jesús a estimular a los apóstoles a tener sal entre sí?
- ¿Qué significa el 'atar' y 'desatar'?

PARECE que Jesús todavía está en la casa de Capernaum con sus discípulos. Ha estado considerando con ellos cómo tratar con las dificultades que surgen entre hermanos, de modo que Pedro pregunta: "Señor, ¿cuántas veces ha de pecar contra mí mi hermano y he de perdonarle yo?". Puesto que los maestros religiosos judíos proponen que se otorgue perdón hasta tres veces, Pedro quizás cree muy generoso el sugerir: "¿Hasta siete veces?".

Pero la idea misma de llevar tal cuenta es errónea. Jesús corrige a Pedro: "No te digo: Hasta siete veces, sino: Hasta setenta y siete veces". Muestra que no se debe poner límite a la cantidad de veces que Pedro perdone a su hermano.

Para grabar en la mente de los discípulos su obligación de estar dispuestos a perdonar, Jesús les da una ilustración. Es acerca de un rey que desea ajustar cuentas con sus esclavos. Le traen un esclavo que le debe la enorme cantidad de 60.000.000 de denarios. De ninguna manera puede él pagarla. Por eso, según explica Jesús, el rey ordena que él y su esposa y sus hijos sean vendidos y se haga el pago.

Entonces el esclavo cae a los pies de su amo y suplica: "Ten paciencia conmigo, y te lo pagaré todo".

Compadecido de él, el amo muestra misericordia y cancela la enorme deuda del esclavo. Pero acabando de suceder esto —continúa Jesús— este esclavo sale y halla a uno de sus coesclavos que le debe solo 100 denarios. El hombre agarra a su coesclavo por la garganta y empieza a estrangularlo, diciendo: "Paga todo lo que debes".

Pero el coesclavo no tiene el dinero. Por eso, cae a los pies del esclavo a quien está endeudado, y suplica: "Ten paciencia conmigo, y te lo pagaré". A diferencia de su amo, el esclavo no es misericordioso, y hace que echen en prisión a su coesclavo.

Pues bien, según el relato de Jesús los otros esclavos que han visto lo que ha sucedido van a contárselo al amo. Él se encoleriza y manda llamar al esclavo. "Esclavo inicuo —dice—, yo te

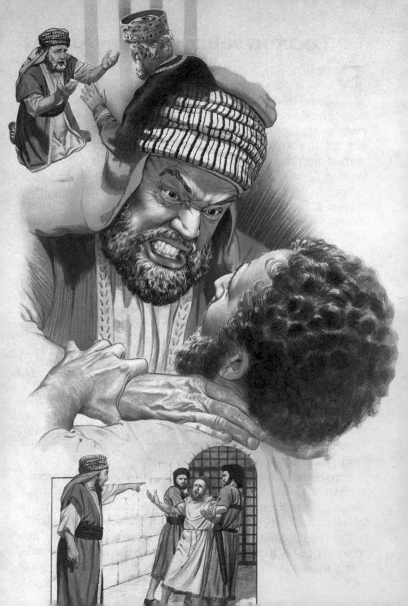

cancelé toda aquella deuda, cuando me suplicaste. ¿No deberías tú, en cambio, haberle tenido misericordia a tu coesclavo, como yo también te tuve misericordia a ti?" Provocado a ira, el amo entrega al esclavo despiadado a los carceleros hasta que pague todo lo que debe.

Entonces Jesús concluye así: "Del mismo modo también tratará mi Padre celestial con ustedes si no perdonan de corazón cada uno a su hermano".

¡Qué excelente lección sobre saber perdonar! En comparación con la gran deuda de pecado que Dios nos ha perdonado, en verdad cualquier transgresión que haya cometido contra nosotros un hermano cristiano es pequeña. Además, Jehová Dios nos ha perdonado miles de veces. Con frecuencia, ni siquiera estamos al tanto de los pecados que cometemos contra él. Por eso, ¿no podemos perdonar a nuestro hermano unas cuantas veces, aunque tengamos causa legítima de queja? Recuerde, como enseñó Jesús en el Sermón del Monte, Dios 'nos perdonará nuestras deudas, como nosotros también hemos perdonado a nuestros deudores'. (Mateo 18:21-35; 6:12; Colosenses 3:13.)

■ ¿Qué lleva a la pregunta de Pedro en cuanto a perdonar a su hermano, y por qué quizás considera Pedro generosa su sugerencia de perdonar a alguien siete veces?

■ ¿Cómo difiere la respuesta del rey a la súplica de su esclavo por misericordia de la respuesta del esclavo a la súplica de su coesclavo?

■ ¿Qué aprendemos de la ilustración de Jesús?

Un viaje secreto a Jerusalén

ES EL otoño de 32 E.C., y se acerca la fiesta de los Tabernáculos. Jesús ha limitado su actividad principalmente a Galilea desde la Pascua de 31 E.C., cuando los judíos trataron de matarlo. Es probable que desde entonces Jesús haya visitado Jerusalén únicamente para asistir a las tres fiestas anuales de los judíos.

Los hermanos de Jesús ahora le dicen con instancia: "Sal de aquí y ve a Judea". Jerusalén es la ciudad principal de Judea y el centro religioso de todo el país. Sus hermanos razonan así: "Nadie hace cosa alguna en secreto mientras él mismo procura ser conocido públicamente".

Aunque Santiago, Simón, José y Judas no creen que su hermano mayor, Jesús, realmente sea el Mesías, quieren que muestre sus poderes milagrosos a todos los que estén reunidos en la fiesta. Pero Jesús se da cuenta del peligro. "El mundo no tiene razón para odiarlos a ustedes —dice—, pero a mí me odia, porque doy testimonio, respecto a él, de que sus obras son inicuas." Así que Jesús dice a sus hermanos: "Ustedes suban a la fiesta; yo no subo todavía a esta fiesta".

La fiesta de los Tabernáculos es una celebración de siete días.

Al octavo día concluye con actividades solemnes. La fiesta señala el final del año agrícola y es un tiempo de gran regocijo y acción de gracias. Varios días después que los hermanos de Jesús parten para asistir con el grueso de los viajeros, él y sus discípulos van secretamente, manteniéndose fuera de la vista del público. Toman la ruta que cruza por Samaria, en vez de la que la mayoría de la gente toma cerca del río Jordán.

Puesto que Jesús y los que lo acompañan necesitarán alojamiento en una aldea samaritana, él envía mensajeros adelante para que le hagan preparativos. Sin embargo, la gente no quiere hacer nada para Jesús cuando se entera de que va rumbo a Jerusalén. Indignados, Santiago y Juan preguntan: "Señor, ¿quieres que digamos que baje fuego del cielo y los aniquile?". Jesús los reprende por sugerir tal cosa, y siguen adelante a otra aldea.

Mientras van por el camino, un escriba dice a Jesús: "Maestro, te seguiré adondequiera que estés para ir".

"Las zorras tienen cuevas, y las aves del cielo tienen donde posarse —responde Jesús—, pero el Hijo del hombre no tiene dónde recostar la cabeza." Con esas palabras Jesús explica que el escriba experimentará penalidades si se hace Su seguidor. Y

parece que se da a entender que el escriba es demasiado orgulloso para aceptar ese estilo de vida.

A otro hombre, Jesús dice: "Sé mi seguidor".

"Permíteme primero ir y enterrar a mi padre", responde el hombre.

"Deja que los muertos entierren a sus muertos —contesta Jesús—, mas vete tú y declara por todas partes el reino de Dios." Parece que el padre de este hombre todavía no había muerto, porque si hubiera muerto no parecería probable que su hijo estuviera aquí escuchando a Jesús. Al parecer el hijo pide tiempo para esperar hasta que su padre muera. No está preparado para poner el Reino de Dios en primer lugar en su vida.

Mientras siguen adelante camino a Jerusalén, otro hombre dice a Jesús: "Te seguiré, Señor; pero primero permíteme despedirme de los de mi casa".

En respuesta, Jesús dice: "Nadie que ha puesto la mano en el arado y mira a las cosas que deja atrás es muy apto para el reino de Dios". Los que quieran ser discípulos de Jesús tienen que tener la vista enfocada en el servicio al Reino. Tal como es probable que un surco quede torcido si el que ara no sigue mirando directamente adelante, así puede ser que cualquiera que mire atrás a este viejo sistema de cosas tropiece y se salga del camino que lleva a la vida eterna. (Juan 7:2-10; Lucas 9:51-62; Mateo 8:19-22.)

- ¿Quiénes son los hermanos de Jesús, y qué creen de él?
- ¿Por qué son tan rudos los samaritanos, y qué quieren hacer Santiago y Juan?
- ¿Qué tres conversaciones tiene Jesús por el camino, y cómo recalca que el servicio tiene que ser abnegado?

66

En la fiesta de los Tabernáculos

DURANTE los casi tres años desde su bautismo Jesús se ha hecho famoso. Miles y miles de personas han visto sus milagros, y los informes sobre sus actividades se han esparcido por todo el país. Ahora, cuando la gente se reúne para la fiesta de los Tabernáculos en Jerusalén, lo buscan. "¿Dónde está ese?", quieren saber.

Jesús se ha hecho objeto de controversia. "Es hombre bueno", dicen algunos. "No lo es, sino que extravía a la muchedumbre", aseguran otros. Muchos hacen comentarios de este tipo en voz baja durante los primeros días de la fiesta. Sin embargo, nadie tiene el valor de expresarse públicamente a favor de Jesús. Esto se debe a que la gente teme represalias de los líderes judíos.

Cuando la mitad de la fiesta ha pasado, Jesús llega. Sube al templo, donde la gente se maravilla por su aptitud de maestro. Puesto que Jesús nunca ha asistido a las escuelas rabínicas, los judíos empiezan a preguntarse: "¿Cómo tiene este hombre conocimiento de letras, cuando no ha estudiado en las escuelas?".

"Lo que yo enseño no es mío —explica Jesús—, sino que pertenece al que me ha enviado. Si alguien desea hacer la voluntad de Él, conocerá respecto a la enseñanza si es de Dios o si hablo por mí mismo." La enseñanza de Jesús se adhiere cuidadosamente a la ley de Dios. Por eso, debería ser obvio que busca la gloria de Dios, no la de sí mismo. "Moisés les dio la Ley, ¿no es verdad?", pregunta Jesús. Como reprensión pasa a decir: "Ninguno de ustedes obedece la Ley".

"¿Por qué procuran matarme?", pregunta entonces Jesús.

La gente de la muchedumbre, probablemente visitantes que han venido a la fiesta, no está al tanto de aquellos esfuerzos. Les parece inconcebible que alguien pudiera querer matar a tan maravilloso maestro. Por eso creen que algo tiene que pasarle a Jesús cuando piensa así. "Demonio tienes —dicen—. ¿Quién procura matarte?"

Los líderes judíos quieren matar a Jesús, aunque la muchedumbre quizás no se dé cuenta de ello. Cuando Jesús sanó a un hombre en un sábado, año y medio antes, los líderes trataron de matarlo. Por eso Jesús ahora muestra cuán irrazonablemente actúan, al preguntarles: "Si un hombre recibe la circuncisión en sábado para que no sea quebrada la ley de Moisés, ¿se encolerizan violentamente contra mí porque hice que un hombre quedara completamente bien de salud en sábado? Dejen de juzgar por la apariencia exterior, pero juzguen con juicio justo".

Ciertos habitantes de Jerusalén, que están al tanto de la situación, ahora dicen: "Este es el hombre a quien procuran matar, ¿no es verdad? Y sin embargo, ¡miren!, habla en público, y no le dicen nada. Los gobernantes no han llegado a conocer con certeza que este sea el Cristo, ¿verdad?". Estos residentes de Jerusalén explican por qué no creen que Jesús sea el Cristo: "Nosotros sabemos de dónde es este hombre; sin embargo, cuando venga el Cristo, nadie ha de saber de dónde es".

Jesús responde: "Ustedes me conocen, y también saben de dónde soy. Además, yo no he venido por mi propia iniciativa, pero el que me ha enviado es real, y ustedes no lo conocen. Yo lo conozco, porque soy representante de parte de él, y Aquel me ha enviado". Al oír esto, tratan de apoderarse de él, quizás para meterlo en prisión o hacer que lo maten. Pero no lo logran, porque no es el tiempo en que Jesús ha de morir.

Con todo, muchos ponen fe en Jesús, como deberían hacerlo. Pues, él ha andado sobre el agua, calmado los vientos, serenado mares agitados, alimentado milagrosamente a miles de personas con unos cuantos panes y pescados, sanado a los enfermos, hecho caminar a los cojos, abierto los ojos a los ciegos, curado a leprosos y hasta levantado a muertos. Por eso preguntan: "Cuando llegue el Cristo, él no ejecutará más señales que las que ha ejecutado este hombre, ¿verdad?".

Cuando los fariseos oyen a la muchedumbre murmurar estas cosas, ellos y los sacerdotes principales despachan a unos oficiales para que arresten a Jesús. (Juan 7:11-32.)

- ¿Cuándo llega Jesús a la fiesta, y qué está diciendo de él la gente?
- ¿Por qué pudiera ser que algunos digan que Jesús tiene un demonio?
- ¿Qué punto de vista tienen sobre Jesús los habitantes de Jerusalén?
- ¿Por qué ponen fe en Jesús muchos?

67

No lo arrestan

MIENTRAS continúa la fiesta de los Tabernáculos, los líderes religiosos hacen que unos oficiales de la policía vayan a arrestar a Jesús. Él no trata de esconderse. En vez de eso, Jesús sigue enseñando públicamente, y dice: "Continúo con ustedes un poco de tiempo todavía antes de irme al que me ha enviado. Ustedes me buscarán, pero no me hallarán, y donde yo esté ustedes no pueden venir".

Los judíos no entienden, y por eso preguntan entre sí: "¿Adónde piensa ir este, de modo que nosotros no hayamos de hallarlo? No piensa ir a los judíos dispersos entre los griegos y enseñar a los griegos, ¿verdad? ¿Qué significa este dicho que dijo: 'Me buscarán, pero no me hallarán, y donde yo esté ustedes no pueden venir'?". Por supuesto, Jesús se refiere a que pronto morirá y será resucitado a la vida en el cielo, adonde no pueden seguirle sus enemigos.

Llega el día séptimo y último de la fiesta. Cada mañana de la fiesta un sacerdote ha derramado agua que ha traído del estanque de Siloam y ha hecho que fluya a la base del altar. Probablemente recordando a la gente esta ceremonia diaria, Jesús clama: "Si alguien tiene sed, venga a mí y beba. El que pone fe en mí, así como ha dicho la Escritura: 'De su parte más interior fluirán corrientes de agua viva'".

En realidad Jesús aquí habla de las magníficas consecuencias que tendrá el derramamiento del espíritu santo. El año siguiente tiene lugar ese derramamiento de espíritu santo, en el Pentecostés. Allí fluyen corrientes de agua viva cuando los 120 discípulos empiezan a ministrar a la gente. Pero hasta que llega ese momento no hay espíritu en el sentido de que ninguno de los discípulos de Cristo ha sido ungido con espíritu santo y llamado a la vida celestial.

En respuesta a la enseñanza de Jesús, algunos empiezan a decir: "Este con certeza es El Profeta", obviamente refiriéndose al profeta mayor que Moisés, que se había prometido que vendría. Otros dicen: "Este es el Cristo". Pero otros protestan: "El Cristo no viene realmente de Galilea, ¿verdad? ¿No ha dicho la Escritura que el Cristo viene de la prole de David, y de Belén, la aldea donde David solía estar?".

De modo que surge una división entre la muchedumbre. Algunos quieren que se arreste a Jesús, pero nadie le echa mano. Cuando los oficiales de la policía regresan sin Jesús, los sacerdotes principales y los fariseos preguntan: "¿Por qué no lo trajeron?".

"Jamás ha hablado otro hombre así", responden los oficiales.

Encolerizados, los líderes religiosos se rebajan hasta el grado de recurrir a la mofa, a la falsa representación y a los insultos. Dicen con desprecio: "Ustedes no se han dejado extraviar también, ¿verdad? Ni uno de los gobernantes o de los fariseos ha puesto fe en él, ¿verdad? Pero esta muchedumbre que no conoce la Ley son unos malditos".

Al oír esto el fariseo Nicodemo, uno de los gobernantes de los judíos (es decir, un miembro del Sanedrín), se atreve a defender a Jesús. Usted quizás recuerde que dos años y medio antes Nicodemo abordó a Jesús de noche y expresó fe en él. Ahora

Nicodemo dice: "Nuestra ley no juzga a un hombre a menos que primero haya oído de parte de él y llegado a saber lo que hace, ¿verdad?".

El que uno de ellos mismos defienda a Jesús encoleriza más a los fariseos. "Tú no eres también de Galilea, ¿verdad? —dicen cortantemente—. Escudriña, y ve que de Galilea no ha de ser levantado ningún profeta."

Aunque las Escrituras no dicen directamente que de Galilea saldría un profeta, sí indican que el Cristo vendría de allí, pues dicen que "una gran luz" se vería en esa región. Además, Jesús nació en Belén, y fue descendiente de David. Aunque los fariseos quizás sepan esto, probablemente son responsables de esparcir los conceptos erróneos que la gente tiene acerca de Jesús. (Juan 7:32-52; Isaías 9:1, 2; Mateo 4:13-17.)

- ¿Qué sucede cada mañana de la fiesta, y cómo puede ser que Jesús esté llamando atención a esto?

- ¿Por qué no arrestan a Jesús los oficiales, y cómo responden los líderes religiosos?

- ¿Quién es Nicodemo, qué actitud manifiesta hacia Jesús, y cómo lo tratan sus compañeros fariseos?

- ¿Qué prueba hay de que el Cristo saldría de Galilea?

68

Sigue la enseñanza el séptimo día

CONTINÚA el último día de la fiesta de los Tabernáculos, el séptimo día. Jesús está enseñando en la parte del templo llamada "la tesorería". Parece que esto está en la zona llamada el Atrio de las Mujeres, donde hay cofres para que la gente eche en ellos sus contribuciones.

Cada noche durante la fiesta hay un despliegue especial de iluminación en esta parte del templo. Aquí se instalan cuatro gigantescos candelabros, cada uno con cuatro fuentes grandes llenas de aceite. La luz de estas lámparas, que queman aceite de las 16 fuentes, es lo suficientemente fuerte como para iluminar los alrededores hasta gran distancia de noche. Lo que Jesús ahora dice quizás recuerde a los que le escuchan este despliegue de iluminación. "Yo soy la luz del mundo —proclama Jesús—. El que me sigue, de ninguna manera andará en oscuridad, sino que poseerá la luz de la vida."

Los fariseos objetan: "Tú das testimonio acerca de ti mismo; tu testimonio no es verdadero".

Jesús responde: "Aunque yo doy testimonio acerca de mí mismo, mi testimonio es verdadero, porque sé de dónde vine y adónde voy. Pero ustedes no saben de dónde vine ni adónde voy". Añade: "Yo soy quien doy testimonio acerca de mí mismo, y el Padre que me envió da testimonio acerca de mí".

"¿Dónde está tu Padre?", quieren saber los fariseos.

"Ustedes no me conocen a mí, ni a mi Padre —contesta Jesús—. Si me conocieran, conocerían a mi Padre también." Aunque los fariseos todavía desean arrestar a Jesús, nadie lo toca.

"Yo me voy", dice Jesús de nuevo. "A donde yo voy ustedes no pueden venir."

Al oír esto, los judíos empiezan a preguntarse: "Él no va a matarse, ¿verdad? Porque dice: 'A donde yo voy ustedes no pueden venir'".

"Ustedes son de las regiones de abajo —explica Jesús—; yo soy de las regiones de arriba. Ustedes son de este mundo; yo no soy de este mundo." Entonces añade: "Si no creen que yo soy ese, morirán en sus pecados".

Por supuesto, Jesús se refiere al hecho de que había existido antes de ser humano, y a que es el Mesías o Cristo prometido. No obstante, ellos preguntan, indudablemente con gran desprecio: ¿Tú quién eres?".

Ante el rechazo de ellos, Jesús contesta: "¿Para qué les hablo siquiera?". Sin embargo, les dice: "El que me ha enviado es veraz, y las mismas cosas que oí de parte de él las hablo

en el mundo". Jesús continúa: "Una vez que hayan alzado al Hijo del hombre, entonces sabrán que yo soy ese, y que no hago nada por mi propia iniciativa; sino que hablo estas cosas así como el Padre me ha enseñado. Y el que me ha enviado está conmigo; no me ha dejado solo, porque yo siempre hago las cosas que le agradan".

Cuando Jesús dice estas cosas, muchos ponen fe en él. A estos dice: "Si permanecen en mi palabra, verdaderamente son mis discípulos, y conocerán la verdad, y la verdad los libertará".

"Somos prole de Abrahán —dicen sus opositores— y nunca hemos sido esclavos de nadie. ¿Cómo es que dices tú: 'Llegarán a ser libres'?"

Aunque frecuentemente los judíos han estado bajo dominación extranjera, no reconocen como amo a ningún opresor. Se niegan a llamarse esclavos. Pero Jesús señala que en verdad son esclavos. ¿De qué manera? "Muy verdaderamente les digo —dice Jesús—: Todo hacedor de pecado es esclavo del pecado."

El que los judíos rehúsen admitir que son esclavos del pecado los pone en posición peligrosa. "El esclavo no permanece en la casa para siempre —explica Jesús—; el hijo permanece para siempre." Puesto que un esclavo no tiene derechos de herencia, puede estar en peligro de que lo despidan en cualquier momento. Solo el hijo que realmente ha nacido como parte de la familia o ha sido adoptado permanece "para siempre", es decir, mientras viva.

"Por eso, si el Hijo los liberta —continúa Jesús—, serán realmente libres." Como se ve, la verdad que liberta a la gente es la verdad sobre el Hijo, Jesucristo. Es solo mediante el sacrificio de su vida humana perfecta como se puede libertar a alguien del pecado mortífero. **(Juan 8:12-36.)**

- ¿Dónde enseña Jesús durante el séptimo día? ¿Qué sucede de noche allí, y qué relación tiene esto con la enseñanza de Jesús?
- ¿Qué dice Jesús sobre su origen, y qué debería revelar esto acerca de su identidad?
- ¿En qué sentido son esclavos los judíos, pero qué verdad los libertará?

69

¿Quién es padre de quién?

DURANTE la fiesta, la discusión de Jesús con los líderes judíos se intensifica. "Yo sé que son prole de Abrahán —reconoce Jesús—; pero procuran matarme, porque mi palabra no hace progreso entre ustedes. Cuantas cosas he visto con mi Padre las hablo; y ustedes, por tanto, hacen las cosas que han oído de su padre."

Aunque no dice quién es el padre de ellos, Jesús aclara que el padre de ellos difiere del Suyo. No entendiendo a quién se refiere Jesús, los líderes judíos responden: "Nuestro padre es Abrahán". Creen que tienen la misma fe que Abrahán, quien era amigo de Dios.

Sin embargo, Jesús los sacude al replicar: "Si son hijos de Abrahán, hagan las obras de Abrahán". En realidad, el verdadero hijo imita a su padre. "Pero ahora procuran matarme —dice Jesús—, un hombre que les ha dicho la verdad que oí de parte de Dios. Abrahán no hizo esto." De modo que Jesús repite: "Ustedes hacen las obras de su padre".

Todavía no comprenden de quién habla Jesús. Sostienen que son hijos legítimos de Abrahán: "Nosotros no nacimos de fornicación". Sí, afirman que son adoradores verdaderos como Abrahán: "Tenemos un solo Padre, Dios".

Pero ¿será verdad que Dios es su Padre? "Si Dios fuera su Padre —responde Jesús—, ustedes me amarían a mí, porque de Dios vine yo y estoy aquí. Tampoco he venido por mi propia iniciativa, no, sino que Aquel me ha enviado. ¿Por qué no saben ustedes lo que hablo?"

Jesús ha tratado de mostrar a estos líderes religiosos las consecuencias de que lo rechacen. Pero ahora dice directamente: "Ustedes proceden de su padre el Diablo, y quieren hacer los deseos de su padre". ¿Qué clase de padre es el Diablo? Jesús lo identificó como homicida y también dijo: "Es mentiroso y el padre de la mentira". De modo que Jesús llega a esta conclusión: "El que procede de Dios escucha los dichos de Dios. Por esto no escuchan ustedes, porque no proceden de Dios".

Encolerizados porque Jesús los condena, los judíos responden: "¿No decimos correctamente: Tú eres samaritano y tienes demonio?". El término "samaritano" se usa como expresión de desprecio y oprobio, pues los samaritanos son un pueblo al cual los judíos odian.

Jesús pasa por alto el insulto de que es samaritano, y contesta: "Yo no tengo demonio, sino que honro a mi Padre, y ustedes me deshonran a mí". Entonces Jesús hace la sorprendente promesa: "Si alguien observa mi palabra, no verá la muerte nunca". Por supuesto, con esto Jesús no quiere decir, de todos los que le sigan, que literalmente nunca verán la muerte. Más bien, quiere decir que no verán jamás la destrucción eterna, o la "muerte segunda", de la cual no hay resurrección.

Sin embargo, los judíos toman las palabras de Jesús en sentido literal. Por eso dicen: "Ahora sabemos que tienes demonio. Abrahán murió, también los profetas; pero tú dices: 'Si alguien observa mi palabra, no gustará la muerte nunca'. Tú no eres mayor que nuestro padre Abrahán, que murió, ¿verdad? También, los profetas murieron. ¿Quién pretendes ser?".

En toda esta discusión es patente que Jesús está indicando a estos hombres que él es el Mesías prometido. Pero en vez de contestar directamente la pregunta de ellos en cuanto a quién es él, Jesús dice: "Si yo me glorifico a mí mismo, mi gloria no es nada. Es mi Padre quien me glorifica, el que ustedes dicen que es su Dios; y sin embargo ustedes no lo han conocido. Pero yo lo conozco. Y si dijera que no lo conozco sería como ustedes, mentiroso".

Siguiendo, una vez más Jesús se refiere al fiel Abrahán y dice: "Abrahán el padre de ustedes se regocijó mucho por la expectativa de ver mi día, y lo vio y se regocijó". Sí, con ojos de fe Abrahán esperaba ansiosamente la llegada del Mesías prometido. Incrédulos, los judíos responden: "Todavía no tienes cincuenta años, ¿y sin embargo has visto a Abrahán?".

"Muy verdaderamente les digo —responde Jesús—: Antes que Abrahán llegara a existir, yo he sido." Por supuesto, Jesús se refiere al hecho de que antes de que él existiera como humano había vivido como persona poderosa de las regiones espirituales en el cielo.

Los judíos se encolerizan cuando oyen a Jesús decir que ha existido antes de Abrahán, y recogen piedras para arrojárselas. Pero él se esconde y sale ileso del templo. **(Juan 8:37-59; Revelación 3:14; 21:8.)**

- ¿Cómo muestra Jesús que él y sus enemigos tienen padres diferentes?
- ¿Qué significado tiene el que los judíos llamen samaritano a Jesús?
- ¿En qué sentido quiere decir Jesús que sus seguidores nunca verán la muerte?

70

Sana a un hombre que nació ciego

CUANDO los judíos tratan de apedrear a Jesús, él no sale de Jerusalén. Después, en el sábado, él y sus discípulos están caminando por la ciudad cuando ven a un hombre que ha sido ciego de nacimiento. "Rabí, ¿quién pecó —preguntan los discípulos a Jesús—: este hombre, o sus padres, para que naciera ciego?"

Puede que los discípulos crean, como algunos rabinos, que una persona puede pecar en el vientre de su madre. Pero Jesús contesta: "Ni este hombre pecó, ni sus padres, sino que fue para que las obras de Dios se pusieran de manifiesto en su caso". El que el hombre sea ciego no es consecuencia de algún error o pecado específico que cometieran ni él ni sus padres. El pecado del primer hombre, Adán, ha hecho que todos los humanos seamos imperfectos y tengamos defectos como el de nacer ciegos. Este defecto en aquel hombre da a Jesús la oportunidad de manifestar las obras de Dios.

Jesús recalca que es urgente hacer estas obras. "Tenemos que obrar las obras del que me envió mientras es de día —dice—; la noche viene cuando nadie puede trabajar. Mientras estoy en el mundo, luz soy del mundo." Pronto la muerte de Jesús lo sumirá en la oscuridad del sepulcro, donde ya no podrá hacer nada. Mientras tanto, es fuente de iluminación al mundo.

Después de decir estas cosas, Jesús escupe en el suelo y hace barro con la saliva. Pone esto sobre los ojos del ciego y dice: "Ve a lavarte en el estanque de Siloam". El hombre obedece, y cuando lo hace, ¡puede ver! ¡Cómo se regocija al regresar, viendo por primera vez en la vida!

Vecinos y otros que lo conocen se asombran. "Este es el hombre que estaba sentado y mendigaba, ¿no es así?", preguntan. "Es este", responden algunos. Pero otros no pueden creerlo: "De ninguna manera, pero se le parece". Sin embargo, el hombre dice: "Soy yo".

"Entonces, ¿cómo se te abrieron los ojos?", quiere saber la gente.

"El hombre que se llama Jesús hizo barro y me lo untó en los ojos y me dijo: 'Ve a Siloam y lávate'. Por lo tanto fui y me lavé, y recibí la vista."

"¿Dónde está ese hombre?", preguntan.

"No sé", responde él.

Ahora la gente lleva al hombre que había sido ciego a sus líderes religiosos, los fariseos. Estos también empiezan a preguntarle cómo recibió la vista. "Me puso barro sobre los ojos, y me lavé, y tengo vista", explica el hombre.

¡Ciertamente los fariseos deberían regocijarse junto con el mendigo que ha sido sanado! Pero en vez de eso denuncian a Jesús. "Este no es hombre de Dios", afirman. ¿Por qué dicen eso? "Porque no observa el sábado." No obstante, otros fariseos se preguntan: "¿Cómo puede un hombre pecador ejecutar señales de esa clase?". De modo que surge una división entre ellos.

Por eso, preguntan al hombre: "¿Qué dices tú de él, ya que te abrió los ojos?".

"Es profeta", contesta.

Los fariseos se niegan a creer esto. Están convencidos de que tiene que haber algún acuerdo secreto entre Jesús y este hombre para engañar a la gente. Por eso, para resolver el asunto, llaman a los padres del mendigo para hacerles preguntas. (Juan 8:59; 9:1-18.)

■ ¿Cuál es la explicación, y cuál no es la explicación, de que el hombre sea ciego?

■ ¿Qué es la noche en que ningún hombre puede trabajar?

■ Cuando Jesús sana al hombre, ¿cómo reaccionan los que conocen al sanado?

■ ¿Qué división causa entre los fariseos la curación del hombre?

71

Los incrédulos y tercos fariseos

L OS padres del mendigo que había nacido ciego temen cuando se les pide que se presenten ante los fariseos. Saben que se ha decidido que a cualquiera que exprese fe en Jesús se le ha de expulsar de la sinagoga. Este cortamiento del compañerismo con otros de la comunidad puede significar muchísi-

mas dificultades, especialmente para una familia pobre. Por eso los padres ejercen cautela.

Los fariseos preguntan: "¿Es este su hijo que ustedes dicen que nació ciego? ¿Cómo es, pues, que ve ahora?".

"Sabemos que este es nuestro hijo, y que nació ciego —confirman los padres—. Pero cómo es que ve ahora, no lo sabemos, o quién le abrió los ojos, no lo sabemos." De seguro su hijo tiene que haberles dicho todo lo que ha pasado, pero, con prudencia, los padres dicen: "Pregúntenle. Es mayor de edad. Él tiene que hablar por sí mismo".

Por lo tanto, los fariseos llaman de nuevo al hombre. Esta vez tratan de intimidarlo indicando que tienen prueba de que Jesús es un malhechor. "Da gloria a Dios —exigen—; nosotros sabemos que este hombre es pecador."

El que había estado ciego, sin negar aquella acusación, dice: "Si es pecador, no lo sé". Pero añade: "Una cosa sí sé: que, siendo el caso que yo era ciego, ahora veo".

Los fariseos, tratando de hallar una falla en su testimonio, de nuevo preguntan: "¿Qué te hizo? ¿Cómo te abrió los ojos?".

"Ya se lo dije a ustedes —se queja el hombre—, y sin embargo no escucharon. ¿Por qué quieren oírlo otra vez?" Sarcásticamente, pregunta: "No quieren hacerse discípulos de él también, ¿verdad?".

Esta respuesta enfurece a los fariseos. "Tú eres discípulo de ese hombre —acusan—, pero nosotros somos discípulos de Moisés. Nosotros sabemos que Dios ha hablado a Moisés; pero en cuanto a este, no sabemos de dónde es."

Sorprendido, el humilde mendigo responde: "Esto sí que es una maravilla, que ustedes no sepan de dónde es, y sin embargo me abrió los ojos". ¿Qué conclusión debe sacarse de esto? El mendigo señala a la premisa aceptada: "Sabemos que Dios no escucha a pecadores, pero si alguien es temeroso de Dios y hace su voluntad, a este escucha. Desde la antigüedad jamás se ha oído que alguien abriera los ojos a uno que hubiera nacido ciego". Por eso, la conclusión debería ser obvia: "Si este hombre no fuera de Dios, no podría hacer nada".

Los fariseos no tienen respuesta para lógica tan directa y clara. No pueden enfrentarse a la verdad, y por eso insultan al hombre: "Tú naciste del todo en pecados, ¿y sin embargo nos enseñas a nosotros?". Entonces echan fuera al hombre, lo que parece indicar que lo expulsan de la sinagoga.

Cuando Jesús se entera de lo que han hecho, busca al hombre y le dice: "¿Pones tú fe en el Hijo del hombre?".

El que había sido un mendigo ciego responde: "¿Y quién es, señor, para que ponga fe en él?".

"El que habla contigo es ese", responde Jesús.

Inmediatamente el hombre se inclina ante Jesús y dice: "Pongo fe en él, Señor".

Jesús entonces explica: "Para este juicio he venido a este mundo: para que los que no ven, vean, y los que ven, queden ciegos".

Entonces los fariseos que están escuchando preguntan: "Nosotros no somos ciegos también, ¿verdad?". Si reconocieran su ceguera mental, tendrían excusa para su oposición a Jesús. Como Jesús les dice: "Si fueran ciegos, no tendrían pecado". Pero tercamente insisten en que no están ciegos y que no necesitan iluminación espiritual. Por eso Jesús dice: "Ahora ustedes dicen: 'Vemos'. Su pecado permanece". **(Juan 9:19-41.)**

- Cuando los fariseos los llaman, ¿por qué manifiestan temor los padres del mendigo que había estado ciego, y, por eso, qué respuesta cautelosa dan?
- ¿Cómo tratan de intimidar los fariseos al que había sido ciego?
- ¿Qué argumento lógico del hombre enfurece a los fariseos?
- ¿Por qué no tienen excusa los fariseos para oponerse a Jesús?

72

Jesús envía a los 70

E S EL otoño de 32 E.C., y han pasado tres años completos desde el bautismo de Jesús. Él y sus discípulos han asistido poco tiempo atrás a la fiesta de los Tabernáculos en Jerusalén, y parece que todavía están cerca de esa ciudad. De hecho, Jesús pasa la mayor parte de los seis meses restantes de su ministerio o en Judea o precisamente al otro lado del río Jordán en el distrito de Perea. Este territorio tiene que atenderse también.

Es verdad que, después de la Pascua de 30 E.C., Jesús pasó unos ocho meses predicando en Judea. Pero después que los judíos trataron de matarlo allí en la Pascua de 31 E.C. pasó un año y medio enseñando casi exclusivamente en Galilea. Durante ese tiempo desarrolló algo que no había tenido antes: una organización grande y bien adiestrada de predicadores. Por eso, ahora lanza una campaña final de testificación intensa en Judea.

Para comenzar esta campaña, Jesús selecciona 70 discípulos y los envía de dos en dos. Así, en total hay 35 pares de predicadores del Reino para abarcar el territorio. Estos van por adelantado a toda ciudad y lugar adonde Jesús tiene planes de ir, evidentemente acompañado de sus apóstoles.

En vez de enviar a los 70 a las sinagogas, Jesús les dice que entren en los hogares particulares, y explica: "Dondequiera que entren en una casa, digan primero: 'Tenga paz esta casa'. Y si hay allí un amigo de la paz, la paz de ustedes descansará sobre él". ¿Qué mensaje llevarán? "Sigan diciéndoles —dice Jesús—: 'El reino de Dios se ha acercado a ustedes'." Respecto a la actividad de los 70, la obra *Matthew Henry's Commentary* (Comentario de Matthew Henry) informa: "Como su Amo, dondequiera que *visitaban, predicaban de casa en casa*".

Las instrucciones que Jesús da a los 70 son similares a las que dio a los 12 cuando los envió en una campaña de predicación en Galilea como un año antes. Él no solo advierte a los 70 acerca de la oposición que afrontarán y los prepara para presentar el mensaje a los amos de casa, sino que les da poder para curar a los enfermos. Así, cuando Jesús llega poco después, muchas personas estarán deseosas de conocer al Amo cuyos discípulos pueden hacer cosas tan maravillosas.

La predicación de los 70, seguida por la obra de Jesús, no dura mucho tiempo. Pronto los 35 pares de predicadores del Reino empiezan a regresar a Jesús. "Señor —dicen con gozo—, hasta los demonios quedan sujetos a nosotros por el uso de tu nombre." No hay duda de que este excelente informe de servicio emociona a Jesús, porque responde: "Contemplaba yo a Satanás ya caído como un relámpago del cielo. ¡Miren! Yo les he dado la autoridad para hollar bajo los pies serpientes y escorpiones".

Jesús sabe que después del nacimiento del Reino de Dios en el tiempo del fin Satanás y sus demonios serán echados del cielo. Pero ahora el hecho de que simples humanos puedan expulsar a demonios invisibles sirve como garantía

adicional de ese suceso venidero. Por lo tanto, Jesús habla de la caída futura de Satanás desde el cielo como cosa segura. Así, pues, es en sentido simbólico como se da autoridad a los 70 para hollar serpientes y escorpiones. Sin embargo, Jesús dice: "No se regocijen a causa de esto, de que los espíritus queden sujetos a ustedes, sino regocíjense porque sus nombres hayan sido inscritos en los cielos".

Jesús se llena de gran gozo y alaba públicamente a su Padre por utilizar a estos siervos humildes suyos de manera tan maravillosa. Volviéndose a sus discípulos, dice: "Felices son los ojos que contemplan las cosas que ustedes contemplan. Porque les digo: Muchos profetas y reyes desearon ver las cosas que ustedes contemplan, pero no las vieron; y oír las cosas que ustedes oyen, pero no las oyeron". (Lucas 10:1-24; Mateo 10:1-42; Revelación 12:7-12.)

■ ¿Dónde predicó Jesús durante los primeros tres años de su ministerio, y qué territorio abarca en sus últimos seis meses?

■ ¿Adónde dirige Jesús a los 70 para que busquen a la gente?

■ ¿Por qué dice Jesús que contempló a Satanás ya caído del cielo?

■ ¿En qué sentido pueden hollar serpientes y escorpiones los 70?

73

Un samaritano que ayuda a su prójimo

JESÚS quizás está cerca de Betania, una aldea a unos tres kilómetros (dos millas) de Jerusalén. Un perito en la Ley de Moisés lo aborda con esta pregunta: "Maestro, ¿qué he de hacer para heredar la vida eterna?".

Jesús percibe que el hombre, un abogado, no está simplemente buscando información; más bien, desea someter a prueba a Jesús. Quizás lo que busque es que Jesús dé una respuesta que ofenda las susceptibilidades de los judíos. Por eso, Jesús hace que el abogado se comprometa en la cuestión al preguntarle: "¿Qué está escrito en la Ley? ¿Cómo lees?".

El abogado, al responder, despliega perspicacia poco usual; cita de las leyes de Dios en Deuteronomio 6:5 y Levítico 19:18, así: "'Tienes que amar a Jehová tu Dios con todo tu corazón y con toda tu alma y con todas tus fuerzas y con toda tu mente', y, 'a tu prójimo como a ti mismo'".

"Contestaste correctamente —responde Jesús—. Sigue haciendo esto y conseguirás la vida."

Sin embargo, el abogado no está satisfecho. La respuesta de Jesús no es lo suficientemente específica para él. Quiere que Jesús confirme que los puntos de vista de él son correctos y, por eso, que él trata a otros con justicia. Por lo tanto, pregunta: "¿Quién, verdaderamente, es mi prójimo?".

Los judíos creen que el término "prójimo" aplica solo a otros judíos, como parece indicar el contexto de Levítico 19:18. De hecho, después hasta el apóstol Pedro dijo: "Bien saben ustedes cuán ilícito le es a un judío unirse o acercarse a un hombre de otra raza". De modo que tanto el abogado como quizás los discípulos de Jesús creen que son justos si tratan con bondad solo a otros judíos, puesto que, según su punto de vista, los no judíos no son en realidad su prójimo.

¿Cómo puede Jesús corregir ese punto de vista de sus oyentes sin ofenderlos? Les da un relato que quizás tiene base en un suceso real. "Cierto [judío] —explica Jesús— bajaba de Jerusalén a Jericó y cayó entre salteadores, que lo despojaron y también le descargaron golpes, y se fueron, dejándolo medio muerto."

"Ahora bien, por casualidad —continúa Jesús—, cierto sacerdote bajaba por aquel camino, pero, cuando lo vio, pasó por el otro lado. Así mismo, un levita también, cuando bajó al lugar y lo vio, pasó por el otro lado. Pero cierto samaritano que viajaba por el camino llegó a donde estaba y, al verlo, se enterneció."

Muchos sacerdotes y sus auxiliares levitas que trabajan en el templo viven en Jericó, a una distancia de 23 kilómetros (14 millas) por una carretera peligrosa que baja 900 metros (3.000 pies) desde donde sirven en el templo de Jerusalén. Sería de esperarse que el sacerdote y el levita ayudaran a otro judío que se hallara en dificultades. Pero no lo hacen. Más bien, un samaritano lo ayuda. Los judíos odian tanto a los samaritanos que poco tiempo atrás habían insultado enconadamente a Jesús llamándolo "samaritano".

¿Qué hace el samaritano para ayudar al judío? "Se le acercó —dice Jesús— y le vendó sus heridas, y vertió en ellas aceite y vino. Luego lo montó sobre su propia bestia y lo llevó a un mesón y lo cuidó. Y al día siguiente sacó dos denarios [más o menos el salario de dos días], se los dio al mesonero, y dijo: 'Cuídalo, y lo que gastes además de esto, te lo pagaré cuando vuelva acá'."

Después de dar este relato, Jesús pregunta al abogado: "¿Quién de estos tres te parece haberse hecho prójimo del que cayó entre los salteadores?".

El abogado, que no quiere atribuir mérito a un samaritano, contesta sencillamente: "El que actuó misericordiosamente para con él".

"Ve y haz tú lo mismo", concluye Jesús.

Si Jesús le hubiera dicho de manera directa al abogado que los no judíos también eran su prójimo, no solo no habría aceptado su punto aquel hombre, sino que también pudiera haber sucedido que la mayoría de los presentes se pusieran de parte del abogado en su controversia con Jesús. Sin embargo, este relato conforme a la realidad hizo irrefutablemente obvio que entre nuestro prójimo hay personas que no son de la misma raza y nacionalidad que nosotros. ¡Qué excelente manera de enseñar tiene Jesús! (Lucas 10:25-37; Hechos 10:28; Juan 4:9; 8:48.)

- ¿Qué preguntas le hace el abogado a Jesús, y qué propósito parece que tenía al hacerlas?
- Al parecer de los judíos, ¿quién es su prójimo, y qué razón hay para creer que hasta los discípulos piensan lo mismo?
- ¿Cómo comunica Jesús el punto de vista correcto de modo que el abogado no pueda refutarlo?

74

Consejo a Marta, e instrucciones sobre la oración

DURANTE su ministerio en Judea, Jesús entra en la aldea de Betania. Aquí viven Marta, María y su hermano Lázaro. Puede que Jesús haya conocido a estas tres personas antes en su ministerio y por eso ya sea amigo íntimo de ellas. Sea como sea, Jesús ahora va a la casa de Marta, y ella lo recibe con gusto.

Marta desea ofrecer a Jesús lo mejor que tiene en su hogar. Sí, ¡es un gran honor que el Mesías prometido visite el hogar de uno! Por eso Marta se afana por preparar una comida de muchos platos y atender muchos otros detalles que contribuirán a que Jesús se sienta cómodo y disfrute de su visita.

Por otra parte, María, la hermana de Marta, se sienta a los pies de Jesús y presta atención a lo que él dice. Al poco rato Marta se acerca y dice a Jesús: "Señor, ¿no te importa que mi hermana me haya dejado sola para atender las cosas? Dile, por lo tanto, que me ayude".

Pero Jesús se niega a hablar a María al respecto. Más bien, aconseja a Marta por estar demasiado preocupada con asuntos materiales. "Marta, Marta —dice en su bondadosa censura—, estás inquieta y turbada en cuanto a muchas cosas. Son pocas, sin embargo, las cosas que se necesitan, o solo una." Lo que Jesús dice es que no es necesario dedicar mucho tiempo a preparar muchos platos para una comida. Basta con unos pocos, o hasta con uno solo.

Las intenciones de Marta son buenas; desea ser hospitalaria. Sin embargo, ¡por su atención ansiosa a las provisiones materiales pierde la oportunidad de recibir instrucción personal del propio Hijo de Dios! Por eso Jesús llega a esta conclusión: "Por su parte, María escogió la buena porción, y no le será quitada".

Después, en otra ocasión, cierto discípulo suplica a Jesús: "Señor, enséñanos a orar, así como Juan también enseñó a sus discípulos". Puede ser que este discípulo no estuviera presente alrededor de año y medio antes, cuando Jesús dio la oración modelo (que conocemos como el padrenuestro) en su Sermón del Monte. Por eso Jesús repite sus instrucciones, pero entonces pasa a dar una ilustración para recalcar que es necesario persistir en la oración.

"¿Quién de ustedes tendrá un amigo —comienza Jesús— e irá a él a medianoche y le dirá: 'Amigo, préstame tres panes, porque un amigo mío acaba de venir a mí de viaje y no tengo qué poner delante de él'? Y aquel, desde dentro, en respuesta dice: 'Deja de causarme molestia. La puerta ya está asegurada con cerradura, y mis niñitos están conmigo en la cama; no puedo levantarme y darte nada'. Les digo: Aunque no se levante a darle algo por ser su amigo, ciertamente por causa de su persistencia atrevida se levantará y le dará cuantas cosas necesite."

Al hacer esta comparación Jesús no está dando a entender que Jehová Dios no esté dispuesto a responder a las peticiones, como el amigo del relato. No; está ilustrando que si un amigo que no quiere responder sí accede a lo que se le pide con persistencia, ¡cuánto más lo hará nuestro amoroso Padre celestial! De modo que Jesús añade: "Por consiguiente, les digo: Sigan pidiendo, y se les dará; sigan buscando, y hallarán; sigan tocando, y se les abrirá. Porque todo el que pide recibe, y todo el que busca halla, y a todo el que toca se le abrirá".

Entonces Jesús hace una referencia a los padres humanos imperfectos y pecaminosos y dice: "Realmente, ¿qué padre hay entre ustedes que, si su hijo pide un pescado, le dará acaso una serpiente en vez de un pescado? ¿O si también pide un huevo, le dará un escorpión? Por lo tanto, si ustedes, aunque son inicuos, saben dar buenos regalos a sus hijos, ¡con cuánta más razón dará el Padre en el cielo espíritu santo a los que le piden!". En verdad, ¡cuán vigorosamente nos estimula Jesús a persistir en la oración! (Lucas 10:38–11:13.)

■ ¿Por qué hace Marta tan extensas preparaciones para Jesús?

■ ¿Qué hace María, y por qué la encomia Jesús a ella en vez de a Marta?

■ ¿Qué impulsa a Jesús a repetir sus instrucciones respecto a la oración?

■ ¿Cómo ilustra Jesús lo necesario que es persistir en la oración?

75

La fuente de la felicidad

JESÚS ejecutó milagros durante su ministerio en Galilea, y ahora repite los milagros en Judea. Por ejemplo, expulsa de cierto hombre un demonio que le había impedido hablar. Las muchedumbres se sorprenden, pero los críticos presentan la misma objeción que se presentó en Galilea. "Expulsa los demonios por medio de Beelzebub el gobernante de los demonios", alegan. Otros quieren que Jesús dé más prueba de quién es, y tratan de tentarlo pidiéndole una señal del cielo.

Jesús sabe lo que piensan, y da a sus críticos de Judea la misma respuesta que dio a los de Galilea. Menciona que todo reino dividido contra sí mismo caerá. "Por eso —pregunta—, si Satanás también está dividido contra sí mismo, ¿cómo podrá estar en pie su reino?" Muestra lo peligrosa que es la postura que adoptan sus críticos cuando dice: "Si es por medio del dedo de Dios como yo expulso los demonios, el reino de Dios verdaderamente los ha alcanzado".

Los que observan los milagros de Jesús deberían reaccionar a ellos como lo hicieron siglos antes los que vieron a Moisés ejecutar un milagro. Aquellos exclamaron: "¡Es el dedo de Dios!". También fue "el dedo de Dios" lo que grabó los Diez Mandamientos en tablas de piedra. Y "el dedo de Dios" —su espíritu santo o fuerza activa— es lo que hace posible que Jesús expulse demonios y sane a los enfermos. Así que el Reino de Dios realmente ha alcanzado a estos críticos, pues Jesús, quien ha sido designado Rey del Reino, está allí en medio de ellos.

Jesús entonces ilustra que el que él pueda expulsar demonios es prueba de su poder sobre Satanás, tal como cuando un hombre más poderoso que otro hombre bien armado que vigila su palacio viene y vence a este. También vuelve a mencionar la ilustración que dio en Galilea respecto a un espíritu inmundo. El espíritu sale de cierto hombre, pero cuando el hombre no llena con cosas buenas el vacío que

queda, el espíritu regresa con otros siete, y la condición de aquel hombre se hace peor que al principio.

Una mujer que es parte de la muchedumbre que escucha estas enseñanzas se siente impulsada a clamar en voz alta: "¡Feliz es la matriz que te llevó y los pechos que mamaste!". Puesto que el deseo de toda judía es ser madre de un profeta, y particularmente del Mesías, se puede comprender por qué diría eso aquella mujer. Al parecer pensaba que María podía ser especialmente feliz por ser la madre de Jesús.

Sin embargo, Jesús se apresura a corregir a aquella mujer respecto a la verdadera fuente de la felicidad. "No —contesta—; más bien: ¡Felices son los que oyen la palabra de Dios y la guardan!" Jesús nunca dio a entender que debería darse honor especial a su madre, María. En vez de eso, mostró que la verdadera felicidad se halla en ser siervo fiel de Dios, no en vínculos ni logros materiales.

Como hizo en Galilea, aquí también Jesús pasa a reprender a la gente de Judea por pedir una señal del cielo. Les dice que no se les dará ninguna señal excepto la señal de Jonás. Jonás llegó a ser una señal tanto por sus tres días dentro del pez como por su predicación valerosa, que impulsó a los ninivitas a arrepentirse. "Pero, ¡miren! —dice Jesús—, algo más que Jonás está aquí." De manera similar, la reina de Seba se maravilló por la sabiduría de Salomón. "Pero, ¡miren! —también dice Jesús—, algo más que Salomón está aquí."

Jesús explica que cuando alguien enciende una lámpara no la pone en un escondrijo ni bajo una cesta, sino sobre un candelero para que la gente pueda ver la luz. Puede que insinúe que el enseñar y hacer milagros ante estas personas tercas de su auditorio es como esconder la luz de una lámpara. Los ojos de esos observadores no son sencillos, o no están enfocados, y se pierde el propósito de los milagros de Jesús.

Jesús acaba de expulsar un demonio y hacer que un mudo hable. ¡Esto debería mover a la gente de ojos sencillos, o enfocados, a aclamar esta gloriosa hazaña y proclamar las buenas nuevas! Pero eso no es lo que sucede entre estos críticos. Por eso Jesús concluye con estas palabras: "Está alerta, por lo tanto. Tal vez la luz que hay en ti sea oscuridad. Por lo tanto, si todo tu cuerpo está brillante sin absolutamente ninguna parte oscura, todo estará tan brillante como cuando una lámpara te alumbra con sus rayos". **(Lucas 11:14-36; Éxodo 8:18, 19; 31:18; Mateo 12:22, 28.)**

- ¿Cómo reacciona la gente cuando Jesús sana al hombre?
- ¿Qué es "el dedo de Dios", y cómo había alcanzado el Reino de Dios a los que escuchaban a Jesús?
- ¿Cuál es la fuente de la verdadera felicidad?
- ¿Cómo puede uno tener un ojo sencillo?

Una comida con un fariseo

DESPUÉS que Jesús contesta a unos críticos que cuestionan la fuente de su poder para curar a un hombre que no podía hablar, cierto fariseo lo invita a una comida en su casa. Antes de comer, los fariseos observan un rito de lavarse las manos hasta el codo. Hacen esto antes y después de una comida y hasta después de cada plato que se sirve. Aunque esta tradición no viola la ley escrita de Dios, va más allá de lo que Dios requiere respecto a limpieza ceremonial.

Cuando Jesús no observa esta tradición, su anfitrión se sorprende. Aunque el fariseo quizás no expresa verbalmente su sorpresa, Jesús la nota, y dice: "Ahora bien, ustedes los fariseos limpian el exterior de la copa y el plato, pero

el interior de ustedes está lleno de saqueo e iniquidad. ¡Irrazonables! El que hizo lo exterior hizo también lo interior, ¿no es verdad?".

Así Jesús denuncia la hipocresía de los fariseos que se lavan las manos en un rito, pero no lavan del corazón la iniquidad. Aconseja: "Den como dádivas de misericordia las cosas que están dentro, y ¡miren!, todas las otras cosas son limpias respecto a ustedes". Deberían dar porque el corazón movido por el amor los impulsara a hacerlo, no por un deseo de impresionar a otros fingiendo justicia.

"¡Ay de ustedes, fariseos —continúa Jesús—, porque dan el décimo de la hierbabuena y de la ruda y de toda otra legumbre, pero pasan por alto la justicia y el amor de Dios! Tenían la obligación de hacer estas cosas, pero de no omitir aquellas otras." La Ley que Dios dio a Israel exige que se paguen diezmos, o la décima parte, del producto de los campos. La hierbabuena y la ruda son plantas o hierbas pequeñas que se usan para condimentar los alimentos. Los fariseos se esmeran en pagar una décima parte de hasta estas hierbas insignificantes, pero Jesús los condena por pasar por alto el requisito más importante de mostrar amor, ejercer bondad y ser modestos.

Jesús continúa su condena así: "¡Ay de ustedes, fariseos, porque aman los asientos delanteros en las sinagogas y los saludos en las plazas de mercado! ¡Ay de ustedes, porque son como aquellas tumbas conmemorativas que no están expuestas a la vista, de modo que los hombres andan sobre ellas y no lo saben!". Su inmundicia está oculta. ¡La religión de los fariseos presenta buena apariencia, pero interiormente carece de valor! Se basa en hipocresía.

Al oír esas palabras condenatorias, un abogado, uno de los que están versados en la Ley de Dios, se queja: "Maestro, al decir estas cosas nos insultas también a nosotros".

Para Jesús estos peritos en la Ley también llevan responsabilidad, y por eso dice: "¡Ay, también, de ustedes los que están versados en la Ley, porque cargan a los hombres con cargas difíciles de llevar, pero ustedes mismos no tocan las cargas ni con uno de sus dedos! ¡Ay de ustedes, porque edifican las tumbas conmemorativas de los profetas, pero los antepasados de ustedes los mataron!".

Las cargas que Jesús menciona son las tradiciones orales, pero estos abogados no eliminaban ni siquiera una pequeña regla para aliviar a la gente. Jesús revela que hasta consienten en el asesinato de los profetas, y advierte: "'La sangre de todos los profetas vertida desde la fundación del mundo [será] demandada de esta generación, desde la sangre de Abel hasta la sangre de Zacarías, que fue muerto entre el altar y la casa'. Sí, les digo, será demandada de esta generación".

El mundo de la humanidad redimible comenzó cuando Adán y Eva tuvieron hijos; así, Abel vivió "desde la fundación del mundo". Después del cruel asesinato de Zacarías, una fuerza siria devastó a Judá. Pero Jesús predice una devastación peor de su propia generación, debido a que es más inicua. Esta devastación ocurre unos 38 años después, en 70 E.C.

Jesús continúa expresando condena de este modo: "¡Ay de ustedes que están versados en la Ley, porque quitaron la llave del conocimiento; ustedes mismos no entraron, y a los que estaban entrando los estorbaron!". Los peritos en la Ley tienen el deber de explicar la Palabra de Dios a la gente y darle a conocer su significado. Pero no lo hacen, y hasta privan a la gente de la oportunidad de entender.

Los fariseos y los peritos legales se enfurecen contra Jesús porque él los denuncia. Cuando él sale de la casa, empiezan a oponérsele furiosamente y a asediarlo con preguntas. Tratan de atraparlo, esperando que diga algo por lo cual puedan causar su arresto. **(Lucas 11:37-54; Deuteronomio 14:22; Miqueas 6:8; 2 Crónicas 24:20-25.)**

- ¿Por qué condena Jesús a los fariseos y a los peritos en la Ley?
- ¿Qué cargas ponen en la gente los abogados?
- ¿Cuándo fue "la fundación del mundo"?

77 La cuestión de la herencia

PARECE que la gente sabe que Jesús ha estado comiendo en la casa del fariseo. Por eso, miles de personas se reúnen afuera y están esperando cuando Jesús sale. A diferencia de los fariseos que se oponen a Jesús y tratan de atraparlo diciendo algo equivocado, la gente está muy dispuesta a escucharle con aprecio.

Jesús, volviéndose primero a sus discípulos, dice: "Guárdense de la levadura de los fariseos, que es la hipocresía". Como se demostró durante la comida, todo el sistema religioso de los fariseos está lleno de hipocresía. Pero aunque una demostración exterior de piedad oculte la iniquidad de los

fariseos, con el tiempo quedará desenmascarada. "Nada hay cuidadosamente ocultado —dice Jesús— que no haya de revelarse, ni secreto que no llegue a saberse."

Jesús repite el estímulo que había dado a los 12 al enviarlos en una gira de predicación por Galilea. Dice: "No teman a los que matan el cuerpo y después de esto no pueden hacer nada más". Puesto que Dios no olvida ni a un gorrioncillo, Jesús asegura a sus seguidores que Dios no los olvidará a ellos. Declara: "Cuando los lleven ante asambleas públicas y ante funcionarios de gobierno y autoridades, [...] el espíritu santo les enseñará en aquella misma hora las cosas que deben decir".

De entre la muchedumbre, un hombre se expresa. "Maestro —solicita—, di a mi hermano que divida conmigo la herencia." La Ley de Moisés estipula que el primogénito ha de recibir dos partes de la herencia, de modo que no debería haber razón para una disputa. Pero parece que este hombre desea más que su parte legal de la herencia.

Como es correcto, Jesús rehúsa envolverse en el asunto. "Hombre, ¿quién me nombró juez o repartidor sobre ustedes?", pregunta. Entonces da esta amonestación vital a la muchedumbre: "Mantengan abiertos los ojos y guárdense de toda suerte de codicia, porque hasta cuando uno tiene en abundancia, su vida no resulta de las cosas que posee". Sí; sin importar cuánto haya llegado a tener un hombre, normalmente muere y lo deja todo atrás. Para recalcar este hecho, y para mostrar la insensatez de no edificar una buena reputación ante Dios, Jesús usa una ilustración. Explica:

"El terreno de cierto hombre rico produjo bien. Por consiguiente, él razonaba dentro de sí, diciendo: '¿Qué haré, ya que no tengo dónde recoger mis cosechas?'. De modo que dijo: 'Haré esto: demoleré mis graneros y edificaré otros mayores, y allí recogeré todo mi grano y todas mis cosas buenas; y diré a mi alma: "Alma, tienes muchas cosas buenas almacenadas para muchos años; pásalo tranquila, come, bebe, goza"'. Pero

Dios le dijo: 'Irrazonable, esta noche exigen de ti tu alma. Entonces, ¿quién ha de tener las cosas que almacenaste?'".

Para concluir, Jesús dice: "Así pasa con el hombre que atesora para sí, pero no es rico para con Dios". Puede que sus discípulos no caigan en el lazo insensato de acumular riquezas, pero las preocupaciones diarias de la vida pudieran fácilmente distraerlos de servir a Jehová con toda el alma. Por eso Jesús usa esta ocasión para repetir el excelente consejo que había dado como año y medio antes en el Sermón del Monte. Volviéndose a sus discípulos, dice:

"Por esta razón les digo: Dejen de inquietarse respecto a su alma, en cuanto a qué comerán, o respecto a su cuerpo, en cuanto a qué se pondrán. [...] Reparen en los cuervos, que ni siembran ni siegan, y no tienen ni troje ni granero, y sin embargo Dios los alimenta. [...] Reparen en los lirios, cómo crecen; no se afanan, ni hilan; pero les digo: Ni siquiera Salomón en toda su gloria se vistió como uno de estos. [...]

"Por eso, dejen de andar buscando qué podrán comer y qué podrán beber, y dejen de estar en ansiedad y suspenso; porque todas estas son las cosas en pos de las cuales van con empeño las naciones del mundo, pero el Padre de ustedes sabe que ustedes necesitan estas cosas. Sin embargo, busquen continuamente el reino de él, y estas cosas les serán añadidas".

Estas palabras de Jesús deben considerarse con cuidado, especialmente durante tiempos de dificultad económica. La persona que se preocupa demasiado por sus necesidades materiales y empieza a aflojarse en sus actividades espirituales está de hecho demostrando falta de fe en que Dios puede suministrar a Sus siervos lo que necesitan. (Lucas 12:1-31; Deuteronomio 21:17.)

- ¿Qué es, probablemente, lo que impulsa a cierto hombre a preguntar acerca de su herencia, y qué amonestación da Jesús?

- ¿Qué ilustración usa Jesús, y con qué propósito?

- ¿Qué consejo repite Jesús, y por qué es apropiado?

¡Manténgase listo!

DESPUÉS de decir a las muchedumbres que se guarden de la codicia, y de aconsejar a sus discípulos que no den atención indebida a lo material, Jesús anima a estos así: "No teman, rebaño pequeño, porque su Padre ha aprobado darles el reino". Así revela que solo una cantidad relativamente pequeña de personas (después se especifica que son 144.000) estarán en el Reino celestial. La mayoría de los que reciban vida eterna serán súbditos terrestres del Reino.

¡Qué dádiva maravillosa, "el reino"! Jesús describe cómo deben responder a esa dádiva los discípulos, con esta exhortación: "Vendan las cosas que les pertenecen y den dádivas de misericordia". Sí, deberían usar sus haberes para beneficiar espiritualmente a otras personas, y así edificarse "tesoro en los cielos que nunca falla".

Jesús después aconseja a sus discípulos que estén listos para Su regreso. Dice: "Estén ceñidos sus lomos y encendidas sus lámparas, y sean ustedes mismos como hombres que esperan a su amo cuando vuelve de las bodas, para que, al llegar él y tocar, le abran al instante. ¡Felices son aquellos esclavos a quienes el amo al llegar halle vigilando! Verdaderamente les digo: Él se ceñirá y hará que se reclinen a la mesa, y vendrá a su lado y les servirá".

En esta ilustración los siervos muestran que están listos al regresar su amo porque se han halado hacia arriba las vestiduras largas y las han sujetado con su ceñidor y han seguido atendiendo sus deberes hasta entrada la noche a la luz de lámparas con bastante combustible. Jesús explica: 'Si el amo llega en la segunda vigilia [desde alrededor de las nueve de la noche hasta la medianoche], o en la tercera [desde la medianoche hasta alrededor de las tres de la mañana], y los halla listos, ¡felices son!'.

El amo recompensa extraordinariamente a sus siervos. Hace que se reclinen a la mesa y empieza a servirles. No los trata como esclavos, sino como amigos leales. ¡Qué excelente recompensa por haber continuado trabajando para su amo durante toda la noche mientras esperaban su regreso! Jesús concluye así: "Ustedes también, *manténganse listos,* porque a una hora que menos piensen viene el Hijo del hombre".

Pedro ahora pregunta: "Señor, ¿nos dices esta ilustración a nosotros, o también a todos?".

En vez de contestar directamente, Jesús da otra ilustración. Pregunta: "¿Quién es verdaderamente el mayordomo fiel [...] a quien su amo nombrará sobre su servidumbre para que siga dándoles su medida de víveres a su debido tiempo? ¡Feliz es aquel esclavo, si al llegar su amo lo halla haciéndolo así! Les digo en verdad: Lo nombrará sobre todos sus bienes".

Obviamente el "amo" es Jesucristo. El "mayordomo" representa al "rebaño pequeño" de discípulos como cuerpo colectivo, y el término "servidumbre" se refiere a este mismo grupo de 144.000 personas que reciben el Reino celestial, pero esta expresión destaca su obra como individuos. Los "bienes" sobre los cuales se nombra al mayordomo fiel para que los atienda son los intereses reales del amo en la Tierra, que incluyen a los súbditos terrestres del Reino.

Jesús continúa la ilustración señalando a la posibilidad de que no todos los miembros de esa clase del mayordomo o esclavo sean leales, al explicar: "Mas si aquel esclavo dijera alguna vez en su corazón: 'Mi amo tarda en venir', y comenzara a golpear a los criados y a las criadas, y a comer y beber y emborracharse, vendrá el amo de aquel esclavo en un día en que este no lo espera [...], y lo castigará con la mayor severidad".

Jesús indica que su venida ha ocasionado un tiempo de prueba ardiente para los judíos, a medida que unos aceptan y otros rechazan sus enseñanzas. Más de tres años antes él se había bautizado en agua, pero ahora su bautismo en la muerte va acercándose cada vez más a su conclusión, y, como dice Jesús: '¡Me siento angustiado hasta que quede terminado!'.

Después de dirigir esas palabras a sus discípulos, Jesús de nuevo habla a las muchedumbres. Se lamenta de que aquellas personas rehúsen tercamente aceptar la prueba clara de quién es él, y la importancia de esa prueba. "Cuando ven levantarse una nube en las partes occidentales —comenta—, en seguida dicen: 'Viene una tempestad', y así sucede. Y cuando ven que sopla el viento del sur, dicen: 'Habrá una ola de calor', y ocurre. Hipócritas, saben examinar la apariencia externa de la tierra y del cielo, ¿pero cómo es que no saben examinar este tiempo en particular?" (Lucas 12:32-59.)

- ¿Cuántos componen el "rebaño pequeño", y qué reciben?
- ¿Cómo recalca Jesús la importancia de que sus siervos estén listos?
- En la ilustración de Jesús, ¿quiénes o qué son el "amo", el "mayordomo", la "servidumbre" y los "bienes"?

79

Se pierde una nación, con excepciones

POCO después que Jesús habló con los que se habían reunido fuera de la casa de un fariseo, ciertas personas mencionan a "los galileos cuya sangre [el gobernador romano Poncio] Pilato había mezclado con los sacrificios de ellos". Puede ser que estos sean los galileos que murieron cuando miles de judíos protestaron contra el que Pilato usara el dinero de la tesorería del templo para construir un acueducto que llevara agua a Jerusalén. Los que le relatan esto a Jesús quizás insinúen que aquella calamidad les vino a los galileos debido a sus propias iniquidades.

Pero Jesús los corrige con la pregunta: "¿Se imaginan ustedes que porque estos galileos han sufrido estas cosas eso prueba que ellos eran peores pecadores que todos los demás galileos? No, les digo en verdad", contesta Jesús. Entonces usa aquel incidente para dar esta advertencia a los judíos: "A menos que ustedes se arrepientan, todos ustedes igualmente serán destruidos".

Jesús entonces les recuerda otra tragedia local, probablemente relacionada también con la construcción del acueducto. Pregunta: "O aquellos dieciocho sobre quienes cayó la torre de Siloam, matándolos, ¿se imaginan ustedes que con eso se probó que fueran mayores deudores que todos demás hombres que habitaban en Jerusalén?". No, no fue por su maldad que aquellas personas murieron, dice Jesús. Más bien, por lo general "el tiempo y el suceso imprevisto" son causa de tales tragedias. Sin embargo, Jesús de nuevo utiliza la ocasión para dar la advertencia: "A menos que ustedes se arrepientan, todos ustedes serán destruidos de la misma manera".

Entonces Jesús presenta una ilustración apropiada en la que explica: "Cierto hombre tenía una higuera plantada en su viña, y vino buscando fruto en ella, pero no lo halló. Luego dijo al viñador: 'Mira que ya van tres años que he venido buscando fruto en esta higuera, pero no lo he hallado. ¡Córtala! ¿Por qué, realmente, debe hacer que la tierra permanezca inútil?'. En

respuesta él le dijo: 'Amo, déjala también este año, hasta que cave alrededor de ella y le eche estiércol; y si entonces produce fruto en el futuro, bien está; pero si no, la cortarás'".

Por más de tres años Jesús ha tratado de cultivar fe entre la nación judía. Pero solo se puede contar a unos centenares de discípulos como fruto de sus esfuerzos. Ahora, en el cuarto año de su ministerio, Jesús está intensificando sus esfuerzos; simbólicamente cava y pone estiércol alrededor de la higuera judía al predicar y enseñar con celo en Judea y Perea. ¡Pero de nada sirve! La nación rehúsa arrepentirse, y por eso se encamina a la destrucción. Solo un resto de la nación responde.

Poco tiempo después Jesús está enseñando en una sinagoga en sábado. Allí ve a una mujer que, porque un demonio la aflige, ha estado encorvada 18 años. Compadecido, Jesús le dice: "Mujer, se te pone en libertad de tu debilidad". Entonces le impone las manos, y al instante ella se endereza y empieza a glorificar a Dios.

Sin embargo, el presidente de la sinagoga se encoleriza. "Seis días hay en que se debe hacer trabajo —protesta—; en estos, por lo tanto, vengan y sean curados, y no en día de sábado." Así el presidente reconoce que Jesús tiene poder para curar, ¡pero condena a la gente por venir a curarse en sábado!

"Hipócritas —contesta Jesús—, ¿no desata del pesebre cada uno de ustedes en día de sábado su toro o su asno y lo lleva a beber? ¿No era propio, pues, que esta mujer que es hija de Abrahán, y a quien Satanás tuvo atada, ¡fíjense!, dieciocho años, fuera desatada de esta ligadura en día de sábado?"

Pues bien, cuando los opositores de Jesús oyen esto empiezan a avergonzarse. Sin embargo, la muchedumbre se regocija por todas las cosas gloriosas que ven hacer a Jesús. En respuesta, Jesús repite dos ilustraciones proféticas acerca del Reino de Dios que había dado desde una barca en el mar de Galilea alrededor de un año antes. (Lucas 13:1-21; Eclesiastés 9:11; Mateo 13:31-33.)

- ¿Qué tragedias se mencionan aquí, y qué lección deriva de ellas Jesús?
- ¿Qué aplicación se puede hacer respecto a la higuera infructífera, y respecto a los esfuerzos por hacerla productiva?
- ¿Cómo reconoce el presidente de la sinagoga que Jesús puede curar, pero cómo denuncia Jesús la hipocresía de aquel hombre?

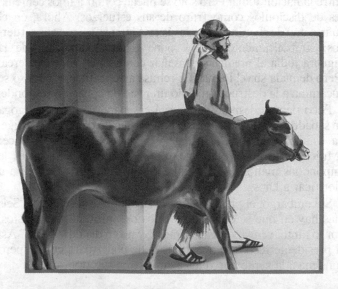

80

Los apriscos y el Pastor

JESÚS ha venido a Jerusalén para la fiesta de la Dedicación, o Hanuká, una fiesta que celebra la nueva dedicación del templo a Jehová. En 168 a.E.C., unos 200 años antes, Antíoco IV Epífanes había capturado Jerusalén y profanado el templo y su altar. Sin embargo, tres años después Jerusalén fue reconquistada y el templo fue dedicado de nuevo. Después, anualmente se celebraba la nueva dedicación.

Esta fiesta de la Dedicación tiene lugar el 25 de Kislev, el mes judío que corresponde a la última parte de noviembre y la primera parte de diciembre en nuestro calendario moderno. Por eso, solo quedan poco más de cien días hasta la trascendental Pascua de 33 E.C. Porque es la estación del tiempo frío, el apóstol Juan la llama "invierno".

Jesús ahora usa una ilustración en la que menciona tres apriscos y Su papel como el Pastor Excelente. Él identifica con el arreglo del pacto de la Ley de Moisés el primer aprisco de que habla. La Ley servía como una cerca que separaba a los judíos de las prácticas corruptoras de los que no estaban en este pacto especial con Dios. Jesús explica: "Muy verdaderamente les digo: El que no entra en el aprisco de las ovejas por la puerta, sino que trepa por otra parte, ese es ladrón y saqueador. Pero el que entra por la puerta es pastor de las ovejas".

Otros habían venido y alegado que eran el Mesías o Cristo, pero no eran el verdadero pastor de quien Jesús pasa a hablar: "A este le abre el portero, y las ovejas escuchan su voz, y él llama a sus propias ovejas por nombre y las saca fuera. [...] A un extraño de ningún modo seguirán, sino que huirán de él, porque no conocen la voz de los extraños".

El "portero" del primer aprisco era Juan el Bautizante. Como portero, Juan 'le abrió' a Jesús al identificarlo ante las ovejas simbólicas que Jesús sacaría a pastar. Con el tiempo, estas ovejas que Jesús llama por nombre y saca son admitidas en otro aprisco, como él explica: "Muy verdaderamente les digo: Yo soy la puerta de las ovejas", es decir, la puerta a un nuevo aprisco. Cuando Jesús instituye el nuevo pacto con sus discípulos y desde el cielo derrama espíritu santo sobre ellos en el Pentecostés siguiente, a ellos se les admite en este nuevo aprisco.

Jesús sigue explicando su papel, así: "Yo soy la puerta; cualquiera que entra por mí será salvo, y entrará y saldrá y hallará pastos. [...] Yo he venido para que tengan vida, y la tengan en abundancia. [...] Yo soy el pastor excelente, y conozco a mis ovejas y mis ovejas me conocen a mí, así como el Padre me conoce y yo conozco al Padre; y yo entrego mi alma a favor de las ovejas".

Poco tiempo antes Jesús había consolado a sus seguidores con estas palabras: "No teman, rebaño pequeño, porque su Padre ha aprobado darles el reino". Este rebaño pequeño, que con el tiempo cuenta con 144.000 miembros, entra en este nuevo o segundo aprisco. Pero Jesús pasa a mencionar: "Tengo otras ovejas, que no son de este redil; a esas también tengo que traer, y escucharán mi voz, y llegarán a ser un solo rebaño, un solo pastor".

Puesto que las "otras ovejas" "no son de este redil", tienen que ser de otro redil, un tercer redil. Estos últimos dos rediles o apriscos de ovejas tienen diferentes destinos. El "rebaño pequeño" de un redil gobernará con Cristo en el cielo, y las "otras ovejas" del otro redil vivirán en la Tierra paradisíaca. Sin embargo, a pesar de estar en dos rediles, las ovejas

no tienen celos unas de otras, y no les parece que se las segrega, porque, como dice Jesús, 'llegan a ser un solo rebaño' bajo "un solo pastor".

El Pastor Excelente, Jesucristo, da de buena gana su vida por los dos rediles de ovejas. "La entrego por mi propia iniciativa —dice—. Tengo autoridad para entregarla, y tengo autoridad para recibirla de nuevo. El mandamiento acerca de esto lo recibí de mi Padre."

Cuando Jesús dice esto, se produce una división entre los judíos.

Muchos de la muchedumbre dicen: "Demonio tiene, y está loco. ¿Por qué le escuchan?". Pero otros responden: "Estos no son dichos de un endemoniado". Entonces, evidentemente refiriéndose a que unos dos meses atrás él había curado al hombre que había nacido ciego, añaden: "Un demonio no puede abrir los ojos a los ciegos, ¿verdad?". (Juan 10:1-22; 9:1-7; Lucas 12:32; Revelación 14:1, 3; 21:3, 4; Salmo 37:29.)

- ¿Qué es la fiesta de la Dedicación, y cuándo se celebra?
- ¿Cuál es el primer aprisco, y quién es su portero?
- ¿Cómo le abre el portero al Pastor, y en qué se admite después a las ovejas?
- ¿Quiénes componen los dos rediles del Pastor Excelente, y cuántos rebaños llegan a ser?

81

De nuevo intentan matar a Jesús

PUESTO que es invierno, Jesús anda bajo el abrigo del área conocida como la columnata de Salomón. Esta se halla a un lado del templo. Aquí unos judíos lo rodean y empiezan a decir: "¿Hasta cuándo has de tener nuestras almas en suspenso? Si eres el Cristo, dínoslo francamente".

"Se lo dije a ustedes —responde Jesús—, y sin embargo no creen." Jesús no les había dicho *directamente* que era el Cristo, como se lo había dicho a la samaritana al lado del pozo. Pero en verdad había revelado su identidad cuando les había explicado que era de las regiones de arriba y había existido antes de Abrahán.

Sin embargo, Jesús desea que la gente, al comparar Sus actividades con lo que la Biblia predijo que el Cristo llevaría a cabo, llegue por sí misma a la conclusión de que él es el Cristo. Por eso, antes había mandado a sus discípulos que no dijeran a nadie que él era el Cristo. Y por eso ahora pasa a decir a estos judíos hostiles: "Las obras que hago en el nombre de mi Padre, estas dan testimonio acerca de mí. Pero ustedes no creen".

¿Por qué no creen? ¿Porque les falta prueba de que Jesús sea el Cristo? No, sino por la razón que Jesús da cuando les dice: "No son de mis ovejas. Mis ovejas escuchan mi voz, y yo las conozco, y ellas me siguen. Y yo les doy vida eterna, y no serán destruidas nunca, y nadie las arrebatará de mi mano. Lo que mi Padre me ha dado es algo mayor que todas las otras cosas, y nadie puede arrebatarlas de la mano del Padre".

Jesús entonces describe la relación estrecha que existe entre él y su Padre, al explicar: "Yo y el Padre somos uno". Puesto que Jesús está en la Tierra y su Padre está en el cielo, está claro que él no está diciendo que él y su Padre sean uno literalmente, o físicamente. Más bien, quiere decir que son uno en propósito, que están en unidad.

Encolerizados por las palabras de Jesús, los judíos recogen piedras para matarlo, tal como habían hecho dos meses antes, durante la fiesta de los Tabernáculos o las Cabañas. Jesús se enfrenta valerosamente a los que quieren asesinarlo, y dice: "Muchas obras excelentes les exhibí de parte del Padre. ¿Por cuál de esas obras me apedrean?".

"No por obra excelente te apedreamos —responden—, sino por blasfemia, sí, porque tú, aunque eres hombre, te haces a ti mismo un dios." Puesto que Jesús nunca ha alegado que sea un dios, ¿por qué dicen esto los judíos?

Parece que se debe a que Jesús se atribuye poderes que ellos creen que solo pertenecen a Dios. Por ejemplo, acababa de decir de las "ovejas": "Les doy vida eterna", que es algo que ningún humano puede hacer. Sin embargo, los judíos pasan por alto el hecho de que Jesús reconoce que recibe autoridad de su Padre.

Que Jesús afirma que es menor que Dios lo muestra él al preguntar: "¿No está escrito en su Ley [en Salmo 82:6]: 'Yo dije: "Ustedes son dioses"'? Si él llamó 'dioses' a aquellos contra quienes vino la palabra de Dios, [...] ¿me dicen ustedes a mí, a quien el Padre santificó y despachó al mundo: 'Blasfemas', porque dije: Soy Hijo de Dios?".

Puesto que las Escrituras llaman "dioses" hasta a jueces humanos injustos, ¿cómo pueden criticar estos judíos a Jesús por decir: "Soy Hijo de Dios"? Jesús añade: "Si no hago las obras de mi Padre, no me crean. Pero si las hago, aun cuando no me crean a mí, crean las obras, a fin de que lleguen a saber y continúen sabiendo que el Padre está en unión conmigo y yo estoy en unión con el Padre".

Cuando Jesús dice esto, los judíos tratan de apoderarse de él. Pero él escapa, como había hecho antes en la fiesta de los Tabernáculos. Sale de Jerusalén y cruza el río Jordán hacia el lugar donde Juan había empezado a bautizar a la gente casi cuatro años antes. Parece que este lugar no está lejos de la orilla sur del mar de Galilea, más o menos a dos días de viaje de Jerusalén.

Muchas personas vienen a Jesús en este lugar y empiezan a decir: "Juan, en realidad, no ejecutó una sola señal, pero cuantas cosas dijo Juan acerca de este hombre, todas eran verdaderas". Por eso, muchos ponen fe en Jesús aquí. (Juan 10:22-42; 4:26; 8:23, 58; Mateo 16:20.)

- ¿Cómo quiere Jesús que la gente perciba que él es el Cristo?
- ¿Cómo son uno Jesús y su Padre?
- ¿Qué razón parece haber para que los judíos digan que Jesús se hace un dios?
- ¿Cómo muestra la cita que Jesús hace de los Salmos que él no afirma que es igual a Dios?

82

Jesús se encamina de nuevo a Jerusalén

PRONTO Jesús está viajando de nuevo, enseñando de ciudad en ciudad y de aldea en aldea. Parece que está en el distrito de Perea, al otro lado del río Jordán desde Judea. Pero va encaminado hacia Jerusalén.

Puede que sea la filosofía judía de que solo un número limitado de personas merece la salvación lo que hace que un hombre pregunte: "Señor, ¿son pocos los que se salvan?". La respuesta de Jesús obliga a la gente a reflexionar en lo que se requiere para la salvación: "Esfuércense vigorosamente [es decir, luchen, o agonicen] por entrar por la puerta angosta".

Ese esfuerzo vigoroso es urgente "porque muchos —pasa a decir Jesús— tratarán de entrar, pero no podrán". ¿Por qué no podrán? Él explica que 'una vez que el amo de casa se haya levantado y haya asegurado la puerta con cerradura y la gente comience a quedar de pie afuera y a tocar, diciendo: "Señor, ábrenos", él les dirá: "No sé de dónde son. ¡Apártense de mí, todos ustedes los obradores de lo injusto!"'.

Parece que los que quedan afuera solo vienen a la hora que les parece conveniente. Pero para entonces se ha puesto la cerradura a la puerta de la oportunidad. Para entrar, debieron haber venido antes, aunque quizás les pareciera inconveniente hacer aquello. Sí, ¡les espera un triste resultado a los que se dilatan en hacer de la adoración de Jehová su propósito principal en la vida!

La mayoría de los judíos a quienes se envía a Jesús a ministrar no han aprovechado su maravillosa oportunidad de aceptar la provisión de Dios que los salvaría. Por eso Jesús dice que llorarán y entre ellos habrá un crujir de dientes cuando se les eche fuera. Por otra parte, gente de "partes orientales y occidentales, y del norte y del sur", sí, de todas las naciones, "se reclinarán a la mesa en el reino de Dios".

Jesús pasa a decir: "Hay aquellos últimos [gente no judía despreciada, así como judíos oprimidos] que serán primeros, y hay aquellos primeros [los judíos favorecidos material y religiosamente] que serán últimos". El que sean últimos significa que de ninguna manera estarán en el Reino de Dios aquellos perezosos e ingratos.

Ahora unos fariseos vienen a Jesús y le dicen: "Sal y vete de aquí, porque Herodes [Antipas] quiere matarte". Puede que Herodes mismo haya dado comienzo a este rumor para que Jesús huya de aquel territorio. Herodes quizás tema implicarse en la muerte de otro profeta de Dios después de haber tenido que ver con la muerte de Juan el Bautizante. Pero Jesús dice a los fariseos: "Vayan y digan a esa zorra: '¡Mira! Echo fuera demonios y llevo a cabo curaciones hoy y mañana, y al tercer día terminaré'".

Después de terminar su obra allí, Jesús sigue su viaje hacia Jerusalén, porque, como explica, "no es admisible que un profeta sea destruido fuera de Jerusalén". ¿Por qué debería esperarse que se diera muerte a Jesús en Jerusalén? Porque Jerusalén es la ciudad capital, donde está el tribunal superior de 71 miembros del Sanedrín, y donde se ofrecen como sacrificios animales. Por lo tanto, sería inadmisible que al "Cordero de Dios" se le diera muerte en un lugar que no fuera Jerusalén.

Jesús se lamenta: "Jerusalén, Jerusalén, la que mata

a los profetas y apedrea a los que son enviados a ella... ¡cuántas veces quise reunir a tus hijos de la manera como la gallina reúne su pollada debajo de las alas, pero ustedes no lo quisieron! ¡Miren! Su casa se les deja abandonada a ustedes". Por rechazar al Hijo de Dios, ¡la nación está bajo condena!

Mientras Jesús sigue su viaje hacia Jerusalén, un gobernante de los fariseos lo invita a su casa. Es sábado, y la gente observa detenidamente a Jesús, pues allí está un hombre que sufre de hidropesía, una acumulación de agua quizás en los brazos y las piernas. Jesús habla a los fariseos y a los peritos en la Ley presentes y pregunta: "¿Es lícito curar en sábado, o no?".

Nadie dice nada. Por eso Jesús sana al hombre y lo despacha. Entonces pregunta: "¿Quién de ustedes, si su hijo o su toro cae en un pozo, no lo saca inmediatamente en día de sábado?". De nuevo, nadie le contesta nada. **(Lucas 13:22–14:6; Juan 1:29.)**

- Según lo muestra Jesús, ¿qué se requiere para la salvación, y por qué quedan fuera muchos?
- ¿Quiénes son los "últimos" que son primeros, y los "primeros" que son últimos?
- ¿Por qué, probablemente, se dijo que Herodes quería matar a Jesús?
- ¿Por qué no es admisible que se destruya a un profeta fuera de Jerusalén?

83

En casa de un fariseo

JESÚS todavía está en el hogar de un fariseo prominente y acaba de sanar a un hombre que padecía de hidropesía. Ahora, mientras observa a los demás convidados escoger los lugares prominentes a la mesa, enseña una lección de humildad.

"Cuando alguien te invita a un banquete de bodas —explica entonces Jesús—, no te recuestes en el lugar más prominente. Puede que alguien más distinguido que tú haya sido invitado por él en ese tiempo, y que venga el que los invitó a ti y a él y te diga: 'Deja que este tenga el lugar'. Y entonces tendrás que irte con vergüenza a ocupar el lugar más bajo."

Por eso Jesús aconseja: "Cuando se te invita, ve y reclínate en el lugar más bajo, para que cuando venga el que te haya invitado te diga: 'Amigo, sube más arriba'. Entonces tendrás honra delante de todos los demás convidados contigo". Para concluir, Jesus dice: *"Porque todo el que se ensalza será humillado, y el que se humilla será ensalzado".*

Entonces Jesús habla al fariseo que lo ha invitado y describe cómo dar una comida que tenga verdadero mérito ante Dios. "Cuando des una comida o una cena, no llames a tus amigos, ni a tus hermanos, ni a tus parientes, ni a los vecinos ricos. Quizás alguna vez ellos también te inviten a ti en cambio, y esto llegue a ser tu pago correspondiente. Pero cuando des un banquete, invita a los pobres, a los lisiados, a los cojos, a los ciegos; y serás feliz, porque ellos no tienen con qué pagártelo."

El dar tal comida para los desafortunados hará feliz al que la da, porque, como explica Jesús a su anfitrión: "Se te pagará en la resurrección de los justos". La descripción que da Jesús de esta meritoria comida hace que un convidado recuerde otra clase de comida. "Feliz es el que coma pan en el reino de Dios", dice este invitado. Sin embargo, no todos aprecian debidamente esa feliz perspectiva, como pasa a mostrar Jesús por una ilustración.

"Cierto hombre daba una gran cena, e invitó a muchos. Y [...] envió a su esclavo a decir a los invitados: 'Vengan, porque las cosas ya están listas'. Pero todos a una comenzaron a rogar que se les excusara. El primero le dijo: 'Compré un campo y tengo que salir a verlo; te pido: Excúsame'. Y otro dijo: 'Compré cinco yuntas de bueyes y voy a examinarlas; te pido: Excúsame'. Uno más dijo: 'Acabo de casarme con una esposa, y por eso no puedo ir'."

¡Qué pobres aquellas excusas! Lo normal es examinar un campo o el ganado antes de comprarlo; por eso, en verdad no es urgente verlos después. El casamiento de alguien tampoco debería impedirle aceptar una invitación tan importante. Por eso, al enterarse de estas excusas, el amo se encoleriza y da este mandato a su esclavo:

"'Sal pronto a los caminos anchos y a las callejuelas de la ciudad, y trae acá a los pobres y a los lisiados y a los ciegos y a los cojos.' Andando el tiempo, el esclavo dijo: 'Amo, se ha hecho lo que ordenaste, y todavía hay lugar'. Y el amo dijo al esclavo: 'Sal a los caminos y a los lugares cercados, y oblígalos a entrar, para que se llene mi casa. [...] Ninguno de aquellos varones que fueron invitados gustará mi cena'".

¿Qué situación se ilustra así? Pues bien, "el amo" que da la comida representa a Jehová Dios; "el esclavo" que extiende la invitación, a Jesucristo; y la "gran cena" representa las oportunidades de poder entrar en el Reino de los cielos.

Los primeros a quienes se invitó a estar entre los que pueden entrar en el Reino fueron, sobre todos los demás, los líderes religiosos judíos de los días de Jesús. Pero ellos rechazaron la invitación. Por eso, comenzando particularmente en el Pentecostés de 33 E.C., se extendió una invitación, la segunda, a las personas despreciadas y humildes de la nación judía. Pero no hubo suficiente respuesta como para llenar los 144.000 lugares del Reino celestial de Dios. Por eso, en 36 E.C., tres años y medio más tarde, la invitación tercera y final se extendió a los no judíos incircuncisos, y su recogimiento ha continuado hasta nuestros tiempos. **(Lucas 14:1-24.)**

- ¿Qué lección sobre humildad enseña Jesús?
- ¿Cómo puede un anfitrión dar una comida que tenga mérito ante Dios, y por qué redundará esto en su felicidad?
- ¿Por qué son pobres las excusas de los convidados?
- ¿Qué representa la ilustración de Jesús sobre la "gran cena"?

84

La responsabilidad del discípulo

DESPUÉS de salir de la casa de un fariseo prominente, probablemente un miembro del Sanedrín, Jesús sigue hacia Jerusalén. Le siguen grandes muchedumbres. Pero ¿con qué motivo? ¿Qué implica, en realidad, el ser verdadero seguidor de él?

Mientras viajan, Jesús se vuelve hacia las muchedumbres y les dice algo que quizás las sacude: "Si alguien viene a mí y no odia a su padre y madre y esposa e hijos y hermanos y hermanas, sí, y hasta su propia alma, no puede ser mi discípulo".

¿Qué quiere decir Jesús? Con esas palabras Jesús no dice que sus seguidores deben odiar literalmente a sus parientes. Más bien, deben odiarlos en el sentido de amarlos menos de lo que lo aman a él. Se dice que Jacob, un antepasado de Jesús, 'odió' a Lea y amó a Raquel, lo que quiso decir que amó menos a Lea que a su hermana Raquel.

Considere, también, que Jesús dijo que el discípulo debería odiar "hasta su propia alma", o su vida. De nuevo, lo que Jesús quiere decir es que el verdadero discípulo debe amarlo a él más de lo que ama su propia vida. Así Jesús recalca que el hacerse discípulo de él encierra una responsabilidad seria. No debe emprenderse sin reflexión cuidadosa.

El ser discípulo de Jesús envuelve penalidades y persecución, como él pasa a indicar: "El que no lleva su madero de tormento y viene en pos de mí no puede ser mi discípulo". Por eso el verdadero discípulo debe estar presto a llevar la misma carga de oprobio que Jesús llevó, y esto pudiera incluir, si se hiciera necesario, la muerte a manos de los enemigos de Dios, lo que pronto va a experimentar Jesús.

Por lo tanto, el ser discípulo de Cristo es un asunto que las muchedumbres que lo siguen tienen que analizar muy cuidadosamente. Jesús subraya esto por una ilustración. "Por ejemplo —dice—, ¿quién de ustedes que quiere edificar una torre no se sienta primero y calcula los gastos, a ver si tiene lo suficiente para completarla? De otra manera, pudiera poner el fundamento, pero no poder terminarla, y todos los que miraran pudieran comenzar a burlarse de él, diciendo: 'Este hombre comenzó a edificar, pero no pudo terminar'."

Así, lo que Jesús les ilustra a las muchedumbres que lo siguen es que, antes de hacerse Sus discípulos, deben resolverse firmemente a cumplir con lo que está implicado, tal como, antes de construir una torre, el interesado en construirla se asegura de tener los medios que le permitirán terminarla. Jesús da ahora otra ilustración:

"¿O qué rey, al marchar al encuentro de otro rey en guerra, no se sienta primero y delibera si puede con diez mil soldados hacer frente al que viene contra él con veinte mil? En realidad, si no puede hacerlo, entonces, mientras aquel todavía está lejos él envía un cuerpo de embajadores y pide paz".

Jesús entonces recalca el punto de sus ilustraciones: "Por consiguiente, puedes estar seguro: ninguno de ustedes que no se despida de todos sus bienes puede ser mi discípulo". Eso es lo que deben estar dispuestas a hacer las muchedumbres que le siguen y, sí, toda otra persona que oye acerca de Cristo. Tienen que estar prestas a sacrificar cuanto tienen —todas sus pertenencias, hasta la vida misma— para ser Sus discípulos. ¿Está usted dispuesto a hacer eso?

"La sal, de seguro, es excelente", pasa a decir Jesús. En su Sermón del Monte había dicho que sus discípulos eran "la sal de la tierra", lo que quiere decir que ejercen una influencia conservativa en la gente, tal como la sal literal conserva. "Pero si hasta la sal pierde su fuerza, ¿con qué será sazonada? Ni para la tierra, ni para el estiércol es apropiada —concluye Jesús—. La echan fuera. El que tiene oídos para escuchar, escuche."

De modo que Jesús muestra que hasta los que han sido sus discípulos por algún tiempo deben mantenerse firmes en su resolución de continuar. Si se debilitan, se hacen inútiles, objeto de burla para este mundo e inservibles ante Dios; de hecho, se hacen un vituperio para Dios. Por eso, como sal sin fuerza, contaminada, serán echados fuera, sí, destruidos. (Lucas 14:25-35; Génesis 29:30-33; Mateo 5:13.)

■ ¿Qué significa 'odiar' uno a sus parientes y odiarse a sí mismo?

■ ¿Qué dos ilustraciones da Jesús, y qué significan?

■ ¿Qué lección contienen los comentarios finales de Jesús acerca de la sal?

En busca de los perdidos

EL DESEO intenso de Jesús es buscar y hallar a los que quieren servir humildemente a Dios. Por eso busca y habla a todos acerca del Reino, incluso a pecadores reconocidos. Personas de ese tipo se acercan ahora para escucharle.

Al ver esto, los fariseos y los escribas critican a Jesús por tener como compañía a personas a quienes ellos consideran indignas. Murmuran: "Este hombre recibe con gusto a pecadores, y come con ellos". ¡Les parece tan despreciable eso! Para los fariseos y los escribas, la gente común es como el polvo que pisan. De hecho, usan la expresión hebrea *'am ha·'á·rets,* "gente de la tierra", para mostrar cuánto desdeñan a esas personas.

Por otra parte, Jesús trata a todos con dignidad, bondad y compasión. Como resultado de esto, muchas de estas personas humildes, entre ellas algunas a quienes se reconoce como practicantes del mal, desean escucharle. Pero ¿qué se puede decir de la crítica que los fariseos lanzan contra Jesús por tratar de ayudar a los que ellos consideran indignos?

Jesús les contesta mediante una ilustración. Habla desde el mismo punto de vista de los fariseos, como si ellos fueran justos y estuvieran seguros en el aprisco de Dios, mientras que los despreciables *'am ha·'á·rets* se han extraviado y están perdidos. Escuche la pregunta de Jesús:

"¿Qué hombre de ustedes que tiene cien ovejas, al perder una de ellas, no deja las noventa y nueve atrás en el desierto y va en busca de la perdida hasta que la halla? Y cuando la ha hallado, la pone sobre sus hombros y se regocija. Y cuando llega a casa convoca a sus amigos y a sus vecinos, y les dice: 'Regocíjense conmigo, porque he hallado mi oveja que estaba perdida'".

Entonces Jesús aplica su relato con esta explicación: "Les digo que así habrá más gozo en el cielo por un pecador que se arrepiente que por noventa y nueve justos que no tienen necesidad de arrepentimiento".

Los fariseos se consideran justos, y por eso creen que no tienen que arrepentirse. Dos años antes, cuando algunos de ellos habían criticado a Jesús por comer con recaudadores de impuestos y pecadores, él les había dicho: "No vine a llamar a justos, sino a pecadores". Los fariseos pagados de su propia justicia, que no ven la necesidad de arrepentirse, no causan ningún gozo en el cielo. Pero los pecadores que de veras se arrepienten sí lo causan.

Para recalcar que el restablecimiento de los pecadores perdidos causa gran regocijo, Jesús da otra ilustración. Dice: "¿Qué mujer que tiene diez monedas de dracma, si pierde una moneda de dracma, no enciende una lámpara y barre su casa y busca cuidadosamente hasta que la halla? Y cuando la ha hallado, convoca a sus amigas y vecinas, y dice: 'Regocíjense conmigo, porque he hallado la moneda de dracma que perdí'".

Jesús entonces da una aplicación similar a la anterior. Pasa a decir: "Así, les digo, surge gozo entre los ángeles de Dios por un pecador que se arrepiente".

¡Cuán notable es este interés amoroso de los ángeles de Dios en el restablecimiento de los pecadores perdidos! Esto es especialmente cierto cuando consideramos que a los humildes y despreciados *'am ha·'á·rets* con el tiempo se les cuenta entre los que tienen la oportunidad de ser miembros del Reino celestial de Dios. Como resultado, ¡logran en los cielos una posición más alta que la de los ángeles mismos! Pero los ángeles, en vez de sentir envidia y considerarse despreciados, humildemente com-

prenden que estos humanos pecaminosos se han enfrentado con éxito a situaciones de la vida que los equiparán para servir, en el cielo, como reyes y sacerdotes comprensivos y misericordiosos. **(Lucas 15:1-10; Mateo 9:13; 1 Corintios 6:2, 3; Revelación 20:6.)**

■ ¿Por qué se asocia Jesús con pecadores reconocidos, y qué crítica se atrae de los fariseos?

■ ¿Cómo ven los fariseos a la gente común?

■ ¿Qué ilustraciones usa Jesús, y qué podemos aprender de ellas?

■ ¿Por qué es notable el regocijo de los ángeles?

86 El relato de un hijo perdido

DESPUÉS de dar ilustraciones a los fariseos acerca del recobro de una oveja perdida y de una moneda de dracma perdida, Jesús pasa a dar otra ilustración. Esta es acerca de un padre amoroso y cómo trata con sus dos hijos, cada uno de los cuales tiene faltas serias.

Primero está el hijo menor, el personaje principal de la ilustración. Él pide su herencia, y su padre, sin vacilar, se la da. Entonces el joven se va de su hogar y se entrega a un estilo de vida muy inmoral. Pero escuche mientras Jesús cuenta lo que sucede, y vea si puede determinar a quiénes representan los personajes.

"Cierto hombre tenía dos hijos —empieza Jesús—. Y el más joven de ellos dijo a su padre: 'Padre, dame la parte que me corresponde de la hacienda'. Entonces [el padre] les dividió su medio de vivir." ¿Qué hace el hijo menor con lo que recibe?

"Más tarde —explica Jesús—, no muchos días después, el hijo más joven recogió todas las cosas y viajó al extranjero a un país distante, y allí malgastó su hacienda viviendo una vida disoluta." La realidad es que gasta su dinero viviendo

con rameras. Después este joven afronta tiempos difíciles, como Jesús pasa a relatar:

"Cuando lo hubo gastado todo, ocurrió un hambre severa por todo aquel país, y él comenzó a padecer necesidad. Hasta fue y se acogió a uno de los ciudadanos de aquel país, y este lo envió a sus campos a guardar cerdos. Y deseaba saciarse de las algarrobas que comían los cerdos, y nadie le daba nada".

¡Qué degradante el tener que atender cerdos, pues aquellos animales eran inmundos según la Ley! Pero lo más doloroso para el hijo fue el hambre atormentadora que hasta le hizo desear el alimento que se daba a los cerdos. Aquella terrible calamidad le hizo 'recobrar el juicio', como dijo Jesús.

Jesús sigue su narración así: "[Se] dijo: '¡Cuántos asalariados de mi padre tienen pan en abundancia, mientras yo aquí perezco de hambre! Me levantaré y haré el viaje a donde mi padre, y le diré: "Padre, he pecado contra el cielo y contra ti. Ya no soy digno de ser llamado hijo tuyo. Hazme como uno de tus asalariados"'. De modo que se levantó y fue a donde su padre".

Aquí hay algo en lo cual meditar: Si el padre se hubiera encolerizado con el hijo y le hubiera gritado enfurecido cuando este salió del hogar, es probable que el hijo no hubiera estado tan resuelto en cuanto a qué hacer. Pudiera haber decidido regresar a su país y tratar de hallar trabajo en otro lugar para no tener que enfrentarse con su padre. Sin embargo, no pensó así. ¡Quería estar en su hogar!

Está claro que el padre de la ilustración de Jesús representa a nuestro amoroso y misericordioso Padre celestial, Jehová Dios. Y usted quizás se dé cuenta también de que el hijo perdido, el hijo pródigo, representa a los pecadores reconocidos. Los fari-

seos, a quienes Jesús habla, han criticado antes a Jesús por comer con estas mismas personas. Pero ¿a quiénes representa el hijo mayor?

Se halla al hijo perdido

Cuando el hijo perdido, el hijo pródigo de la ilustración de Jesús, vuelve a la casa de su padre, ¿qué clase de recepción se le da? Escuche la descripción que Jesús da de esto:

"Mientras él estaba todavía lejos, su padre alcanzó a verlo, y se enterneció, y corrió y se le echó sobre el cuello y lo besó tiernamente". ¡Qué misericordioso y afectuoso padre, tan buena representación de nuestro Padre celestial, Jehová!

Quizás el padre había oído acerca de la vida disoluta de su hijo. Sin embargo, lo acoge en el hogar sin esperar una explicación detallada. Jesús también tiene un espíritu acogedor como ese, pues inicia el acercarse a pecadores y recaudadores de impuestos, representados en la ilustración por el hijo pródigo.

Sin duda el padre discernidor de la ilustración de Jesús se forma alguna idea de que su hijo se ha arrepentido cuando, al regreso de este, nota su semblante triste y abatido. Pero la iniciativa amorosa del padre le facilita al hijo confesar sus pecados, como relata Jesús: "Entonces el hijo le dijo: 'Padre, he pecado contra el cielo y contra ti. Ya no soy digno de ser llamado hijo tuyo. Hazme como uno de tus asalariados'".

Sin embargo, apenas acaba de expresarse el hijo cuando el padre actúa, y ordena a sus esclavos: "¡Pronto!, saquen una ropa larga, la mejor, y vístanlo con ella, y pónganle un anillo en la mano y sandalias en los pies. Y traigan el torillo cebado, degüéllenlo, y comamos y gocemos, porque este hijo mío estaba muerto y volvió a vivir; estaba perdido y fue hallado". Entonces empiezan "a gozar".

Mientras tanto, 'el hijo mayor del padre estaba en el campo'. Vea si usted puede percibir a quiénes representa este al escuchar el resto de la narración. Jesús dice lo siguiente sobre el hijo mayor: "A medida que venía y se acercaba a la casa oyó un concierto de música y danzas. De modo que llamó a sí a uno de los sirvientes e inquirió qué significaban estas cosas. Él le dijo: 'Tu hermano ha venido, y tu padre degolló el torillo cebado, porque lo recobró en buena salud'. Pero él se airó, y no quiso entrar. Entonces su padre salió y se

puso a suplicarle. En respuesta, él dijo a su padre: 'Hace ya tantos años que he trabajado para ti como un esclavo, y ni una sola vez transgredí tu mandamiento, y, no obstante, a mí ni una sola vez me diste un cabrito para que gozara con mis amigos. Pero tan pronto como llegó este hijo tuyo que se comió tu medio de vivir con las rameras, le degollaste el torillo cebado'".

¿Quiénes, como el hijo mayor, han criticado la misericordia y la atención que se han dado a los pecadores? ¿No son los escribas y los fariseos? Puesto que Jesús da esta ilustración debido a que ellos lo critican porque recibe con gusto a pecadores, está claro que es a ellos a quienes representa el hijo mayor.

Jesús concluye su narración con esta súplica del padre a su hijo mayor: "Hijo, tú siempre has estado conmigo, y todas las cosas que son mías son tuyas; pero simplemente teníamos que gozar y tener regocijo, porque este hermano tuyo estaba muerto y llegó a vivir, y estaba perdido y fue hallado".

Así, Jesús deja sin indicar lo que el hijo mayor hace al fin. En verdad, después, tras la muerte y resurrección de Jesús, "una gran muchedumbre de sacerdotes empezó a ser obediente a la fe", y quizás entre ellos estuvieron algunos de la clase del "hijo mayor" a quienes Jesús aquí habla.

Pero, en nuestros tiempos, ¿a quiénes representan los dos hijos? Tiene que ser a los que han adquirido suficiente conocimiento de los propósitos de Jehová como para tener una base para entrar en una relación con él. El hijo mayor representa a algunos miembros del "rebaño pequeño" o "la congregación de los primogénitos que han sido matriculados en los cielos". Estos adoptaron una actitud similar a la del hijo mayor. No querían dar acogida a una clase terrestre, la de las "otras ovejas", pues pensaban que estas personas les quitaban prominencia.

Por otra parte, el hijo pródigo representa a los del pueblo de Dios que se alejan para disfrutar de los placeres que el mundo ofrece. No obstante, con el tiempo regresan arrepentidos y de nuevo llegan a ser siervos activos de Dios. Sí, ¡cuán amoroso y misericordioso es el Padre con los que reconocen que necesitan perdón y regresan a él! (Lucas 15:11-32; Levítico 11:7, 8; Hechos 6:7; Lucas 12:32; Hebreos 12:23; Juan 10:16.)

- ¿A quiénes da Jesús esta ilustración o relato, y por qué?

- ¿Quién es el personaje principal de la narración, y qué le sucede?

- ¿A quiénes de los días de Jesús representan el padre y el hijo menor?

- ¿Cómo imita Jesús el ejemplo del padre compasivo de su ilustración?

- ¿Cómo ve el hijo mayor la bienvenida que se da a su hermano, y cómo se comportan como el hijo mayor los fariseos?

- ¿Qué aplicación tiene la ilustración de Jesús en nuestros días?

Provea para el futuro con sabiduría práctica

87

JESÚS acaba de dar su ilustración del hijo pródigo a una muchedumbre entre la cual están sus discípulos, recaudadores de impuestos poco honrados y otros pecadores reconocidos, y escribas y fariseos. Ahora habla a sus discípulos y da la ilustración de un rico que ha oído un mal informe sobre el administrador o mayordomo de su casa.

Según Jesús, el rico llama a su mayordomo y le dice que lo va a despedir. El mayordomo se pregunta: "¿Qué he de hacer, ya que mi amo va a quitarme la mayordomía?". Y dice: "No tengo las fuerzas para cavar, me da vergüenza mendigar. ¡Ah!, sé lo que haré, para que, cuando sea depuesto de la mayordomía, haya quienes me reciban en sus hogares".

¿Qué plan tiene el mayordomo? Él llama a los que están endeudados con su amo. "¿Cuánto debes a mi amo?", pregunta.

El primero contesta: '2.200 litros [580 galones] de aceite de oliva'.

'Toma tu acuerdo escrito y siéntate y escribe pronto 1.100 litros [290 galones]', le dice el mayordomo.

Le pregunta a otro: 'Y tú, ¿cuánto debes?'.

Dice él: '22.000 litros [630 fanegas] de trigo'.

'Toma tu acuerdo escrito y escribe 18.000 litros [504 fanegas].'

El mayordomo tiene derecho a reducir las cuentas que se le deben a su amo, pues todavía está a cargo de los asuntos financieros de este. Al reducir las cantidades, está granjeándose la amistad de los que pueden pagarle con favores cuando de hecho pierda el empleo.

Cuando el amo oye lo que ha sucedido, aquello le impresiona. De hecho, "alabó al mayordomo, aunque era injusto, porque obró con *sabiduría práctica*". Sí, añade Jesús: "Los hijos de este sistema de cosas, en su trato con los de su propia generación, son más sabios, de manera práctica, que los hijos de la luz".

Ahora, sacando de lo dicho la lección para sus discípulos, Jesús exhorta: "Háganse amigos por medio de las riquezas injustas, para que, cuando las tales fallen, se los reciba en los lugares de habitación eternos".

Jesús no alaba al mayordomo por su injusticia, sino por su sabiduría previsora, *sabiduría práctica*. Con frecuencia "los hijos de este sistema de cosas" usan con astucia su dinero o puesto para cultivar la amistad de los que pueden devolverles favores. Por eso los siervos de Dios, "los hijos de la luz", también deben usar sus haberes materiales, sus "riquezas injustas", de manera sabia que les redunde en beneficio.

Pero, como dice Jesús, mediante estas riquezas deben ganarse la amistad de los que pueden recibirlos "en los lugares de habitación eternos". Para miembros del rebaño pequeño, estos lugares están en el cielo; para las "otras ovejas", están en la Tierra paradisíaca. Puesto que solamente Jehová Dios y su Hijo pueden recibir a las personas en estos lugares, debemos con diligencia cultivar la amistad de ellos mediante usar cualesquiera "riquezas injustas" que tengamos en apoyo de los intereses del Reino. Entonces, cuando las riquezas materiales fallen o perezcan, como sin duda sucederá, nos habremos asegurado nuestro futuro eterno.

Jesús pasa a decir que las personas que son fieles al atender aun estas cosas materiales, o menores, también serán fieles al atender asuntos de mayor importancia. "Por lo tanto —continuó—, si ustedes no han demostrado ser fieles en lo que tiene que ver con las riquezas injustas, ¿quién les encomendará lo que es verdadero [es decir, los intereses espirituales o del Reino]? Y si no han demostrado ser fieles en lo que tiene que ver con lo ajeno [los intereses del Reino que Dios encarga a sus siervos], ¿quién les dará lo que es para ustedes mismos [la recompensa de vida eterna en los lugares de habitación eternos]?"

Sencillamente no podemos ser verdaderos siervos de Dios y a la misma vez estar esclavizados a las riquezas injustas, las riquezas materiales, como concluye Jesús: "Ningún sirviente de casa puede ser esclavo de dos amos; porque, u odiará al uno y amará al otro, o se adherirá al uno y despreciará al otro. No pueden ser esclavos de Dios y de las Riquezas". **(Lucas 15:1, 2; 16:1-13; Juan 10:16.)**

■ ¿Cómo se granjea la amistad de los que después le pueden ayudar el mayordomo de la ilustración de Jesús?

■ ¿Qué son las "riquezas injustas", y cómo podemos ganarnos amigos mediante ellas?

■ ¿Quiénes pueden recibirnos "en los lugares de habitación eternos", y qué lugares son estos?

88

El rico y Lázaro

JESÚS ha estado hablando a sus discípulos sobre el uso apropiado de las riquezas materiales, y ha explicado que no podemos ser esclavos de estas y a la misma vez ser esclavos de Dios. Los fariseos también están oyendo, y empiezan a hacer gestos de desprecio a Jesús porque aman el dinero. Por eso él les dice: "Ustedes son aquellos que se declaran a sí mismos justos delante de los hombres, pero Dios conoce sus corazones; porque lo que entre los hombres es encumbrado, cosa repugnante es a la vista de Dios".

Ha llegado el tiempo para que cambie la situación de las personas que son ricas en bienes mundanos, poder político y control e influencia religiosos. Van a ser rebajadas. Sin embargo, las personas que reconocen su necesidad espiritual van a ser ensalzadas. Jesús señala a este cambio cuando pasa a decir a los fariseos:

"La Ley y los Profetas eran hasta Juan [el Bautizante]. Desde entonces se declara el reino de Dios como buenas nuevas, y toda clase de persona se adelanta con ardor hacia él. En realidad, más fácil es que pasen el cielo y la tierra que el que quede sin cumplirse una pizca de una letra de la Ley".

Los escribas y los fariseos se enorgullecen de su alegada adherencia a la Ley de Moisés. Recuerde que cuando Jesús le dio la vista milagrosamente a cierto hombre de Jerusalén, se jactaron: "Somos discípulos de Moisés. Nosotros sabemos que Dios ha hablado a Moisés". Pero ahora la Ley de Moisés ha cumplido su propósito de conducir a los humildes a Jesucristo, el Rey designado por Dios. Por eso, desde el principio del

ministerio de Juan personas de toda clase, especialmente personas humildes y pobres, se esfuerzan por llegar a ser súbditos del Reino de Dios.

Puesto que ahora se está cumpliendo la Ley mosaica, la obligación de observarla será quitada. La Ley permite el divorcio por varias razones, pero Jesús ahora dice: "Todo el que se divorcia de su esposa y se casa con otra comete adulterio, y el que se casa con una mujer divorciada de un esposo comete adulterio". ¡Cómo tienen que irritar a los fariseos declaraciones formales como esa, especialmente cuando ellos permiten el divorcio por muchas razones!

Todavía hablando a los fariseos, Jesús da una ilustración acerca de dos hombres cuya condición o situación cambia radicalmente con el tiempo. ¿Puede usted determinar a quiénes representan los hombres, y lo que significa su cambio de situación?

"Pero cierto hombre era rico —explica Jesús—, y se

ataviaba de púrpura y lino, y gozaba de día en día con magnificencia. Pero a su puerta solían colocar a cierto mendigo, de nombre Lázaro, lleno de úlceras y deseoso de saciarse de las cosas que caían de la mesa del rico. Sí; además, los perros venían y le lamían las úlceras."

Jesús aquí representa mediante el rico a los líderes religiosos judíos, lo cual incluiría no solo a los fariseos y a los escribas, sino también a los saduceos y a los sacerdotes principales. Estos son ricos en privilegios y oportunidades espirituales, y se comportan como el rico de la ilustración. El que estén vestidos de púrpura real representa su posición favorecida, y el lino blanco es ilustración de que se consideran a sí mismos justos.

Esta orgullosa clase del rico desprecia por completo a la gente pobre y común, y la llama *'am ha-'á·rets,* o gente de la tierra. Por eso, el mendigo Lázaro representa a estas personas a quienes los líderes religiosos niegan el alimento espiritual y los privilegios espirituales apropiados. Así, como se desprecia al Lázaro cubierto de úlceras, se ve a la gente común con desprecio, como enfermos espirituales que solo merecen asociarse con perros. Sin embargo, los de la clase representada por Lázaro están hambrientos y sedientos de alimentación

espiritual, y por eso están a la puerta, procurando recibir cualesquiera míseras porciones de alimento espiritual que caigan de la mesa del rico.

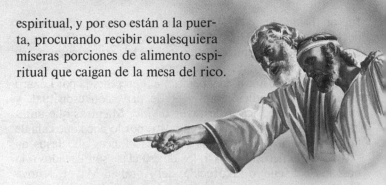

Jesús ahora pasa a describir cambios en la condición del hombre rico y la de Lázaro. ¿Cuáles son estos cambios, y qué representan?

El rico y Lázaro experimentan un cambio

El rico representa a los líderes religiosos a quienes se ha favorecido con privilegios y oportunidades espirituales, y Lázaro representa a la gente común que está hambrienta de alimentación espiritual. Jesús continúa su narración y describe un cambio dramático en las circunstancias de estos hombres.

"Pues bien, con el pasar del tiempo —dice Jesús— el mendigo murió, y fue llevado por los ángeles a la posición del seno de Abrahán. También, el rico murió y fue sepultado. Y en el Hades él alzó los ojos, mientras existía en tormentos, y vio de lejos a Abrahán y a Lázaro en la posición del seno con él."

Puesto que el rico y Lázaro no son personas literales, sino que simbolizan a clases de personas, lógicamente la muerte de ellos es simbólica también. ¿Qué simboliza o representa su muerte?

Jesús acaba de indicar un cambio de circunstancias al decir que 'la Ley y los Profetas fueron hasta Juan el Bautizante, pero desde entonces se declara el reino de Dios'. Como se ve, con la predicación de Juan y Jesucristo tanto el rico como Lázaro mueren a sus circunstancias o condición de antes.

Los de la clase humilde y penitente representada por Lázaro mueren a su condición anterior de privación espiritual, y entran en una posición de favor divino. Mientras que antes habían acudido a los líderes religiosos por lo poco que caía de la mesa espiritual, ahora las verdades bíblicas que Jesús da satisfacen su necesidad. Así, los de esa clase son llevados a la posición del seno, o favorecida, del Abrahán Mayor, Jehová Dios.

Por otra parte, los que componen la clase del rico llegan a estar bajo el desagrado divino por negarse tenazmente a aceptar el mensaje del Reino que Jesús enseña. Así mueren a su posición anterior de favor aparente. De hecho, se dice que están en tormento figurativo. Ahora, oiga mientras el rico habla:

"Padre Abrahán, ten misericordia de mí y envía a Lázaro para que moje la punta de su dedo en agua y refresque mi lengua, porque estoy en angustia en este fuego llameante". Los mensajes ardientes de juicio proclamados por los discípulos de Jesús son lo que atormenta a los individuos de la clase del rico. Ellos desean que los discípulos cesen de declarar estos mensajes, porque eso les daría algún alivio de sus tormentos.

"Pero Abrahán dijo: 'Hijo, acuérdate de que recibiste de lleno tus cosas buenas en tu vida, pero Lázaro correspondientemente las cosas perjudiciales. Ahora, sin embargo, él tiene consuelo aquí, pero tú estás en angustia. Y además de todas estas cosas, se ha fijado una gran sima entre nosotros y ustedes, de modo que los que quieran pasar de aquí a ustedes no pueden, ni se puede cruzar de allá a nosotros'."

¡Cuán justo y apropiado el que haya ese claro cambio de condiciones entre la clase representada por Lázaro y la representada por el rico! El cambio de condiciones se efectúa pocos meses después, en el Pentecostés de 33 E.C., cuando el antiguo pacto de la Ley es reemplazado por el nuevo pacto. Entonces se hace evidente, sin lugar a dudas, que Dios favorece a los discípulos, no a los fariseos ni a otros líderes religiosos. Por lo tanto, la "gran sima" que separa al simbólico rico y los discípulos de Jesús representa el juicio inmutable y justo de Dios.

Después el rico solicita del "padre Abrahán": 'Envía a Lázaro a la casa de mi padre, porque tengo cinco hermanos'. Así el rico confiesa que tiene una relación más estrecha con otro padre, quien en realidad es Satanás el Diablo. El rico ruega que Lázaro modere los mensajes de juicio de Dios para que sus "cinco hermanos", sus aliados religiosos, no lleguen a estar "en este lugar de tormento".

"Pero Abrahán dijo: 'Tienen a Moisés y a los Profetas; que escuchen a estos'." Sí, para que los "cinco hermanos" escapen del tormento, todo lo que tienen que hacer es prestar atención a los escritos de Moisés y los Profetas que identifican a Jesús como el Mesías y entonces hacerse discípulos de él. Pero el rico presenta una objeción: "No, por cierto, padre Abrahán, pero si alguien va a ellos de entre los muertos se arrepentirán".

Sin embargo, se le dice: "Si no escuchan a Moisés y a los Profetas, tampoco se dejarán persuadir si alguien se levanta de entre los muertos". Dios no proveerá señales ni milagros especiales para convencer a la gente. La gente tiene que leer y aplicar las Escrituras si quiere obtener su favor. (Lucas 16:14-31; Juan 9:28, 29; Mateo 19:3-9; Gálatas 3:24; Colosenses 2:14; Juan 8:44.)

■ ¿Por qué tienen que ser simbólicas la muerte del rico y la muerte de Lázaro, y qué representa la muerte de ellos?

■ Con el principio del ministerio de Juan, ¿qué cambio tiene lugar, según indica Jesús?

■ ¿Qué ha de ser quitado después de la muerte de Jesús, y cómo afectará esto el asunto del divorcio?

■ En la ilustración de Jesús, ¿a quiénes representan el rico y Lázaro?

■ ¿Qué tormentos sufre el rico, y cómo pide que le sean aliviados?

■ ¿Qué representa la "gran sima"?

■ ¿Quién es el verdadero padre del rico, y quiénes son sus cinco hermanos?

89

Una misión de misericordia en Judea

UNAS semanas antes, durante la fiesta de la Dedicación en Jerusalén, los judíos habían tratado de matar a Jesús. Por eso él viajó hacia el norte, evidentemente a una zona no muy lejana del mar de Galilea.

Recientemente él ha estado viajando de nuevo hacia el sur, rumbo a Jerusalén, y, de camino, predica en las aldeas de Perea, un distrito al este del río Jordán. Después de dar la ilustración acerca del hombre rico y Lázaro, sigue enseñando a sus discípulos puntos que ya había enseñado mientras estaba en Galilea.

Dice, por ejemplo, que sería más ventajoso para alguien "que le suspendieran del cuello una piedra de molino y lo arrojaran al mar" que el que esa persona hiciera tropezar a uno de los "pequeños" de Dios. También recalca que es necesario perdonar, cuando explica: "Aun si siete veces al día [un hermano] peca contra ti y siete veces vuelve a ti, diciendo: 'Me arrepiento', tienes que perdonarlo".

Cuando los discípulos presentan la petición: "Danos más fe", Jesús contesta: "Si ustedes tuvieran fe del tamaño de un grano de mostaza, dirían a este moral: '¡Sé desarraigado y plantado en el mar!', y les obedecería". Sí, hasta un poco de fe puede lograr mucho.

Después, Jesús relata una situación realista que ilustra la actitud apropiada de un siervo del Dios Todopoderoso. "¿Quién hay de ustedes que tenga un esclavo arando, o cuidando el rebaño —dice Jesús—, que diga a este cuando vuelva del campo: 'Ven acá en seguida y reclínate a la mesa'? Por el contrario, ¿no le dirá: 'Prepárame algo para que cene, y ponte un delantal y sírveme hasta que yo haya acabado de comer y beber, y después tú puedes comer y beber'? Él no se sentirá agradecido al esclavo porque este haya hecho las cosas asignadas, ¿verdad? Así también ustedes, cuando hayan hecho todas las cosas que se les hayan asignado, digan: 'Somos esclavos que no servimos para nada. Lo que hemos hecho es lo que deberíamos haber hecho'." Así, los siervos de Dios nunca deben pensar que están haciéndole un favor a Dios al servirle. Más bien, siempre deben recordar el privilegio que tienen de adorarlo como miembros de su casa en quienes se confía.

Parece que poco después de dar Jesús esta ilustración llega un mensajero. Lo han enviado María y Marta, las hermanas de Lázaro, quienes viven en Betania de Judea. "Señor, ¡mira!, está enfermo aquel a quien le tienes cariño", dice el mensajero.

Jesús contesta: "Esta enfermedad no tiene la muerte como su objeto, sino

que es para la gloria de Dios, a fin de que el Hijo de Dios sea glorificado mediante ella". Después de permanecer dos días donde se halla, Jesús dice a sus discípulos: "Vamos otra vez a Judea". Sin embargo, ellos le recuerdan esto: "Rabí, hace poco procuraban apedrearte los de Judea, ¿y vas allá otra vez?".

"Hay doce horas de luz del día, ¿no es verdad?", pregunta Jesús al responder. "Si alguien anda en la luz del día no choca contra nada, porque ve la luz de este mundo. Pero si alguien anda de noche, choca contra algo, porque la luz no está en él."

Parece que lo que Jesús quiere decir es que las "horas de luz del día" —o el plazo que Dios ha designado para el ministerio terrestre de Jesús— todavía no han pasado, y nadie puede hacerle daño hasta que pasen. Él tiene que aprovechar el poco tiempo de "luz del día" que le queda, porque después vendrá la "noche", cuando sus enemigos lo habrán matado.

Jesús añade: "Nuestro amigo Lázaro está descansando, pero yo me voy allá para despertarlo del sueño".

Los discípulos, obviamente pensando que Lázaro está reposando en su sueño y que eso es señal clara de que recobrará la salud, responden: "Señor, si está descansando, recobrará la salud".

Entonces Jesús les dice francamente: "Lázaro ha muerto, y me regocijo, por causa de ustedes, de que yo no haya estado allí, a fin de que ustedes crean. Pero vamos a él".

Tomás, quien se da cuenta de que Jesús se expone a la muerte en Judea, pero quiere darle apoyo, anima a sus condiscípulos: "Vamos nosotros también, para que muramos con él". Por eso, arriesgando la vida, los discípulos acompañan a Jesús en su viaje a Judea en una misión de misericordia. (Lucas 13:22; 17:1-10; Juan 10:22, 31, 40-42; 11:1-16.)

- ¿Dónde ha estado predicando Jesús últimamente?
- ¿Qué enseñanzas repite Jesús, y qué situación realista describe como ilustración de qué punto?
- ¿Qué noticias recibe Jesús, y qué quiere decir por "la luz del día" y la "noche"?
- ¿Qué quiere decir Tomás con: 'Vamos para que muramos con él'?

90

La esperanza de la resurrección

AL FIN Jesús llega a las cercanías de Betania, una aldea como a tres kilómetros (dos millas) de Jerusalén. Esto sucede pocos días después de la muerte y el entierro de Lázaro. María y Marta, las hermanas de Lázaro, todavía están de duelo por él, y muchas personas vienen a su hogar a consolarlas.

Mientras las hermanas están de duelo, alguien informa a Marta que Jesús se acerca. Ella entonces se apresura a ir a su encuentro, aparentemente sin decir nada a su hermana. Al llegar a donde está Jesús, Marta repite lo que ella y su hermana tienen que haber

dicho muchas veces durante los pasados cuatro días: "Si hubieras estado aquí mi hermano no habría muerto".

Sin embargo, Marta expresa esperanza cuando da a entender que Jesús todavía podría hacer algo por su hermano. "Sé que cuantas cosas pidas a Dios, Dios te las dará", dice.

"Tu hermano se levantará", promete Jesús.

Para Marta, Jesús está hablando de una resurrección terrestre futura, lo que también esperaban Abrahán y otros siervos de Dios. Por eso responde: "Yo sé que se levantará en la resurrección en el último día".

Sin embargo, Jesús da esperanza de alivio inmediato cuando responde: "Yo soy la resurrección y la vida". Le hace recordar a Marta que Dios le ha dado a él poder sobre la muerte, al decir: "El que ejerce fe en mí, aunque muera, llegará a vivir; y todo el que vive y ejerce fe en mí no morirá jamás".

Jesús no le está sugiriendo a Marta que los fieles que están vivos en ese tiempo no morirán jamás. No; lo que está indicando es que el ejercer fe en él puede llevar a vida eterna. De esa vida disfrutará la mayoría de la gente como resultado de ser resucitada en el último día. Pero otras personas fieles sobrevivirán al fin de este sistema de cosas en la Tierra, y para estas las palabras de Jesús serán verídicas en sentido muy literal. ¡Jamás tendrán que morir! Después de esta notable declaración, Jesús pregunta a Marta: "¿Crees tú esto?".

"Sí, Señor —contesta ella—; yo he creído que tú eres el Cristo, el Hijo de Dios, Aquel que viene al mundo."

Marta entonces se apresura a llamar a su hermana, y le dice en privado: "El Maestro está presente, y te llama". María sale inmediatamente de la casa. Cuando otros la ven salir, la siguen, pues creen que va a la tumba conmemorativa.

Al llegar a donde está Jesús, María cae a sus pies llorando. "Señor, si tú hubieras estado aquí, mi hermano no habría muerto", dice. Jesús se conmueve profundamente cuando ve que María y las muchedumbres que la siguen lloran. "¿Dónde lo han puesto?", pregunta.

"Señor, ven y ve", contestan.

Jesús también cede a las lágrimas, y los judíos dicen: "Mira, ¡cuánto cariño le tenía!".

Algunos recuerdan que pocos meses antes, al tiempo de la fiesta de los Tabernáculos, Jesús había sanado a un joven que había nacido ciego, y preguntan: "¿No pudiera este hombre, que abrió los ojos al ciego, haber impedido que este muriera?". (Juan 5:21; 6:40; 9:1-7; 11:17-37.)

- ¿Cuándo llega Jesús finalmente a las cercanías de Betania, y qué situación encuentra allí?
- ¿Qué base tiene Marta para creer en una resurrección?
- ¿Cómo afecta a Jesús la muerte de Lázaro?

91

La resurrección de Lázaro

AHORA Jesús y los que le acompañan llegan a la tumba conmemorativa de Lázaro. En realidad es una cueva con una piedra puesta en la entrada. "Quiten la piedra", dice Jesús.

Marta objeta, porque no entiende lo que Jesús se propone hacer. "Señor —dice—, ya debe oler mal, porque hace cuatro días."

Pero Jesús pregunta: "¿No te dije que si creías habrías de ver la gloria de Dios?".

De modo que quitan la piedra. Entonces Jesús levanta los ojos y ora: "Padre, te doy gracias porque me has oído. Cierto, yo sabía que siempre me oyes; pero a causa de la muchedumbre que está de pie en derredor hablé, a fin de que crean que tú me has enviado". Jesús ora públicamente para que la gente sepa que lo que va a hacer se logrará mediante el poder recibido de Dios. Entonces clama con voz fuerte: "¡Lázaro, sal!".

Entonces Lázaro sale. Sus manos y pies todavía están atados con envolturas de entierro, y tiene el rostro cubierto con un paño. "Desátenlo y déjenlo ir", dice Jesús.

Al ver el milagro, muchos de los judíos que habían venido a consolar a María y Marta ponen fe en Jesús. Sin embargo, otros se van a informar a los fariseos lo que ha sucedido. Estos y los sacerdotes principales inmediatamente convocan una reunión del tribunal supremo judío, el Sanedrín.

Forman el Sanedrín el sumo sacerdote actual, Caifás, así como fariseos y saduceos, sacerdotes principales y otros que habían sido sumos sacerdotes. Estos se lamentan así: "¿Qué hemos de hacer, porque este hombre ejecuta muchas señales? Si lo dejamos así, todos pondrán fe en él, y los romanos vendrán y nos quitarán nuestro lugar así como nuestra nación".

Aunque los líderes religiosos reconocen que Jesús "ejecuta muchas señales", solo se preocupan por su propio puesto y autoridad. La resurrección de Lázaro es un golpe particularmente duro contra los saduceos, pues ellos no creen en la resurrección.

Caifás, quien probablemente es saduceo, ahora se expresa: "Ustedes no saben nada, y no raciocinan que les es de provecho a ustedes que un solo hombre muera en el interés del pueblo, y no que la nación entera sea destruida".

Dios influyó en Caifás para que dijera esto, porque después el apóstol Juan escribió: "Esto, sin embargo, [Caifás] no lo dijo por sí mismo". Lo que Caifás en realidad quería decir era que se debería dar muerte a Jesús para impedir que siguiera socavando los puestos de autoridad e influencia de ellos. Sin embargo, según Juan, 'Caifás profetizó que Jesús estaba destinado a morir, no por la nación solamente, sino para que los hijos de Dios fueran reunidos'. Y es verdad que el propósito de Dios es que su Hijo muera como rescate por todos.

Por su influencia, Caifás logra ahora que el Sanedrín haga planes para dar muerte a Jesús. Pero Jesús, quizás porque se entera de estos planes mediante Nicodemo, un miembro del Sanedrín que lo favorece, parte de allí. (Juan 11:38-54.)

- ¿Por qué ora públicamente Jesús antes de resucitar a Lázaro?
- ¿Cómo responden a esta resurrección los que la vieron?
- ¿Cómo se revela la iniquidad de miembros del Sanedrín?
- ¿Qué intención tenía Caifás, pero qué profecía hizo Dios que diera?

Jesús sana a diez leprosos en su viaje final a Jerusalén

JESÚS frustra los esfuerzos del Sanedrín por matarlo cuando sale de Jerusalén y viaja a la ciudad de Efraín, quizás solo a 24 kilómetros (15 millas) al nordeste de Jerusalén. Allí permanece con sus discípulos, alejado de sus enemigos.

Sin embargo, se acerca el tiempo de la Pascua de 33 E.C., y pronto Jesús se pone en camino de nuevo. Viaja por Samaria y sube a Galilea. Esta es su última visita a esta región antes de su muerte. Mientras está en Galilea, probablemente él y sus discípulos se unen a otros que van encaminados a Jerusalén para celebrar la Pascua. Toman la ruta que cruza el distrito de Perea, al este del río Jordán.

Al principio del viaje, mientras Jesús entra en una aldea en Samaria o en Galilea, vienen a su encuentro diez leprosos. La lepra es una enfermedad terrible que poco a poco consume las partes corporales de la persona… los dedos de las manos y de los pies, las orejas, la nariz y los labios. Para que otros no se contagien, la Ley de Dios dice sobre el leproso: "Él debe taparse el bigote y clamar: '¡Inmundo, inmundo!'. Todo el tiempo que esté en él la plaga será inmundo. [...] Debe morar aislado".

Los diez leprosos observan las restricciones de la Ley para los leprosos y permanecen lejos de Jesús. Sin embargo, claman con voz fuerte: "¡Jesús, Instructor, ten misericordia de nosotros!".

Al verlos a lo lejos, Jesús manda: "Vayan y muéstrense a los sacerdotes". Jesús dice esto porque la Ley de Dios autoriza a los sacerdotes a pronunciar curados a los leprosos que se han recuperado de su enfermedad. Así reciben aprobación para vivir de nuevo con personas sanas.

Los diez leprosos confían en los poderes milagrosos de Jesús. Por eso se apresuran a ir a ver a los sacerdotes, aunque todavía no han sido sanados. Mientras están de camino, su fe en Jesús es recompensada. ¡Empiezan a ver y sentir que se les devuelve la salud!

Nueve de los leprosos limpiados siguen su camino, pero el otro, un samaritano, regresa para buscar a Jesús. ¿Por qué? Por lo agradecido que está por lo que le ha sucedido. Alaba a Dios en voz alta, y cuando halla a Jesús, cae a sus pies y le da gracias.

Jesús, en respuesta, dice: "Los diez fueron limpiados, ¿no es verdad? Entonces, ¿dónde están los otros nueve? ¿No se halló ninguno que volviera atrás a dar gloria a Dios, sino este hombre de otra nación?".

Entonces dice al samaritano: "Levántate y ponte en camino; tu fe te ha devuelto la salud".

Cuando leemos sobre la curación de los diez leprosos por Jesús, debemos tomar a pecho la lección que da a entender su pregunta: "Entonces, ¿dónde están los otros nueve?". La ingratitud que manifestaron los nueve es una falta grave. ¿Mostraremos agradecimiento nosotros, como el samaritano, por las cosas que recibimos de Dios, entre ellas la promesa segura de vida eterna en el justo nuevo mundo de Dios? (Juan 11:54, 55; Lucas 17:11-19; Levítico 13:16, 17, 45, 46; Revelación 21:3, 4.)

■ ¿Cómo frustra Jesús los esfuerzos de los que quieren matarlo?

■ ¿Por dónde viaja Jesús después, y hacia dónde se dirige?

■ ¿Por qué se quedan lejos los leprosos, y por qué les dice Jesús que vayan a los sacerdotes?

■ ¿Qué lección debemos aprender de esta experiencia?

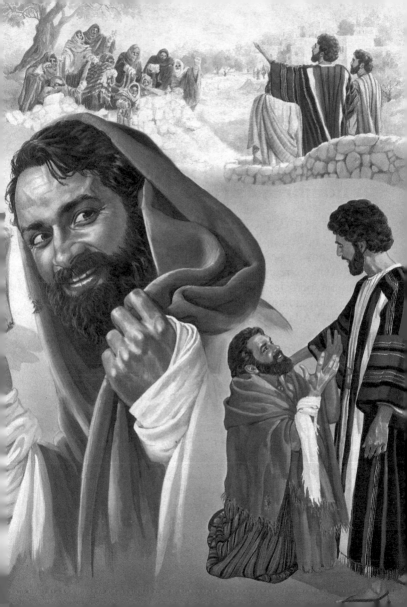

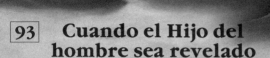

93 Cuando el Hijo del hombre sea revelado

MIENTRAS Jesús todavía está en el norte (en Samaria o en Galilea), unos fariseos le preguntan sobre la llegada del Reino. Creen que vendrá con mucha pompa y ceremonia, pero Jesús dice: "El reino de Dios no viene de modo que sea llamativamente observable, ni dirán: '¡Miren acá!', o, '¡Allá!'. Porque, ¡miren!, el reino de Dios está en medio de ustedes".

Esas palabras de Jesús, "en medio de ustedes", se han traducido a veces "dentro de ustedes". Por eso, hay quienes han creído que Jesús quiso decir que el Reino de Dios rige en el corazón de los siervos de Dios. Pero es obvio que el Reino de Dios no está dentro del corazón de estos fariseos incrédulos a quienes Jesús habla. Sin embargo, sí está *en medio de ellos,* puesto que el Rey designado del Reino de Dios, Jesucristo, está allí mismo entre ellos.

Puede que sea después que los fariseos se van cuando Jesús sigue considerando la venida del Reino con sus discípulos. Piensa particularmente en su futura presencia en el poder del Reino cuando advierte: "Les dirán: '¡Miren allá!', o, '¡Miren acá!'. No salgan ni corran tras [estos falsos Mesías]. Porque así como el relámpago, por su relampagueo, resplandece desde una parte debajo del cielo hasta otra parte debajo del cielo, así será el Hijo del hombre". Por eso, Jesús está indicando que, tal como el relámpago se ve sobre una vasta área, la prueba de su presencia en el poder del Reino será claramente visible a todos los que deseen observarla.

Entonces Jesús establece paralelos con sucesos de la antigüedad para mostrar qué actitudes se verán entre la gente durante su presencia futura. Explica: "Además, así como ocurrió en los días de Noé, así será también en los días del Hijo del hombre [...] De igual modo, así como ocurrió en los días de Lot: comían, bebían, compraban, vendían, plantaban, edificaban. Pero el día en que Lot salió de Sodoma, llovió del cielo fuego y azufre y los destruyó a todos. De la misma manera será en aquel día en que el Hijo del hombre ha de ser revelado".

Jesús no dice que se destruyó a la gente de los días de Noé y de los días de Lot sencillamente por ocuparse en las faenas diarias de comer, beber, comprar, vender, sembrar y edificar. Hasta Noé y Lot y sus familias hicieron estas cosas. Pero las demás personas seguían en sus quehaceres cotidianos sin prestar atención alguna a la voluntad de Dios, y por esa razón fueron destruidas. Por esa misma razón será destruida la gente cuando Cristo sea revelado durante la gran tribulación que vendrá sobre este sistema de cosas.

Para subrayar la importancia de responder con prontitud a la prueba de su futura presencia en el poder del Reino, Jesús dice: "En aquel día, el que esté en la azotea, pero cuyas cosas movibles estén dentro de la casa, no baje a recogerlas; e, igualmente, el que esté en el campo no vuelva a las cosas atrás. Acuérdense de la esposa de Lot".

Al aparecer la prueba de la presencia de Cristo, la gente no puede dejar que su apego a las posesiones materiales le impida actuar prontamente. Parece que cuando la esposa de Lot salió de Sodoma miró atrás porque anhelaba las pertenencias que había dejado, y se convirtió en una columna de sal.

Jesús sigue describiendo la situación que existiría durante su presencia futura al decir a sus discípulos: "En aquella noche estarán dos hombres en una cama; uno será llevado, pero el otro será abandonado. Habrá dos mujeres moliendo en el mismo molino; una será llevada, pero la otra será abandonada".

El que se lleve a algunos corresponde con que Noé y su familia entraran en el arca y con que los ángeles sacaran de Sodoma a Lot y su familia. Significa salvación. En cambio, el que alguien sea abandonado significa destrucción.

Entonces los discípulos preguntan: "¿Adónde, Señor?".

"Donde esté el cuerpo, allí también se reunirán las águilas", contesta Jesús. Los que 'son llevados' para salvación tienen vista de águila porque se reúnen donde está "el cuerpo". El cuerpo se refiere al verdadero Cristo en su presencia invisible en el poder del Reino y al banquete espiritual que suminista Jehová. **(Lucas 17:20-37; Génesis 19:26.)**

- ¿Cómo estaba en medio de los fariseos el Reino?
- ¿De qué manera es como el relámpago la presencia de Cristo?
- ¿Por qué se destruirá a la gente por sus acciones durante la presencia de Cristo?
- ¿Qué significa el que se lleve a algunos y se abandone a otros?

La importancia de orar y de la humildad

ANTES, cuando estaba en Judea, Jesús ilustró la importancia de persistir en la oración. Ahora, en su viaje final a Jerusalén, de nuevo recalca que es necesario no dejar de orar. Puede que Jesús esté todavía en Samaria o en Galilea cuando da a sus discípulos esta otra ilustración:

"En cierta ciudad había cierto juez que no le tenía temor a Dios ni tenía respeto a hombre. Pues bien, había en aquella ciudad una viuda, y ella seguía yendo a él, y decía: 'Ve que se me rinda justicia de mi adversario en juicio'. Pues, por algún tiempo él no quiso, pero después dijo dentro de sí: 'Aunque no temo a Dios ni respeto a hombre, de todos modos, porque esta viuda me causa molestia de continuo, veré que se le rinda justicia, para que no siga viniendo y aporreándome hasta acabar conmigo'".

Jesús entonces aplica la ilustración, diciendo: "¡Oigan lo que dijo el juez, aunque era injusto! De seguro, entonces, ¿no hará Dios que se haga justicia a sus escogidos que claman a él día y noche, aun cuando es sufrido para con ellos?".

Por supuesto, Jesús no quiere dar a entender que Jehová Dios sea de modo alguno como ese juez injusto. Más bien, si hasta un juez injusto responde a súplicas persistentes, entonces no debería haber duda alguna de que Dios, quien

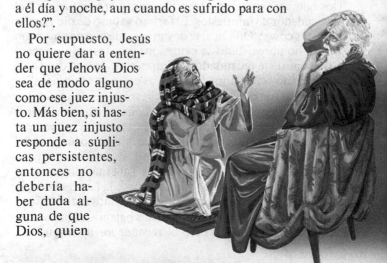

es enteramente justo y bueno, responderá si su pueblo no cesa de orar. Por eso Jesús continúa así: "Les digo: [Dios] hará que se les haga justicia rápidamente".

Muchas veces se niega la justicia a los humildes y a los pobres, mientras que se suele favorecer a los poderosos y ricos. Sin embargo, Dios no solo se encargará de que los inicuos reciban su justo castigo, sino que también se asegurará de que se trate con justicia a sus siervos mediante darles vida eterna. Pero ¿cuántos creen con firmeza que Dios hará que se ejecute la justicia sin tardanza?

Especialmente con referencia a la fe en el poder de la oración, Jesús pregunta: "Cuando llegue el Hijo del hombre, ¿verdaderamente hallará la fe sobre la tierra?". Aunque la pregunta queda sin contestar, puede que se dé a entender que esa fe no sería común cuando Cristo llegara con el poder del Reino.

Entre los que escuchan a Jesús hay algunos que se sienten bastante confiados en su fe. Se creen justos, y desprecian a otros. Puede que hasta algunos discípulos de Jesús estén en ese grupo. Por eso él dirige la siguiente ilustración a esos:

"Dos hombres subieron al templo a orar, el uno fariseo y el otro recaudador de impuestos. El fariseo se puso de pie y oraba para sí estas cosas: 'Oh Dios, te doy gracias de que no soy como los demás hombres, dados a extorsión, injustos, adúlteros, ni siquiera como este recaudador de impuestos. Ayuno dos veces a la semana, doy el décimo de todas las cosas que adquiero'".

Los fariseos son conocidos por sus despliegues de justicia en público para impresionar a otros. Los días en que por propia imposición suelen ayunar son los lunes y los jueves, y escrupulosamente pagan el diezmo de hasta las hierbas pequeñas del campo. Pocos meses antes habían manifestado su desprecio a la gente común durante la fiesta de los Tabernáculos, cuando dijeron: "Esta muchedumbre que no conoce la Ley [es decir, la interpretación farisaica que se le daba] son unos malditos".

Jesús continúa su ilustración con estas palabras sobre una de esas personas 'malditas': "Pero el recaudador de impuestos, estando de pie a la distancia, no quería ni siquiera alzar los ojos hacia el cielo, sino que se golpeaba el pecho y decía: 'Oh Dios, sé benévolo para conmigo, que soy pecador'". Porque el recaudador de impuestos ha reconocido humildemente sus faltas, Jesús dice: "Les digo: Este hombre bajó a su casa probado más justo que aquel; porque todo el que se ensalza será humillado, pero el que se humilla será ensalzado".

Así Jesús de nuevo recalca la importancia de la humildad. En vista de que los discípulos de Jesús se han criado en una sociedad en que los fariseos, que se creen justos, son tan influyentes, y siempre se da énfasis al puesto y la categoría social, no sorprende que hasta los discípulos de Jesús hayan sido afectados. Sin embargo, ¡qué excelentes lecciones sobre la humildad enseña Jesús! (Lucas 18:1-14; Juan 7:49.)

■ ¿Por qué otorga el juez injusto a la viuda lo que le pide, y qué lección enseña esta ilustración de Jesús?

■ ¿Qué fe buscará Jesús cuando llegue?

■ ¿A quiénes dirige Jesús su ilustración sobre el fariseo y el recaudador de impuestos?

■ ¿Qué actitud de los fariseos debe evitarse?

95 Lecciones sobre el divorcio y sobre amar a los niños

JESÚS y sus discípulos van hacia Jerusalén para celebrar la Pascua de 33 E.C. Cruzan el río Jordán y toman la ruta que atraviesa el distrito de Perea. Jesús había estado en Perea unas semanas antes, pero entonces había sido llamado a Judea porque su amigo Lázaro estaba enfermo. Mientras estuvo en Perea entonces, Jesús había hablado a los fariseos acerca del divorcio, y ahora estos mencionan el asunto de nuevo.

Entre los fariseos hay diferentes opiniones acerca del divorcio. Moisés dijo que el hombre podía divorciarse de su mujer si hallaba "algo indecente de parte de ella". Algunos creen que esto se refiere únicamente a infidelidad. Pero otros creen que "algo indecente" incluye ofensas de muy poca importancia. Por eso, con la intención de someter a prueba a Jesús, los fariseos preguntan: "¿Es lícito para un hombre divorciarse de su esposa por toda suerte de motivo?". Confían en que, sin importar lo que Jesús diga, se va a meter en dificultades con los fariseos que tienen un punto de vista diferente.

Jesús se encarga de la pregunta magistralmente, sin recurrir a ninguna opinión humana, sino refiriéndose al propósito original del matrimonio. "¿No leyeron —pregunta— que el que los creó desde el principio los hizo macho y hembra y dijo: 'Por esto el hombre dejará a su padre y a su madre y se adherirá a su esposa, y los dos serán una sola carne'? De modo que ya no son dos, sino una sola carne. Por lo tanto, lo que Dios ha unido bajo un yugo, no lo separe ningún hombre."

Jesús muestra que el propósito original de Dios es que los cónyuges sigan juntos, que no se divorcien. Si eso es así, responden los fariseos, "¿por qué prescribió Moisés dar un certificado de despedida y divorciarse de ella?".

"Moisés, en vista de la dureza del corazón de ustedes, les hizo la concesión de que se divorciaran de sus esposas —contesta

Jesús—, pero tal no ha sido el caso desde el principio." Sí, cuando Dios estableció la norma verdadera para el matrimonio en el jardín de Edén no estipuló el divorcio.

Jesús pasa a decir a los fariseos: "Yo les digo que cualquiera que se divorcie de su esposa, a no ser por motivo de fornicación [del griego: *por·néi·a*], y se case con otra, comete adulterio". Así muestra que *por·néi·a,* que es crasa inmoralidad sexual, es la única base aprobada por Dios para un divorcio.

Al darse cuenta de que el matrimonio debe ser una unión duradera con solo esta base para el divorcio, los discípulos se

sienten impulsados a decir: "Si tal es la situación del hombre con su esposa, no conviene casarse". No hay duda: ¡el que piensa casarse debe considerar seriamente la permanencia del enlace marital!

Jesús pasa entonces a hablar sobre la soltería. Explica que algunos varones nacen eunucos, pues no pueden casarse debido a que no se desarrollan en sentido sexual. A otros los han hecho eunucos los hombres, que con crueldad los han incapacitado en sentido sexual. Finalmente, algunos suprimen el deseo de casarse y disfrutar de las relaciones sexuales para poder dedicarse más de lleno a asuntos relacionados con el Reino de los cielos. "Quien pueda hacer lugar para ello [la soltería], haga lugar para ello", concluye Jesús.

Ahora la gente empieza a llevar sus hijitos a Jesús. Sin embargo, los discípulos reprenden a los niños y tratan de hacer que se vayan, quizás para proteger a Jesús de tensión innecesaria. Pero Jesús dice: "Dejen que los niñitos vengan a mí; no traten de detenerlos, porque el reino de Dios pertenece a los que son así. En verdad les digo: El que no reciba el reino de Dios como un niñito, de ninguna manera entrará en él".

¡Qué excelentes lecciones nos da Jesús aquí! Para recibir el Reino de Dios tenemos que imitar la humildad y tener la buena disposición de ser enseñados que tienen los niñitos. Pero el ejemplo de Jesús también ilustra cuán importante es, especialmente para los padres, dedicar tiempo a sus hijos. Jesús ahora muestra su amor a los pequeñuelos al tomarlos en sus brazos y bendecirlos. **(Mateo 19:1-15; Deuteronomio 24:1; Lucas 16:18; Marcos 10:1-16; Lucas 18:15-17.)**

- ¿Qué variedad de opiniones tienen los fariseos acerca del divorcio, y, por eso, cómo someten a prueba a Jesús?
- ¿Cómo se enfrenta Jesús al esfuerzo fariasico por someterlo a prueba, y qué da como la única base para el divorcio?
- ¿Por qué dicen los discípulos de Jesús que no es aconsejable casarse, y qué recomendación da Jesús?
- ¿Qué nos enseña Jesús por su trato con los niñitos?

Jesús y el joven gobernante rico

MIENTRAS Jesús viaja por el distrito de Perea hacia Jerusalén, un joven se le acerca corriendo y cae de rodillas ante él. Se dice que es un gobernante, lo que quizás signifique que ocupa un puesto prominente en una sinagoga local, o hasta pudiera ser miembro del Sanedrín. Además, es muy rico. "Buen Maestro —pregunta—, ¿qué tengo que hacer para heredar vida eterna?"

Jesús responde: "¿Por qué me llamas bueno? Nadie es bueno, sino uno solo, Dios". Puede que el joven haya usado "buen" como título, y por eso Jesús le menciona que tal título pertenece solo a Dios.

"Sin embargo —continúa Jesús—, si quieres entrar en la vida, observa los mandamientos continuamente."

"¿Cuáles?", pregunta el hombre.

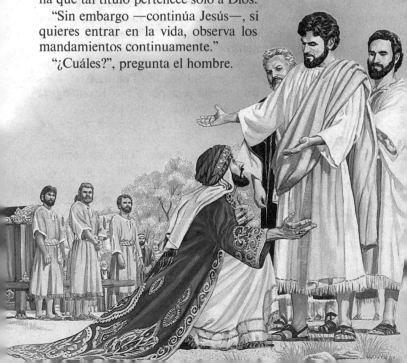

Al contestar, Jesús cita cinco de los Diez Mandamientos: "Pues: No debes asesinar, No debes cometer adulterio, No debes hurtar, No debes dar falso testimonio, Honra a tu padre y a tu madre". Luego añade un mandamiento más importante aún: "Tienes que amar a tu prójimo como a ti mismo".

"Todas estas cosas las he guardado desde mi juventud —contesta el hombre con toda sinceridad—. ¿Qué me falta aún?"

Al oír la intensa y sincera solicitud de aquel hombre, Jesús siente amor por él. Pero Jesús percibe el apego de aquel hombre a las posesiones materiales, y por eso le señala lo que necesita: "Una cosa falta en cuanto a ti: Ve, vende las cosas que tienes, y da a los pobres, y tendrás tesoro en el cielo, y ven, sé mi seguidor".

Jesús observa, de seguro apenado, que el hombre se levanta, da la vuelta, y se aleja muy triste. Su riqueza lo ciega al valor del verdadero tesoro. Jesús se lamenta: "¡Cuán difícil les será a los que tienen dinero entrar en el reino de Dios!".

Las palabras de Jesús sorprenden a los discípulos. Pero más se sorprenden por esta regla general que Jesús pasa a dar: "Más fácil es, de hecho, que un camello pase por el ojo de una aguja de coser que el que un rico entre en el reino de Dios".

"¿Quién, de hecho, puede ser salvo?", quieren saber los discípulos.

Fijando la vista en ellos, Jesús responde: "Para los hombres es imposible, mas no para Dios, porque todas las cosas son posibles para Dios".

Pedro, señalando que los discípulos han hecho una selección muy diferente de la del joven gobernante rico, dice: "¡Mira! Nosotros hemos dejado todas las cosas y te hemos seguido". De modo que pregunta: "¿Qué habrá para nosotros, realmente?".

"En la re-creación —promete Jesús—, cuando el Hijo del hombre se siente sobre su trono glorioso, ustedes los que me han seguido también se sentarán sobre doce tronos y juzgarán a las doce tribus de Israel." Sí, Jesús muestra que habrá una re-creación de las condiciones en la Tierra para que todo vuelva a ser como era en el jardín de Edén. Y Pedro y los demás discípulos recibirán la recompensa de gobernar con Cristo sobre este Paraíso que se extenderá por toda la Tierra. ¡De seguro tan magnífica recompensa vale cualquier sacrificio!

Sin embargo, aun ahora hay recompensas, como declara firmemente Jesús: "Nadie ha dejado casa, o hermanos, o hermanas, o madre, o padre, o hijos, o campos, por causa de mí y por causa de las buenas nuevas, que no reciba el céntuplo ahora en este período de tiempo: casas, y hermanos, y hermanas, y madres, e hijos, y campos, con persecuciones, y en el sistema de cosas venidero vida eterna".

Como Jesús promete, dondequiera que sus discípulos van en el mundo disfrutan con otros cristianos de una relación que es más estrecha y más preciosa que la relación de que se disfruta con miembros de una familia natural. Parece que el joven gobernante rico pierde tanto esta recompensa como la de vida eterna en el Reino celestial de Dios.

Después Jesús añade: "Sin embargo, muchos que son primeros serán últimos; y los últimos, primeros". ¿Qué quiere decir?

Quiere decir que muchas personas que son 'primeras' en el disfrute de privilegios religiosos, como el joven gobernante rico, no entrarán en el Reino. Serán 'últimas'. Pero muchas (entre ellas los humildes discípulos de Jesús, a quienes los fariseos que se creen muy justos desprecian como "últimos", como gente de la tierra o *'am ha·'á·rets*) llegarán a ser 'primeras'. El que estos lleguen a ser "primeros" significa que recibirán el privilegio de ser gobernantes con Cristo en el Reino.

(Marcos 10:17-31; Mateo 19:16-30; Lucas 18:18-30.)

- ¿Qué clase de gobernante es, evidentemente, el joven rico?
- ¿Por qué objeta Jesús a que lo llamen bueno?
- ¿Cómo ilustra la experiencia del joven gobernante el peligro de ser rico?
- ¿Qué recompensas promete Jesús a sus seguidores?
- ¿Cómo se explica que los primeros sean últimos y los últimos sean primeros?

Obreros en la viña

"**M**UCHOS que son primeros —acaba de decir Jesús— serán últimos; y los últimos, primeros." Ahora ilustra esto mediante un relato. "El reino de los cielos —empieza— es semejante a un hombre, un amo de casa, que salió muy de mañana para contratar obreros para su viña."

Jesús sigue: "Cuando [el amo de la casa] hubo convenido con los obreros en un denario al día, los envió a su viña. Saliendo también cerca de la hora tercera, vio a otros que estaban de pie desocupados en la plaza del mercado; y a aquellos dijo: 'Ustedes también, vayan a la viña, y les daré lo que sea justo'. De modo que ellos se fueron. Él volvió a salir cerca de la hora sexta, y de la nona, e hizo lo mismo. Finalmente, salió cerca de la hora undécima y halló a otros de pie, y les dijo: '¿Por qué han estado de pie aquí desocupados todo el día?'. Le dijeron: 'Porque nadie nos ha contratado'. Les dijo: 'Ustedes también vayan a la viña'".

El amo de casa o dueño de la viña es Jehová Dios, y la viña es la nación de Israel. Los que trabajan en la viña son personas que han sido admitidas en el pacto de la Ley; específicamente son los judíos que viven en los días de los apóstoles. El convenio por el salario se hace solo con los que trabajan el día completo. El salario es un denario por el día de trabajo. Puesto que "la hora tercera" equivale a las nueve de la mañana, aquellos a quienes se llama en las horas tercera, sexta, nona y undécima trabajan, respectivamente, solo 9, 6, 3 y 1 horas.

Los obreros que trabajan 12 horas, o el día completo, representan a los líderes judíos que han estado continuamente ocupados en servicio religioso. No son como los discípulos de Jesús, que durante la mayor parte de su vida han estado empleados en pescar o en otras ocupaciones seglares. Fue solo al llegar el

otoño de 29 E.C. cuando el
"amo de casa" envió a Jesucristo a reunir
a estos para que fueran sus discípulos. Así estos
llegaron a ser "los últimos", o los trabajadores que
llegaron a la viña a la hora undécima.

Finalmente, el simbólico día de trabajo termina con la muerte
de Jesús, y llega el tiempo de pagar a los obreros. Se sigue la
regla no común de pagar primero a los últimos, como se explica:
"Cuando empezó a anochecer, el amo de la viña dijo a su
encargado: 'Llama a los obreros y págales su salario, procedien-
do desde los últimos hasta los primeros'. Cuando vinieron los
hombres de la hora undécima, recibieron cada uno un denario.
Por eso, cuando vinieron los primeros, concluyeron que ellos
recibirían más; pero ellos también recibieron pago a razón de
un denario. Al recibirlo, se pusieron a murmurar contra el amo
de casa y dijeron: '¡Estos últimos trabajaron una sola hora; no
obstante, los hiciste iguales a nosotros que soportamos el peso
del día y el calor ardiente!'. Mas él, respondiendo a uno de ellos,
dijo: 'Amigo, no te hago ningún mal. Conviniste conmigo por

un denario, ¿no es verdad? Toma lo tuyo y vete. Quiero dar a este último lo mismo que a ti. ¿No me es lícito hacer lo que quiero con mis propias cosas? ¿O es inicuo tu ojo porque yo soy bueno?'". Concluyendo, Jesús repitió un punto que ya había mencionado: "De esta manera los últimos serán primeros, y los primeros, últimos".

El denario no se recibe al tiempo de la muerte de Jesús, sino en el Pentecostés de 33 E.C., cuando Cristo, el "encargado", derrama espíritu santo sobre sus discípulos. Los discípulos de Jesús son como "los últimos", o los obreros de la hora undécima. El denario no representa la dádiva del espíritu santo misma. El denario es algo que se supone que los discípulos usen aquí en la Tierra. Es algo que significa su sustento, su vida eterna. Es el privilegio de ser un israelita espiritual, ungido para predicar acerca del Reino de Dios.

Pronto los que habían sido contratados primero observan que los discípulos de Jesús han recibido el pago; y ven que usan el denario simbólico. Pero ellos quieren más que el espíritu santo y sus privilegios asociados con relación al Reino. Su murmuración y objeciones toman la forma de perseguir a los discípulos de Cristo, "los últimos" que trabajan en la viña.

¿Es ese cumplimiento del primer siglo el único cumplimiento de la ilustración de Jesús? No; en este siglo XX los clérigos de la cristiandad, en virtud de sus puestos y responsabilidades, han sido "los primeros" en haber sido contratados para trabajar en la viña simbólica de Dios. Consideraban a los predicadores dedicados que se asociaban con la Sociedad Watch Tower Bible and Tract como "los últimos" en tener alguna asignación válida en el servicio de Dios. Pero en realidad fueron estos mismos, a quienes el clero despreciaba, los que recibieron el denario: el honor de servir como embajadores ungidos del Reino celestial de Dios. (Mateo 19:30–20:16.)

- ¿Qué representa la viña? ¿A quiénes representan el dueño de la viña y los obreros de 12 horas y 1 hora?
- ¿Cuándo terminó el simbólico día de trabajo, y cuándo se dio el pago?
- ¿Qué representa el pago del denario?

98 Discusión entre los discípulos al acercarse la muerte de Jesús

JESÚS y sus discípulos están cerca del río Jordán, donde cruzan desde el distrito de Perea a Judea. Muchas otras personas viajan con ellos a la celebración de la Pascua de 33 E.C., que tendrá lugar más o menos una semana después.

Jesús camina al frente de los discípulos, y ellos se asombran por su denodada resolución. Recuerde que pocas semanas antes, cuando Lázaro había muerto y Jesús expresó su intención de ir de Perea a Judea, Tomás había dicho a los demás: "Vamos nosotros también, para que muramos con él". Recuerde, también, que después que Jesús resucitó a Lázaro el Sanedrín hizo planes para dar muerte a Jesús. Por eso, no es extraño que ahora los discípulos se atemoricen al entrar en Judea de nuevo.

Para prepararlos para lo que viene, Jesús lleva a los 12 aparte y les dice en privado: "Aquí estamos, subiendo hacia Jerusalén, y el Hijo del hombre será entregado a los sacerdotes principales y a los escribas, y lo condenarán a muerte y lo entregarán a hombres de las naciones, y se burlarán de él y le escupirán y lo azotarán y lo matarán, pero tres días después se levantará".

Esta es la tercera vez en los últimos meses que Jesús ha hablado a sus discípulos sobre su muerte y su resurrección. Y ellos, aunque le escuchan, no comprenden lo que les dice. Puede que esto se deba a que creen que el reino de Israel va a ser restaurado en la Tierra, y esperan disfrutar de gloria y honra en un reino terrenal con Cristo.

Entre los viajeros que van a celebrar la Pascua está Salomé, la madre de los apóstoles Santiago y Juan. Jesús ha llamado "Hijos del Trueno" a estos, sin duda por la fogosidad que manifiestan. Por algún tiempo los dos han tenido la ambición de ser prominentes en el Reino de Cristo, y se lo han hecho saber a su madre. Ella ahora aborda a Jesús por ellos: se inclina ante él y le pide un favor.

"¿Qué quieres?", pregunta Jesús.

Ella contesta: "Di la palabra para que estos dos hijos míos se sienten, uno a tu derecha y uno a tu izquierda, en tu reino".

Jesús se da cuenta de la fuente de esa petición, y dice a Santiago y Juan: "Ustedes no saben lo que piden. ¿Pueden beber la copa que yo estoy a punto de beber?".

"Podemos", contestan. A pesar de que Jesús les acaba de decir que afrontará persecución terrible y al fin la muerte, parece que ellos no comprenden que eso es lo que él quiere decir por "la copa" que está a punto de beber.

No obstante, Jesús les dice: "De cierto beberán mi copa, pero esto de sentarse a mi derecha y a mi izquierda no es cosa mía darlo, sino que pertenece a aquellos para quienes ha sido preparado por mi Padre".

Poco después los otros diez apóstoles se enteran de lo que han pedido Santiago y Juan, y se encolerizan. Quizás Santiago y Juan se habían destacado en la discusión anterior entre los apóstoles sobre quién era el mayor. Lo que han pedido ahora revela que no han aplicado el consejo que Jesús ha dado al respecto. Lamentablemente, todavía es fuerte en ellos el deseo de prominencia.

Por eso, para tratar con esta controversia más reciente y la hostilidad que ha causado entre ellos, Jesús se reúne con los doce. Les da este consejo amoroso: "Ustedes saben que los gobernantes de las naciones se enseñorean de ellas, y los grandes ejercen autoridad sobre ellas. No es así entre ustedes; antes bien, el que quiera llegar a ser grande entre ustedes tiene que ser ministro de ustedes, y el que quiera ser el primero entre ustedes tiene que ser esclavo de ustedes".

Jesús ha dado el ejemplo que deben imitar, como explica: "Así como el Hijo del hombre no

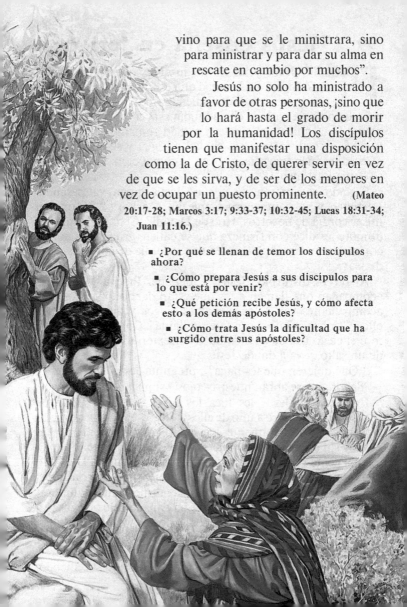

vino para que se le ministrara, sino para ministrar y para dar su alma en rescate en cambio por muchos".

Jesús no solo ha ministrado a favor de otras personas, ¡sino que lo hará hasta el grado de morir por la humanidad! Los discípulos tienen que manifestar una disposición como la de Cristo, de querer servir en vez de que se les sirva, y de ser de los menores en vez de ocupar un puesto prominente. **(Mateo 20:17-28; Marcos 3:17; 9:33-37; 10:32-45; Lucas 18:31-34; Juan 11:16.)**

- ¿Por qué se llenan de temor los discípulos ahora?

- ¿Cómo prepara Jesús a sus discípulos para lo que está por venir?

- ¿Qué petición recibe Jesús, y cómo afecta esto a los demás apóstoles?

- ¿Cómo trata Jesús la dificultad que ha surgido entre sus apóstoles?

Jesús enseña en Jericó

PRONTO Jesús y las muchedumbres que viajan con él llegan a Jericó, una ciudad que está a aproximadamente un día de camino de Jerusalén. Parece que Jericó es una ciudad doble: la antigua ciudad judía está como a kilómetro y medio (una milla) de la nueva ciudad romana. Mientras las muchedumbres salen de la ciudad antigua y se acercan a la nueva, dos mendigos ciegos oyen la conmoción. Uno de ellos se llama Bartimeo.

Cuando se enteran de que es Jesús quien va pasando, Bartimeo y su compañero empiezan a gritar: "¡Señor, ten misericordia de nosotros, Hijo de David!". Cuando la muchedumbre les dice con firmeza que se callen, gritan más aún, y con mayor fuerza: "¡Señor, ten misericordia de nosotros, Hijo de David!".

Al oír el disturbio, Jesús se detiene. Pide a los que le acompañan que llamen a los que están dando los gritos. Sus acompañantes van a los mendigos ciegos y dicen a uno de ellos: "Cobra ánimo, levántate; te llama". Con gran entusiasmo, el ciego tira su prenda de vestir exterior, se pone de pie de un salto, y va a donde Jesús.

"¿Qué quieren que les haga?", pregunta Jesús.

"Señor, que se abran nuestros ojos", suplican los dos ciegos.

Enternecido, Jesús les toca los ojos. Según el relato de Marcos, Jesús le dice a uno de ellos: "Vete, tu fe te ha devuelto la salud". Inmediatamente los mendigos ciegos reciben la vista, y sin duda ambos empiezan a glorificar a Dios. Cuando toda la gente ve lo que ha sucedido, también alaba a Dios. Sin demora, Bartimeo y su compañero empiezan a seguir a Jesús.

Mientras Jesús pasa por Jericó, enormes muchedumbres vienen. Todos quieren ver al que ha sanado a los ciegos. La gente oprime a Jesús por todos lados y, como resultado, algunos ni siquiera pueden verlo. Entre estos está Zaqueo, jefe de los recaudadores de impuestos de Jericó y sus alrededores. Es demasiado bajo de estatura para ver lo que está sucediendo.

Por eso Zaqueo pasa al frente corriendo y se sube a una higuera moral que está por donde va a pasar Jesús. Desde esa posición ventajosa lo ve todo bien. Al acercarse las muchedumbres, Jesús mira hacia el árbol y dice: "Zaqueo, date prisa y baja, porque hoy tengo que quedarme en tu casa". Zaqueo baja muy alegre y corre a su hogar para hacer los preparativos para su distinguido visitante.

Sin embargo, cuando la gente ve lo que sucede, todos empiezan

a murmurar. Les parece impropio el que Jesús sea el invitado de tal hombre. Pues sucede que Zaqueo se ha enriquecido por medios poco honrados; ha extorsionado dinero en su negocio de recaudar impuestos.

Muchas personas siguen a Jesús, y cuando él entra en el hogar de Zaqueo, se quejan así: "Entró a alojarse con un varón que es pecador". Pero Jesús ve la posibilidad de que Zaqueo se arrepienta. Y Jesús no sufre desilusión, pues Zaqueo se pone de pie y anuncia: "¡Mira! La mitad de mis bienes, Señor, la doy a los pobres, y todo cuanto extorsioné de persona alguna por acusación falsa, le devuelvo el cuádruplo".

Zaqueo demuestra que su arrepentimiento es genuino al dar a los pobres la mitad de sus posesiones y al usar la otra mitad para pagar a los que ha engañado. Parece que por sus registros de impuestos puede calcular exactamente cuánto debe a esas personas. Así que promete dar el cuádruplo como compensación, según la ley de Dios que dice: 'En caso de que un hombre hurtara una oveja, ha de compensar con cuatro del rebaño por la oveja'.

A Jesús le complace el que Zaqueo prometa repartir sus posesiones, pues dice: "Este día ha venido la salvación a esta casa, porque él también es hijo de Abrahán. Porque el Hijo del hombre vino a buscar y a salvar lo que estaba perdido".

Recientemente Jesús había ilustrado la situación de 'los perdidos' por su relato del hijo pródigo. Ahora tenemos un ejemplo de la vida real de alguien que estaba perdido pero que ha sido hallado. Aunque los líderes religiosos y sus seguidores murmuran y se quejan por la atención que Jesús da a personas como Zaqueo, Jesús sigue buscando y restableciendo a estos hijos perdidos de Abrahán. (Mateo 20:29-34; Marcos 10:46-52; Lucas 18:35–19:10; Éxodo 22:1.)

- ¿Dónde parece que Jesús vio a los mendigos ciegos, y qué hace por ellos?
- ¿Quién es Zaqueo, y por qué se sube a un árbol?
- ¿Cómo demuestra Zaqueo que está arrepentido?
- ¿Qué lección aprendemos de cómo trató Jesús con Zaqueo?

100

La ilustración
de las minas

PUEDE que Jesús todavía esté en casa de Zaqueo, donde se ha detenido en camino a Jerusalén. Sus discípulos creen que cuando lleguen a Jerusalén él declarará que es el Mesías y establecerá su Reino. Jesús presenta una ilustración para corregir esta idea y mostrar que todavía falta mucho tiempo para el Reino.

Dice: "Cierto hombre de noble nacimiento viajó a una tierra distante para conseguir para sí poder real y volver". Jesús es el "hombre de noble nacimiento", y el cielo es la "tierra distante". Cuando Jesús llegue allí, su Padre le otorgará poder real.

Sin embargo, antes de irse, el hombre de noble nacimiento llama a diez esclavos y da a cada uno de ellos una mina de plata y les dice: "Negocien hasta que venga". En el cumplimiento inicial de esta ilustración los diez esclavos representan a los discípulos primitivos de Jesús. En una aplicación ampliada, estos representan a todos los que tienen la esperanza de ser herederos con él en el Reino celestial.

Las minas de plata son monedas valiosas, pues cada una equivale a aproximadamente el salario de tres meses del trabajador agrícola. Pero ¿qué representan las minas? ¿Y qué clase de negocio deben hacer los esclavos con ellas?

Las minas representan haberes que los discípulos engendrados por espíritu podían usar para producir más herederos del Reino celestial hasta que Jesús viniera como Rey en el Reino prometido. Después que Jesús fue resucitado y se apareció a sus discípulos, les dio las minas simbólicas para que hicieran más discípulos y contribuyeran así al aumento de los de la clase del Reino celestial.

Jesús pasa a decir: "Pero sus ciudadanos lo odiaban [al hombre de noble nacimiento], y enviaron tras él un cuerpo de embajadores a decir: 'No queremos que este llegue a ser rey sobre nosotros'". Los ciudadanos son israelitas o judíos, sin incluir a los discípulos de Jesús. Después que Jesús partió al cielo, estos judíos manifestaron que lo rechazaban como su rey al perseguir a Sus discípulos. Así obraban como los ciudadanos que enviaron el cuerpo de embajadores.

¿Cómo usan sus minas los diez esclavos? Jesús explica: "Con el tiempo, cuando volvió después de haber conseguido el poder real, mandó llamar a sí a estos esclavos a quienes había dado el dinero en plata, para averiguar lo que habían ganado por la actividad de negociar. Entonces se presentó el primero, y dijo: 'Señor, tu mina ganó diez minas'. De modo que le dijo: '¡Bien hecho, buen esclavo! Porque has probado ser fiel en un asunto muy pequeño, ten autoridad sobre diez ciudades'. Luego vino el segundo, y dijo: 'Tu mina, Señor, produjo cinco minas'. Le dijo también a este: 'Tú, también, ten a tu cargo cinco ciudades'".

El esclavo que tiene diez minas representa a una clase o un grupo de discípulos, desde el Pentecostés de 33 E.C. hasta ahora, en que están incluidos los apóstoles. El esclavo que ganó cinco minas también representa a un grupo que durante el mismo espacio de tiempo, según sus oportunidades y capacidades, aumenta los haberes de su rey en la Tierra. Ambos grupos predican celosamente las buenas nuevas, y el resultado es que muchas personas de corazón recto aceptan el cristianismo. Nueve de los esclavos negociaron bien y aumentaron sus bienes.

"Pero vino uno diferente —pasa a decir Jesús—, y dijo: 'Señor, aquí está tu mina, que tuve guardada en un paño. Pues mira, yo te temía, porque eres hombre severo; recoges lo que no depositaste y siegas lo que no sembraste'. Él le dijo: 'De tu propia boca te juzgo, esclavo inicuo. ¿Sabías de veras que yo soy hombre severo, que recojo lo que no deposité y siego lo que no sembré? Entonces, ¿por qué no pusiste mi dinero en plata en el banco? Así, al llegar yo, lo hubiera cobrado con interés'. Con eso, dijo a los que estaban de pie allí: 'Quítenle la mina y dénsela al que tiene las diez minas'."

Para el esclavo inicuo el perder la mina simbólica significa perder un lugar en el Reino celestial. Sí, pierde el privilegio de gobernar, por decirlo así, sobre diez ciudades o cinco ciudades. Note, también, que al esclavo no se le pronuncia inicuo porque haya cometido alguna maldad, sino más bien porque no trabaja para aumentar la riqueza del reino de su amo.

Cuando la mina del esclavo inicuo se da al primer esclavo, se presenta la objeción: "¡Señor, él tiene diez minas!". No obstante, Jesús responde: "A todo el que tiene, más se le dará; pero al que no tiene, hasta lo que tiene le será quitado. Además, a estos enemigos míos que no querían que yo llegara a ser rey sobre ellos, tráiganlos acá y degüéllenlos delante de mí". (Lucas 19:11-27; Mateo 28:19, 20.)

- ¿Qué impulsa a Jesús a dar la ilustración de las minas?
- ¿Quién es el hombre de noble nacimiento, y qué es la tierra adonde él va?
- ¿Quiénes son los esclavos, y qué representan las minas?
- ¿Quiénes son los ciudadanos, y cómo manifiestan su odio?
- ¿Por qué se llama inicuo a uno de los esclavos, y qué significa la pérdida de su mina?

101

En Betania, en casa de Simón

CUANDO Jesús sale de Jericó, se dirige a Betania. El viaje toma la mayor parte del día, pues es subir unos difíciles 19 kilómetros (12 millas). Jericó está a unos 250 metros (820 pies) bajo el nivel del mar, y Betania está a unos 760 metros (2.500 pies) sobre el nivel del mar. Hay que recordar que en Betania viven Lázaro y sus hermanas. La aldehuela está a unos tres kilómetros (dos millas) de Jerusalén y se halla en la ladera oriental del monte de los Olivos.

Muchos han llegado ya a Jerusalén para celebrar la Pascua. Han venido con anticipación para limpiarse ceremonialmente. Puede que se hayan hecho inmundos por haber tocado un cadáver o haber hecho otra cosa similar. Así que siguen los procedimientos señalados para limpiarse y poder celebrar la Pascua de manera acepta. A medida que estos que han llegado con anticipación se reúnen en el templo, muchos se preguntan si Jesús vendrá para la Pascua o no.

Jerusalén es un foco de controversia respecto a Jesús. Es cosa comúnmente conocida que los líderes religiosos quieren prenderlo para darle

muerte. De hecho, han ordenado que cualquiera que se entere del paradero de Jesús les informe dónde está. En tres ocasiones durante los últimos meses esos líderes han tratado de matarlo: en la fiesta de los Tabernáculos, en la fiesta de la Dedicación, y después que Jesús resucitó a Lázaro. Así que la gente se pregunta: ¿Se presentará Jesús en público una vez más? "¿Qué opinan ustedes?", se preguntan unos a otros.

Mientras tanto, Jesús llega a Betania seis días antes de la Pascua, que cae el 14 de Nisán según el calendario judío. Jesús llega a Betania en algún tiempo al anochecer del viernes, que es al principio del 8 de Nisán. No pudiera haber hecho el viaje a Betania el sábado, porque la ley judía limita el viajar durante el día de descanso, es decir, desde la puesta de sol del viernes hasta la puesta de sol del sábado. Jesús va probablemente al hogar de Lázaro, como lo ha hecho antes, y pasa allí la noche del viernes.

Sin embargo, otro residente de Betania invita a Jesús y sus acompañantes a cenar el sábado por la noche. Este es Simón, quien había sido leproso, y quien quizás fue sanado por Jesús algún tiempo antes. Marta está ministrando a los invitados, conforme a su carácter industrioso. Pero, como de costumbre, María presta atención a Jesús, y esta vez lo hace de una manera que agita una controversia.

María abre una cajita o frasco pequeño de alabastro que contiene cerca de medio kilogramo (una libra) de aceite perfumado, "nardo genuino". Este es muy costoso. En realidad, ¡casi equivale al salario de un año! Cuando María derrama el aceite sobre la cabeza y los pies de Jesús y le enjuga los pies con sus cabellos, la fragancia aromática llena toda la casa.

Los discípulos se encolerizan y preguntan: "¿Para qué este desperdicio?". Entonces Judas Iscariote dice: "¿Por qué no se vendió este aceite perfumado por trescientos denarios y se dio a los pobres?". Pero a Judas no le interesan realmente los pobres, pues ha estado hurtando de la caja del dinero de los discípulos.

Jesús sale en defensa de María. "Déjenla —ordena—. ¿Por qué tratan de causarle molestia? Excelente obra ha hecho ella para conmigo. Porque siempre tienen a los pobres con ustedes, y cuando quieran pueden hacerles bien, pero a mí no siempre me tienen. Ella hizo lo que pudo; se anticipó a ponerme aceite perfumado sobre el cuerpo en vista del entierro. En verdad les digo: Dondequiera que se prediquen las buenas nuevas en todo el mundo, lo que hizo esta mujer también se contará para recuerdo de ella."

Jesús ha estado en Betania ya por más de 24 horas, y la noticia de su presencia se ha esparcido. Por eso, muchas personas vienen a la casa de Simón para ver a Jesús, pero también vienen para ver a Lázaro, quien está allí también. De modo que los sacerdotes principales entran en consejo para matar no solo a Jesús, sino también a Lázaro. ¡Esto se debe a que muchos ponen fe en Jesús al ver con vida al que él levantó de entre los muertos! ¡Qué inicuos son, en verdad, estos líderes religiosos! (Juan 11:55–12:11; Mateo 26:6-13; Marcos 14:3-9; Hechos 1:12.)

- ¿Qué asunto se discute en el templo de Jerusalén, y por qué?
- ¿Por qué tiene que ser que Jesús haya llegado a Betania el viernes y no el sábado?
- Cuando Jesús llega a Betania, ¿dónde, probablemente, pasa el sábado?
- ¿Qué acción de María agita una controversia, y cómo defiende Jesús a María?
- ¿Qué hecho ilustra la gran iniquidad de los sacerdotes principales?

102

Entrada triunfal de Cristo en Jerusalén

LA MAÑANA siguiente, el domingo 9 de Nisán, Jesús sale de Betania con sus discípulos y sube por el monte de los Olivos camino a Jerusalén. En poco tiempo se acercan a Betfagué, en el monte de los Olivos. Jesús da la siguiente instrucción a dos de sus discípulos:

"Pónganse en camino a la aldea que está a su vista, y en seguida hallarán un asna atada, y un pollino con ella; desátenlos y tráiganmelos. Y si alguien les dice algo, tienen que decir: 'El Señor los necesita'. Con eso él los enviará inmediatamente".

Aunque al principio los discípulos no ven la conexión entre estas instrucciones y el cumplimiento de la profecía bíblica, después se dan cuenta de ello. El profeta Zacarías había predicho que el Rey prometido de Dios entraría en Jerusalén cabalgando sobre un asno, sí, "aun sobre un animal plenamente desarrollado, hijo de un asna". El rey Salomón había cabalgado así sobre la prole de un asna en camino a ser ungido.

Cuando los discípulos entran en Betfagué y se apoderan del pollino y el asna, algunos de los que están de pie allí dicen: "¿Qué están haciendo?". Pero cuando se enteran de que los animales son para el Señor, los hombres dejan que los discípulos los lleven a Jesús. Los discípulos ponen sus prendas de vestir exteriores tanto sobre el asna como sobre el pollino, pero Jesús se sienta sobre el pollino.

Mientras Jesús cabalga hacia Jerusalén, la muchedumbre aumenta. La mayoría de la gente tiende sus prendas de vestir exteriores en el camino, pero otros tienden ramas que cortan de los árboles. Claman: "¡Bendito es El que viene como Rey en el nombre de Jehová! ¡Paz en el cielo, y gloria en los lugares más altos!".

Algunos fariseos que están en la muchedumbre se molestan por estas proclamaciones y se quejan así a Jesús: "Maestro, reprende a tus discípulos". Pero Jesús responde: "Les digo: Si estos permanecieran callados, las piedras clamarían".

Al acercarse Jesús a Jerusalén, ve la ciudad y empieza a llorar por ella, diciendo: "Si tú, aun tú, hubieras discernido en este día las cosas que tienen que ver con la paz..., pero ahora han sido escondidas de tus ojos". Por su desobediencia voluntariosa, Jerusalén tiene que rendir cuentas, como predice Jesús:

"Tus enemigos [los romanos bajo el general Tito] edificarán en derredor de ti una fortificación de estacas puntiagudas y te rodearán y te afligirán de todos lados, y te arrojarán al suelo, a ti y a tus hijos dentro de ti, y no dejarán en ti piedra sobre piedra". Esa destrucción de Jerusalén predicha por Jesús ocurre de hecho 37 años después, en el año 70 E.C.

Tan solo unas semanas atrás muchos de la muchedumbre habían visto a Jesús resucitar a Lázaro. Ahora estos siguen contando a otros ese milagro. Por eso, cuando Jesús entra en Jerusalén toda la ciudad se pone en conmoción. La gente pregunta: "¿Quién es este?". Y las muchedumbres siguen diciendo: "¡Este es el profeta Jesús, de Nazaret de Galilea!". Al ver lo que sucede, los fariseos se lamentan de no estar logrando absolutamente nada, pues, como dicen: "El mundo se ha ido tras él".

Jesús, como acostumbra hacer cuando visita Jerusalén, va al templo a enseñar. Allí se le acercan ciegos y cojos, ¡y él los sana! Cuando los sacerdotes principales y los escribas ven las cosas maravillosas que Jesús hace, y cuando oyen a los muchachos en el templo clamar: "¡Salva, rogamos, al Hijo de David!", se encolerizan. Protestan: "¿Oyes lo que estos están diciendo?".

Jesús responde: "Sí. ¿Nunca leyeron esto: 'De la boca de

los pequeñuelos y de los lactantes has proporcionado alabanza'?".

Jesús sigue enseñando, y observa todas las cosas alrededor del templo. Pronto se hace tarde. Por eso él y los 12 emprenden su viaje de unos tres kilómetros (dos millas) de regreso a Betania. Allí pasa la noche del domingo, probablemente en la casa de su amigo Lázaro. (Mateo 21:1-11, 14-17; Marcos 11:1-11; Lucas 19:29-44; Juan 12:12-19; Zacarías 9:9.)

- ¿Cuándo y cómo entra Jesús en Jerusalén como Rey?
- ¿Cuán importante es que las muchedumbres alaben a Jesús?
- ¿Qué sentimiento expresa Jesús a la vista de Jerusalén, y qué profecía pronuncia?
- ¿Qué sucede cuando Jesús va al templo?

103

Otra visita al templo

JESÚS y sus discípulos acaban de pasar en Betania su tercera noche desde su llegada de Jericó. Ahora, temprano por la mañana el lunes 10 de Nisán, ya están de viaje a Jerusalén. Jesús tiene hambre. Por eso, cuando alcanza a ver una higuera que tiene hojas, va a ver si tiene higos.

Este árbol tiene follaje precoz, pues la época de los higos se espera en junio, y esto sucede a fines de marzo. Sin embargo, parece que Jesús piensa que si el árbol tiene follaje precoz también puede tener higos precoces. Pero queda desilusionado. El follaje ha dado al árbol una apariencia engañosa. Entonces Jesús maldice el árbol así: "Nunca jamás coma ya nadie fruto de ti". Las consecuencias de esta acción de Jesús, y el significado de esta, se aprenden la mañana siguiente.

Jesús y sus discípulos siguen adelante, y pronto llegan a Jerusalén. Él entra en el templo, que había inspeccionado la tarde anterior. Pero hoy entra en acción, como lo había hecho tres años antes cuando vino a la Pascua de 30 E.C. Jesús echa fuera a los que venden y compran en el templo y vuelca las mesas de los cambistas y los bancos de los que venden palomas. Ni siquiera permite que nadie lleve utensilios por el templo.

Condena con estas palabras a los cambistas y a los que venden animales en el templo: "¿No está escrito: 'Mi casa será llamada casa de oración para todas las naciones'? Pero ustedes la han hecho una cueva de salteadores". Son salteadores porque exigen precios exorbitantes de los que no tienen más remedio que comprar de ellos los animales que necesitan para ofrecer sacrificios. Por eso Jesús ve estos tratos de negocio como una forma de extorsión o robo.

Cuando los sacerdotes principales, los escribas y otra gente prominente del pueblo oyen lo que Jesús ha hecho, de nuevo buscan una manera de matarlo. Así prueban que son irreformables. Pero no hallan cómo destruir a Jesús, porque todo el pueblo sigue colgándose de él para oírle.

Además de judíos naturales, gentiles también han venido a la Pascua. Estos son prosélitos, es decir, se han convertido a la religión de los judíos. Ciertos griegos, evidentemente prosélitos, se acercan ahora a Felipe y solicitan ver a Jesús. Felipe habla a Andrés, tal vez para preguntarle si tal reunión sería apropiada. Parece que Jesús todavía está en el templo, donde los griegos pueden verlo.

Jesús sabe que le quedan solo unos cuantos días de vida; por eso, ilustra bien su situación: "Ha llegado la hora para que el Hijo del hombre sea glorificado. Muy verdaderamente les digo: A menos que el grano de trigo caiga en la tierra y muera, permanece un solo grano; pero si muere, entonces lleva mucho fruto".

Un grano de trigo es de poco valor. Pero ¿qué hay si se pone en el terreno y "muere", o sea, deja de existir como semilla? Entonces brota o germina y con el tiempo forma un tallo que produce muchísimos granos de trigo. De manera similar, Jesús es un solo hombre perfecto. Pero si muere fiel a Dios, llega a ser el medio de impartir vida eterna a los fieles que tienen su mismo espíritu de abnegación. Por eso Jesús dice: "El que tiene afecto a su alma la destruye, pero el que odia su alma en este mundo la resguardará para vida eterna".

Es patente que Jesús no piensa sólo en sí mismo, pues pasa a explicar: "Si alguien quiere ministrarme, sígame, y donde yo esté, allí también estará mi ministro. Si alguien quiere ministrarme, el Padre lo honrará". ¡Qué grandioso galardón reciben los que siguen a Jesús y le ministran! El galardón de ser honrados por el Padre para que se asocien con Cristo en el Reino.

Mientras Jesús piensa en el gran sufrimiento y la dolorosa muerte que le espera, pasa a decir: "Ahora mi alma está perturbada, ¿y qué diré? Padre, sálvame de esta hora". ¡Si solo se pudiera evitar lo que le espera! Pero no se puede, como él dice: "Por esto he venido a esta hora". Jesús concuerda con todo lo que Dios ha arreglado, incluso su propia muerte en sacrificio. (Mateo 21:12, 13, 18, 19; Marcos 11:12-18; Lucas 19:45-48; Juan 12:20-27.)

- ¿Por qué espera Jesús hallar higos aunque no es la época de esos frutos?
- ¿Por qué llama Jesús "salteadores" a los que venden en el templo?
- ¿En qué sentido se asemeja Jesús a un grano de trigo que muere?
- ¿Qué sentimientos expresa Jesús en cuanto al sufrimiento y la muerte que le esperan?

104

Se oye por tercera vez la voz de Dios

EN EL templo, Jesús ha estado en angustias por la muerte que pronto tiene que afrontar. Lo que más le preocupa es su efecto en la reputación de su Padre, y por eso ora: "Padre, glorifica tu nombre".

Entonces, desde los cielos se oye una voz poderosa que proclama: "Lo glorifiqué, y también lo glorificaré de nuevo".

La muchedumbre que está de pie allí queda perpleja. Algunos empiezan a decir: "Un ángel le ha hablado". Otros afirman que ha tronado. Pero, en realidad, ¡es Jehová Dios quien ha hablado! Sin embargo, esta no es la primera vez que se ha oído la voz de Dios con relación a Jesús.

Tres años y medio antes, cuando Jesús se bautizó, Juan el Bautizante oyó a Dios

decir respecto a Jesús: "Este es mi Hijo, el amado, a quien he aprobado". Más tarde, algún tiempo después de la Pascua anterior, en la transfiguración de Jesús delante de Santiago, Juan y Pedro, ellos oyeron a Dios decir: "Este es mi Hijo, el amado, a quien he aprobado; escúchenle". Y ahora, por tercera vez, el 10 de Nisán, cuatro días antes de la muerte de Jesús, los hombres de nuevo oyen la voz de Dios. ¡Pero esta vez Jehová habla de modo que multitudes oigan!

Jesús explica: "Esta voz ha ocurrido, no por mí, sino por ustedes". Da prueba de que Jesús en verdad es el Hijo de Dios, el Mesías prometido. Jesús pasa a decir: "Ahora se somete a juicio a este mundo; ahora el gobernante de este mundo será echado fuera". En efecto, el derrotero fiel de Jesús confirma que Satanás el Diablo, el gobernante del mundo, merece ser "echado fuera", ejecutado.

Jesús señala las consecuencias de Su muerte que se acerca, al decir: "Y sin embargo yo, si soy alzado de la tierra, atraeré a mí a hombres de toda clase". Su muerte de ninguna manera es una derrota, porque por esa muerte Jesús atraerá a otros a sí para que disfruten de vida eterna.

Pero la muchedumbre protesta: "Nosotros oímos, de la Ley, que el Cristo permanece para siempre; ¿y cómo es que dices tú que el Hijo del hombre tiene que ser alzado? ¿Quién es este Hijo del hombre?".

A pesar de toda la prueba, incluso el haber oído la propia voz de Dios, la mayoría no cree que Jesús sea el *verdadero* Hijo del hombre, el Mesías prometido. No obstante, Jesús, como ya había hecho seis meses antes en la fiesta de los Tabernáculos, de nuevo se llama a sí mismo "la luz" y da esta exhortación a sus oyentes: "Mientras tienen la luz, ejerzan fe en la luz, para que lleguen a ser hijos de la luz". Después de decir estas cosas, Jesús se va y se esconde, evidentemente porque su vida está en peligro.

El que los judíos no pongan fe en Jesús cumple las palabras de Isaías acerca de que 'los ojos del pueblo están cegados y su corazón endurecido para que no se vuelvan y sean sanados'. Isaías contempló en visión las cortes celestiales de Jehová, y esto incluía a Jesús en la gloria que tuvo con Jehová antes de que fuera hombre. Con todo, los judíos, en cumplimiento de las palabras que Isaías escribió, rechazan tercamente la prueba de que Este es el Libertador prometido.

Por otra parte, muchos de hasta los gobernantes (obviamente miembros del Sanedrín, el tribunal supremo judío) realmente ponen fe en Jesús. Dos de ellos son Nicodemo y José de Arimatea. Pero los gobernantes, por lo menos durante este tiempo, no declaran su fe por temor de que se les eche de sus puestos en la sinagoga. ¡Cuánto se pierden estos!

Jesús pasa a decir: "El que pone fe en mí, no pone fe en mí solamente, sino también en el que me ha enviado; y el que me contempla, contempla también al que me ha enviado. [...] Pero si alguien oye mis dichos y no los guarda, yo no lo juzgo; porque no vine para juzgar al mundo, sino para salvar al mundo. [...] La palabra que he hablado es lo que lo juzgará en el último día".

El amor de Jehová al mundo de la humanidad lo impulsó a enviar a Jesús para que los que ponen fe en él reciban salvación. El que las personas se salven dependerá de que obedezcan los dichos que Dios mandó que Jesús hablara. El juicio se efectuará "en el último día", durante el Reinado de Mil Años de Cristo.

Jesús concluye sus palabras así: "No he hablado de mi propio impulso, sino que el Padre mismo, que me ha enviado, me ha dado mandamiento en cuanto a qué decir y qué hablar. También, sé que su mandamiento significa vida eterna. Por lo tanto, las cosas que hablo, así como el Padre me las ha dicho, así las hablo". **(Juan 12:28-50; 19:38, 39; Mateo 3:17; 17:5; Isaías 6:1, 8-10.)**

- ¿En qué tres ocasiones se oyó la voz de Dios con relación a Jesús?
- ¿Cómo vio el profeta Isaías la gloria de Jesús?
- ¿Quiénes son los gobernantes que ponen fe en Jesús, pero por qué no lo confiesan abiertamente?
- ¿Qué es "el último día", y qué servirá de base para juzgar a la gente entonces?

105

El principio de un día crítico

CUANDO Jesús parte de Jerusalén al anochecer del lunes, regresa a Betania, en la ladera oriental del monte de los Olivos. Se han completado dos días de su ministerio final en Jerusalén. Puede que Jesús pase de nuevo la noche en la casa de su amigo Lázaro. Esta es la cuarta noche que ha pasado en Betania desde que llegó de Jericó el viernes.

Ahora, temprano por la mañana el martes 11 de Nisán, él y sus discípulos están de viaje de nuevo. Este resulta ser un día crítico en el ministerio de Jesús, el más ocupado hasta ahora. Es el último día en que se presenta en el templo. Además, es el último día de su ministerio público antes de que se le someta a juicio y ejecute.

Jesús y sus discípulos toman la misma ruta sobre el monte de los Olivos hacia Jerusalén. En aquel camino desde Betania, Pedro nota el árbol que Jesús había maldecido la mañana anterior. "¡Rabí, mira! —exclama—, la higuera que maldijiste se ha marchitado."

Pero ¿por qué mató Jesús aquel árbol? Él indica por qué, al decir: "En verdad les digo: Si solo tienen fe y no dudan, no solo harán lo que yo hice a la higuera, sino que también si dijeran a esta montaña [el monte de los Olivos, donde están]: 'Sé alzada y arrojada al mar', sucederá. Y todas las cosas que pidan en oración, teniendo fe, las recibirán".

Así, al hacer que el árbol se marchite, Jesús da a sus discípulos una lección práctica sobre lo necesario que es que tengan fe en Dios. Como declara: "Todas las cosas que oran y piden, tengan fe en que pueden darse por recibidas, y las tendrán". ¡Qué importante

lección para ellos, especialmente en vista de las temibles pruebas que se avecinan! Pero hay otra relación entre el que se marchitara la higuera y la cualidad de la fe.

La nación de Israel, tal como esta higuera, presenta una apariencia engañosa. Aunque esta nación está bajo pacto con Dios y aparenta observar Sus reglamentos, no ha demostrado fe ni ha producido buen fruto. ¡Su falta de fe hasta la está llevando a rechazar al propio Hijo de Dios! Por lo tanto, cuando Jesús hace que la higuera infructífera se marchite está demostrando claramente en qué irá a parar al fin esta nación infructífera y sin fe.

Poco después Jesús y sus discípulos llegan a Jerusalén y, como de costumbre, van al templo, donde Jesús empieza a enseñar. Los sacerdotes principales y los ancianos del pueblo —quizás teniendo presente lo que él hizo a los cambistas el día anterior— lo desafían diciendo: "¿Con qué autoridad haces estas cosas? ¿Y quién te dio esta autoridad?".

Jesús responde: "Yo, también, les preguntaré una cosa. Si me la dicen, yo también les diré con qué autoridad hago estas cosas: El bautismo por Juan, ¿de dónde era? ¿Del cielo, o de los hombres?".

Los sacerdotes y los ancianos empiezan a consultar entre sí sobre cómo contestarán. "Si decimos: 'Del cielo', nos dirá: 'Entonces, ¿por qué no le creyeron?'. Sin embargo, si decimos: 'De los hombres', tenemos la muchedumbre a quien temer, porque todos tienen a Juan por profeta."

Los líderes no saben qué responder. Por eso contestan: "No sabemos".

Jesús, a su vez, dice: "Tampoco les digo yo con qué autoridad hago estas cosas". **(Mateo 21:19-27; Marcos 11:19-33; Lucas 20:1-8.)**

- ¿Por qué es significativo el martes 11 de Nisán?
- ¿Qué lecciones da Jesús al hacer que se marchite la higuera?
- ¿Cómo responde Jesús a los que preguntan con qué autoridad hace él las cosas?

106

Desenmascarados por las ilustraciones de la viña

JESÚS está en el templo. Acaba de dejar perplejos a los líderes religiosos que exigieron que les dijera con qué autoridad hacía lo que hacía. Antes de que salgan de su perplejidad, Jesús pregunta: "¿Qué les parece?". Y entonces, por una ilustración, les muestra qué clase de personas realmente son.

"Un hombre tenía dos hijos —relata Jesús—. Dirigiéndose al primero, dijo: 'Hijo, ve, trabaja hoy en la viña'. En respuesta, este dijo: 'Iré, señor', pero no fue. Acercándose al segundo, dijo lo mismo. En respuesta, este dijo: 'No quiero'. Después le pesó, y fue. ¿Cuál de los dos hizo la voluntad de su padre?", pregunta Jesús.

"El segundo", contestan sus opositores.

Por eso Jesús explica: "En verdad les digo que los recaudadores de impuestos y las rameras van delante de ustedes al reino de Dios". Se pudiera decir que al principio los recaudadores de impuestos y las rameras habían rehusado servir a Dios. Pero después —como el segundo hijo— se arrepintieron y le sirvieron. Por otra parte, los líderes religiosos —como el primer hijo— afirmaban que servían a Dios; sin embargo, como Jesús indica: "Juan [el Bautizante] vino a ustedes en camino de justicia, pero ustedes no le creyeron. No obstante, los recaudadores de impuestos y las rameras le creyeron, y a ustedes, aunque vieron esto, no les pesó después, de modo que le creyeran".

Jesús entonces muestra que la falta de aquellos líderes religiosos no es que simplemente se hayan descuidado en cuanto a servir a Dios. No; lo que sucede es que en verdad son hombres malos, inicuos. "Había un hombre, un amo de casa —relata Jesús—, que plantó una viña y la rodeó de una cerca y cavó en ella un lagar y erigió una torre, y la arrendó a cultivadores, y viajó al extranjero. Cuando llegó la época de los frutos, despachó sus esclavos a los cultivadores para conseguir sus frutos. Sin embargo, los cultivadores tomaron a sus esclavos, y a uno lo golpearon severamente, a otro lo mataron, a otro lo apedrearon. De nuevo despachó otros esclavos, más que los primeros, pero a estos les hicieron lo mismo."

Los "esclavos" son los profetas a quienes el "amo de casa", Jehová Dios, envió a "los cultivadores" de su "viña". Estos cultivadores son representantes prominentes de la nación de Israel, identificada en la Biblia como la "viña" de Dios.

Puesto que "los cultivadores" maltratan y matan a los "esclavos", Jesús explica: "Por último [el dueño de la viña] despachó su hijo a ellos, diciendo: 'Respetarán a mi hijo'. Al ver al hijo, los cultivadores dijeron entre sí: 'Este es el heredero; ¡vengan, matémoslo y consigamos su herencia!'. De modo que lo tomaron y lo echaron fuera de la viña y lo mataron".

Ahora, dirigiéndose a los líderes religiosos, Jesús pregunta: "Cuando venga el dueño de la viña, ¿qué les hará a aquellos cultivadores?".

"Por ser malos —contestan los líderes religiosos—, traerá sobre ellos una destrucción mala, y arrendará su viña a otros cultivadores, que le darán los frutos a su tiempo."

Sin darse cuenta de ello, así los líderes religiosos proclaman juicio contra sí mismos, puesto que ellos están entre los "cultivadores" israelitas de la "viña" nacional de Jehová, Israel. El fruto que Jehová espera de aquellos cultivadores es fe en su Hijo, el verdadero Mesías. Porque no han dado ese fruto, Jesús advierte: "¿Nunca han leído en las Escrituras [en Salmo 118:22, 23]: 'La piedra que los edificadores rechazaron es la que ha llegado a ser la principal piedra angular. De parte de Jehová ha venido a ser esto, y es maravilloso a nuestros ojos'? Por eso les digo: El reino de Dios les será quitado a ustedes y será dado a una nación que produzca sus frutos. También, el que caiga sobre esta piedra será hecho añicos. En cuanto a cualquiera sobre quien ella caiga, lo pulverizará".

Los escribas y los sacerdotes principales ahora comprenden que Jesús se refiere a ellos, y quieren matarlo, al "heredero" legítimo. Por eso, el privilegio de ser gobernantes en el Reino de Dios les será quitado a ellos como nación, y se formará una nueva nación de 'cultivadores de la viña'; una que produzca frutos apropiados.

Porque los líderes religiosos temen a las muchedumbres, que consideran profeta a Jesús, no tratan de matarlo en esta ocasión. **(Mateo 21:28-46; Marcos 12:1-12; Lucas 20:9-19; Isaías 5:1-7.)**

- ¿A quiénes representan los dos hijos de la primera ilustración de Jesús?

- ¿A quiénes representan el "amo de casa", la "viña", "los cultivadores", los "esclavos" y "el heredero" de la segunda ilustración?

- ¿Qué les sucederá a los 'cultivadores de la viña', y quiénes reemplazarán a estos?

107

La ilustración del banquete de bodas

JESÚS ha desenmascarado a los escribas y a los sacerdotes principales mediante dos ilustraciones, y ellos lo quieren matar. Pero Jesús no ha terminado con ellos. Pasa a darles otra ilustración:

"El reino de los cielos ha llegado a ser semejante a un hombre, un rey, que hizo un banquete de bodas para su hijo. Y envió sus esclavos a llamar a los invitados al banquete de bodas, pero ellos no quisieron venir".

Jehová Dios es el Rey que prepara el banquete de bodas para su Hijo, Jesucristo. Con el tiempo, la novia de este, compuesta de 144.000 seguidores ungidos, se unirá a Jesús en el cielo. Los súbditos del Rey son el pueblo de Israel, quienes, con su admisión en el pacto de la Ley en 1513 a.E.C., recibieron la oportunidad de llegar a ser "un reino de sacerdotes". Por eso, en aquella ocasión se les extendió originalmente la invitación al banquete de bodas.

Sin embargo, el primer llamamiento a los invitados no salió sino hasta el otoño de 29 E.C., cuando Jesús y sus discípulos (los esclavos del rey) iniciaron su obra de predicar el Reino. Pero los israelitas naturales, a quie-

nes los esclavos llamaron desde 29 E.C. hasta 33 E.C., no quisieron venir. Por eso Dios puso otra oportunidad ante la nación de invitados, como lo relata Jesús:

"De nuevo envió otros esclavos, diciendo: 'Digan a los invitados: "¡Miren! He preparado mi comida, mis toros y animales cebados están degollados, y todas las cosas están listas. Vengan al banquete de bodas"'". Aquel llamamiento segundo y final a los invitados empezó en el Pentecostés de 33 E.C., cuando se derramó espíritu santo sobre los seguidores de Jesús. Este llamamiento siguió hasta 36 E.C.

No obstante, la gran mayoría de aquellos israelitas también despreció este llamamiento. "Sin que les importara, se fueron —dice Jesús—, uno a su propio campo, otro a su negocio comercial; pero los demás, echando mano a los esclavos de él, los trataron insolentemente y los mataron." "Entonces —dice Jesús— el rey se airó, y envió sus ejércitos, y destruyó a aquellos asesinos y quemó su ciudad." Esto ocurrió en 70 E.C., cuando los romanos arrasaron Jerusalén, y se dio muerte a aquellos asesinos.

Jesús entonces explica lo que sucedió mientras tanto: "Luego [el rey] dijo a sus esclavos: 'El banquete de bodas por cierto está listo, pero los invitados no eran dignos. Por eso, vayan a los caminos que salen de la ciudad, e inviten al banquete

de bodas a cualquiera que hallen'". Los esclavos obedecieron, y "la sala para las ceremonias de bodas quedó llena de los que se reclinaban a la mesa".

Esta obra de reunir convidados de los caminos, fuera de la ciudad de los invitados, empezó en 36 E.C. Cornelio (un oficial del ejército romano) y su familia fueron los primeros no judíos incircuncisos así reunidos. La recolección de estos no judíos, todos los cuales reemplazan a los que originalmente rechazaron el llamamiento, ha continuado hasta el siglo XX.

Es durante el siglo XX cuando se llena la sala para las ceremonias de bodas. Jesús relata lo que entonces sucede: "Cuando el rey entró para inspeccionar a los convidados, alcanzó a ver allí a un hombre no vestido con traje de boda. De modo que le dijo: 'Amigo, ¿cómo entraste aquí sin tener puesto traje de boda?'. Él enmudeció. Entonces el rey dijo a sus sirvientes: 'Átenlo de manos y pies y échenlo a la oscuridad de afuera. Allí es donde será su llanto y el crujir de sus dientes'".

El hombre sin traje de boda representa a los cristianos de imitación de la cristiandad. Dios nunca los ha reconocido como personas que tengan la identificación apropiada de israelitas espirituales. Dios nunca los ungió con espíritu santo como herederos del Reino. Por eso se les echa a la oscuridad, donde se les destruirá.

Jesús concluye su ilustración así: "Porque hay muchos invitados, pero pocos escogidos". Sí, se invitó a muchos de la nación de Israel a llegar a ser miembros de la novia de Cristo, pero solo unos cuantos israelitas naturales fueron escogidos. Resulta que la mayoría de los 144.000 convidados que reciben la recompensa celestial no son israelitas. (Mateo 22:1-14; Éxodo 19:1-6; Revelación 14:1-3.)

- ¿A quiénes se invita originalmente al banquete de bodas, y cuándo se les extendió la invitación?
- ¿Cuándo sale el primer llamamiento a los invitados, y quiénes son los esclavos a quienes se utiliza para emitirlo?
- ¿Cuándo se hace el segundo llamamiento, y a quiénes se invita después?
- ¿A quiénes representa el hombre sin traje de boda?
- ¿Quiénes son los muchos llamados, y los pocos escogidos?

108

No pueden entrampar a Jesús

PORQUE Jesús ha estado enseñando en el templo y acaba de dar a sus enemigos religiosos tres ilustraciones que denuncian la iniquidad de ellos, los fariseos se encolerizan y entran en consejo para entramparlo mediante hacerle decir algo por lo cual puedan hacer que se le arreste. Se juntan para tramar y envían discípulos suyos, junto con partidarios de Herodes, para ver si lo pescan en algo.

Aquellos hombres dicen: "Maestro, sabemos que eres veraz y enseñas el camino de Dios en verdad, y no te importa nadie,

porque no miras la apariencia exterior de los hombres. Dinos, por lo tanto: ¿Qué te parece? ¿Es lícito pagar la capitación a César, o no?".

Los halagos de aquellos hombres no engañan a Jesús. Él se da cuenta de que si dice: 'No, no es lícito ni correcto pagar esta capitación', será culpable de sedición contra Roma. Sin embargo, si dice: 'Sí, uno debe pagar esta capitación', entonces los judíos, quienes desprecian el dominio de Roma sobre ellos, lo odiarán. Por eso contesta: "¿Por qué me ponen a prueba, hipócritas? Muéstrenme la moneda de la capitación".

Cuando se la traen, pregunta: "¿De quién es esta imagen e inscripción?".

"De César", responden.

"Por lo tanto, paguen a César las cosas de César, pero a Dios las cosas de Dios." Pues bien, cuando estos hombres oyen la respuesta magistral de Jesús, se maravillan. Y se van y lo dejan tranquilo.

Al ver que los fariseos no pueden conseguir nada contra Jesús, los saduceos, que dicen que no hay resurrección, se acercan a él y le preguntan: "Maestro, Moisés dijo: 'Si alguien muere sin tener hijos, su hermano tiene que tomar a su esposa en matrimonio y levantar prole a su hermano'. Pues había con nosotros siete hermanos; y el primero se casó y falleció, y, no teniendo prole, dejó su esposa a su hermano. Les pasó lo mismo también al segundo y al tercero, hasta el último de los siete. Con posterioridad a todos, murió la mujer. Por consiguiente, en la resurrección, ¿de cuál de los siete será ella esposa? Porque todos la tuvieron".

Jesús les da esta respuesta: "¿No es por esto por lo que están equivocados, por no conocer ni las Escrituras ni el poder de Dios? Porque cuando se levantan de entre los muertos, ni se casan los hombres ni se dan en matrimonio las mujeres, sino que son como los ángeles en los cielos. Mas concerniente a los muertos, de que son levantados, ¿no leyeron en el libro de Moisés, en el relato acerca de la zarza, cómo Dios le dijo: 'Yo soy el Dios de Abrahán y Dios de Isaac y Dios de Jacob'? Él no es Dios de muertos, sino de vivos. Ustedes están muy equivocados".

Las muchedumbres de nuevo quedan atónitas con la respuesta de Jesús. Hasta algunos escribas reconocen: "Maestro, hablaste bien".

Cuando los fariseos ven que Jesús ha acallado a los saduceos, vienen a él en un solo grupo. Para someterlo a otra prueba, un escriba de entre ellos pregunta: "Maestro, ¿cuál es el mandamiento más grande de la Ley?".

Jesús contesta: "El primero es: 'Oye, oh Israel, Jehová nuestro Dios es un solo Jehová, y tienes que amar a Jehová tu Dios con todo tu corazón y con toda tu alma y con toda tu mente y con todas tus fuerzas'. El segundo es este: 'Tienes que amar a tu prójimo como a ti mismo'. No hay otro mandamiento mayor que estos". De hecho, Jesús añade: "De estos dos mandamientos pende toda la Ley, y los Profetas".

El escriba concuerda: "Maestro, bien dijiste de acuerdo con la verdad: 'Uno Solo es Él, y no hay otro fuera de Él'; y esto de amarlo con todo el corazón y con todo el entendimiento y con todas las fuerzas, y esto de amar al prójimo como a uno mismo, vale mucho más que todos los holocaustos y sacrificios".

Al discernir que el escriba ha contestado inteligentemente, Jesús le dice: "No estás lejos del reino de Dios".

Jesús ha estado enseñando en el templo por tres días ya (domingo, lunes y martes). La gente lo ha escuchado con gusto; no obstante, los líderes religiosos quieren matarlo, pero hasta ahora sus intentos han sido frustrados. **(Mateo 22:15-40; Marcos 12:13-34; Lucas 20:20-40.)**

■ ¿Qué traman los fariseos para entrampar a Jesús, y qué sucedería si él contestara sí o no a la pregunta que le hacen?

■ ¿Cómo frustra Jesús los esfuerzos de los saduceos por entramparlo?

■ ¿A qué otra prueba someten a Jesús los fariseos, y con qué resultado?

■ Durante su ministerio final en Jerusalén, ¿por cuántos días enseña Jesús en el templo, y con qué efecto?

109

Jesús denuncia a sus opositores

JESÚS ha confundido tanto a sus opositores religiosos que estos temen seguir haciéndole preguntas. Así que él toma la iniciativa de denunciar la ignorancia de ellos. Pregunta: "¿Qué les parece del Cristo? ¿De quién es hijo?".

"De David", contestan los fariseos.

Aunque Jesús no niega que David sea el antepasado físico del Cristo o Mesías, pregunta: "Entonces, ¿cómo es que David por inspiración [en el Salmo 110] lo llama 'Señor', diciendo: 'Jehová dijo a mi Señor: "Siéntate a mi diestra hasta que ponga a tus enemigos debajo de tus pies"'? Por lo tanto, si David lo llama 'Señor', ¿cómo es él su hijo?".

Los fariseos callan, pues no saben quién es en verdad el Cristo o Ungido. El Mesías no es simplemente un descendiente humano de David, como parece que creen los fariseos; más bien, había existido en el cielo y era el superior o Señor de David.

Jesús ahora se vuelve hacia las muchedumbres y sus discípulos y les da una advertencia acerca de los escribas y los fariseos. Puesto que estos enseñan la Ley de Dios, pues 'están sentados en la cátedra de Moisés', Jesús insta: "Todas las cosas que les digan, háganlas y obsérvenlas". Pero añade: "No hagan conforme a los hechos de ellos, porque dicen y no hacen".

Son hipócritas, y Jesús los denuncia en términos similares a los que había usado mientras comía en la casa de cierto fariseo unos meses atrás. Dice: "Todas las obras que hacen, las hacen para ser vistos por los hombres". Y da ejemplos, al decir:

"Ensanchan las cajitas que contienen escrituras que llevan puestas como resguardos". Estas cajas relativamente pequeñas que llevan sobre la frente o en el brazo contienen cuatro porciones de la Ley: Éxodo 13:1-10, 11-16 y Deuteronomio 6:4-9; 11:13-21. Pero los fariseos aumentan el tamaño de estas cajas para dar la impresión de que son celosos por la Ley.

Jesús pasa a decir que ellos "agrandan los flecos de sus prendas de vestir". En Números 15:38-40 se da a los israelitas el mandato de hacer flecos en sus prendas de vestir, pero los fariseos hacen los suyos más grandes que los de las demás personas. ¡Cuanto hacen, lo hacen para ser vistos! Jesús declara: "Les gusta el lugar más prominente".

Lamentablemente, los propios discípulos de Jesús han sido afectados por este deseo de prominencia. Por eso él les aconseja: "Mas ustedes, no sean llamados Rabí, porque uno solo es su maestro, mientras que todos ustedes son hermanos. Además, no llamen padre de ustedes a nadie sobre la tierra, porque uno solo

es su Padre, el Celestial. Tampoco sean llamados 'caudillos', porque su Caudillo es uno, el Cristo". ¡Los discípulos tienen que librarse del deseo de ocupar la posición más importante! Jesús da esta amonestación: "El mayor entre ustedes tiene que ser su ministro".

Luego Jesús pronuncia una serie de ayes contra los escribas y los fariseos, y varias veces los llama hipócritas. "Cierran el reino de los cielos delante de los hombres", dice, y: "Ellos son los que devoran las casas de las viudas y por pretexto hacen largas oraciones".

"¡Ay de ustedes, guías ciegos!", dice Jesús. Condena a los fariseos por su falta de valores espirituales, que se puede ver por las distinciones arbitrarias que hacen. Por ejemplo, dicen: 'No es nada si alguien jura por el templo, pero uno queda obligado si jura por el oro del templo'. Al dar más énfasis al oro del templo que al valor espiritual de ese lugar de adoración, revelan su ceguera moral.

Entonces, como lo ha hecho antes, Jesús condena a los fariseos por descuidar "los asuntos de más peso de la Ley, a saber: la justicia y la misericordia y la fidelidad" mientras dan mayor atención a pagar el diezmo o décima parte de hierbas insignificantes.

Jesús llama a los fariseos "guías ciegos, que cuelan el mosquito pero engullen el camello". Cuelan de su vino el mosquito, no solo porque sea un insecto, sino porque ceremonialmente es inmundo. Sin embargo, su desatención a los asuntos de más peso de la Ley es comparable a tragarse un camello, que también es un animal inmundo en sentido ceremonial. **(Mateo 22:41–23:24; Marcos 12:35-40; Lucas 20:41-47; Levítico 11:4, 21-24.)**

- ¿Por qué callan los fariseos cuando Jesús les pregunta sobre lo que dijo David en el Salmo 110?
- ¿Por qué agrandan los fariseos las cajitas que contienen Escrituras y los flecos de sus prendas de vestir?
- ¿Qué consejo da Jesús a sus discípulos?
- ¿Qué distinciones arbitrarias hacen los fariseos, y cómo los condena Jesús por descuidar los asuntos de más peso?

110

Completado el ministerio en el templo

ESTA es la última vez que Jesús se presenta en el templo. De hecho, está por terminar su ministerio público en la Tierra, con excepción de los sucesos relacionados con su juicio y ejecución, que tendrán lugar tres días después. Ahora sigue censurando a los escribas y los fariseos.

Otras tres veces exclama: "¡Ay de ustedes, escribas y fariseos, hipócritas!". Primero proclama un ay contra ellos porque limpian "el exterior de la copa y del plato, pero por dentro están llenos de saqueo e inmoderación". Así que aconseja: "Limpia primero el interior de la copa y del plato, para que su exterior también quede limpio".

Luego pronuncia un ay contra los escribas y los fariseos por la podredumbre y la corrupción internas que tratan de ocultar tras su piedad externa. "Se asemejan a sepulcros blanqueados —dice—, que por fuera realmente parecen hermosos, pero por dentro están llenos de huesos de muertos y de toda suerte de inmundicia."

Finalmente, la hipocresía de ellos se hace patente porque quieren edificar tumbas para los profetas y adornarlas para llamar atención a sus propias obras de caridad. Pero, como revela Jesús, "son hijos de los que asesinaron a los profetas". Sí, ¡cualquiera que se atreve a desenmascarar su hipocresía está en peligro!

Continuando, Jesús hace su más vigorosa denuncia. "Serpientes, prole de víboras —dice—, ¿cómo habrán de huir del juicio del Gehena?" Gehena es el valle que se usa como el vertedero de Jerusalén. Lo que Jesús dice, pues, es que los escribas y los fariseos, por el derrotero inicuo que han seguido, serán destruidos para siempre.

Respecto a los que envía como representantes suyos, Jesús dice: "A algunos de ellos ustedes los matarán y fijarán en maderos, y a algunos los azotarán en sus sinagogas y los perseguirán de ciudad en ciudad; para que venga sobre ustedes toda la sangre justa vertida sobre la tierra, desde la sangre del justo Abel hasta la sangre de Zacarías, hijo de Baraquías [llamado Jehoiadá en Segundo de Crónicas], a quien ustedes asesinaron entre el santuario y el altar. En verdad les digo: Todas estas cosas vendrán sobre esta generación".

Porque Zacarías reprendió a los líderes de Israel, estos "conspiraron contra él y lo lapidaron por mandamiento del rey, en el patio de la casa de Jehová". Pero, como predice Jesús, Israel pagará por toda esa sangre justa que ha derramado. Pagan 37 años más tarde, en 70 E.C., cuando los ejércitos romanos destruyen Jerusalén y más de un millón de judíos perecen.

Al pensar en esta espantosa situación, Jesús se angustia. "Jerusalén, Jerusalén —proclama una vez más—, ¡cuántas veces quise reunir a tus hijos, como la gallina reúne sus pollitos debajo de sus alas! Pero ustedes no lo quisieron. ¡Miren! Su casa se les deja abandonada a ustedes."

Entonces Jesús añade: "No me verán de ningún modo de aquí en adelante hasta que digan: '¡Bendito es el que viene en el nombre de Jehová!'". Ese día será durante la presencia de Cristo, cuando él entra en su Reino celestial y la gente lo ve con los ojos de la fe.

Jesús ahora se va a un lugar desde donde puede observar las arcas de la tesorería del templo y a las muchedumbres echando dinero en ellas. Los ricos echan muchas monedas. Pero entonces se acerca también una viuda pobre y echa dos monedas pequeñas de muy poco valor.

Jesús llama a sí a sus discípulos y dice: "En verdad les digo que esta viuda pobre echó más que todos los que están echando dinero en las arcas de la tesorería". Ellos tienen que preguntarse cómo es posible eso. Así que Jesús explica: "Todos ellos echaron de lo que les sobra, pero ella, de su indigencia, echó cuanto poseía, todo lo que tenía para vivir". Después de decir estas cosas, Jesús sale del templo por última vez.

Maravillados por el tamaño y la belleza del templo, uno de los discípulos de Jesús exclama: "Maestro, ¡mira!, ¡qué clase de piedras y qué clase de edificios!". En efecto, ¡se dice que las piedras miden más de 11 metros (35 pies) de largo, más de 5 metros (15 pies) de ancho, y más de 3 metros (10 pies) de alto!

"¿Contemplas estos grandes edificios?" contesta Jesús. "De ningún modo se dejará aquí piedra sobre piedra que no sea derribada."

Después de decir estas cosas, Jesús cruza con sus apóstoles el valle de Cedrón y sube al monte de los Olivos. Desde aquí pueden ver, abajo, aquel magnífico templo. **(Mateo 23:25–24:3; Marcos 12:41–13:3; Lucas 21:1-6; 2 Crónicas 24:20-22.)**

- ¿Qué hace Jesús durante su última visita al templo?
- ¿Cómo se manifiesta la hipocresía de los escribas y los fariseos?
- ¿Qué significa el "juicio del Gehena"?
- ¿Por qué dice Jesús que la viuda contribuyó más que los ricos?

111

La señal de los últimos días

E S MARTES por la tarde. Mientras Jesús está sentado en el monte de los Olivos observando el templo, que se ve abajo, Pedro, Andrés, Santiago y Juan se le acercan en privado. Les preocupa el templo, pues Jesús acaba de predecir que no se dejará piedra sobre piedra en él.

Pero parece que es más que eso lo que tienen presente cuando abordan a Jesús. Unas semanas antes él había hablado de su "presencia", un tiempo durante el cual "el Hijo del hombre ha de ser revelado". Y antes de eso les había hablado de "la conclusión del sistema de cosas". Por eso los apóstoles tienen mucha curiosidad.

"Dinos —dicen—: ¿cuándo serán estas cosas [que tendrán como resultado la destrucción de Jerusalén y su templo], y qué será la señal de tu presencia y de la conclusión del sistema de cosas?" En realidad su pregunta tiene tres partes. Primero, quieren saber sobre el fin de Jerusalén y su templo, después sobre la presencia de Jesús en el poder del Reino, y por último sobre el fin de todo el sistema de cosas.

En su respuesta detallada Jesús contesta las tres partes de la pregunta. Suministra una señal que indica cuándo terminará el sistema de cosas judío; pero provee algo más. Da también una señal que avisará a sus discípulos futuros para que puedan saber que están viviendo durante su presencia y cerca del fin de todo el sistema de cosas.

Con el paso de los años, los apóstoles observan el cumplimiento de la profecía de Jesús. Sí, los mismos sucesos que él predijo empiezan a realizarse en sus tiempos. Por eso la destrucción del sistema judío con su templo no sorprende a los cristianos todavía vivos 37 años después, en 70 E.C.

Sin embargo, la presencia de Cristo y la conclusión del sistema de cosas no tienen lugar en 70 E.C. Su presencia en el poder del Reino tiene lugar mucho tiempo después. Pero ¿cuándo? Una consideración de la profecía de Jesús lo revela.

Jesús predice que habrá "guerras e informes de guerras". "Se levantará nación contra nación", dice, y habrá escaseces de alimento, terremotos y pestes. A sus discípulos se les odiará y matará. Falsos profetas se levantarán y extraviarán a muchos. El desafuero aumentará, y el amor de la mayor parte se enfriará. A la misma vez, las buenas nuevas del Reino de Dios se predicarán como testimonio a todas las naciones.

Aunque la profecía de Jesús tiene un cumplimiento limitado antes de la destrucción de

Jerusalén en 70 E.C., su cumplimiento en mayor escala acontece durante su presencia y la conclusión del sistema de cosas. Un repaso cuidadoso de los acontecimientos mundiales desde 1914 revela que el cumplimiento mayor de la profecía trascendental de Jesús se ha estado realizando desde aquel año.

Otra parte de la señal que da Jesús es la aparición de "la cosa repugnante que causa desolación". En 66 E.C. esta cosa repugnante aparece en la forma de los "ejércitos acampados" de Roma que rodean Jerusalén y socavan la muralla del templo. "La cosa repugnante" está donde no debería estar.

En el cumplimiento mayor de la señal la cosa repugnante es la Liga de Naciones y su sucesora, las Naciones Unidas. La cristiandad ve a esta organización para la paz mundial como algo que sustituye al Reino de Dios. ¡Qué repugnante es esto! Por lo tanto, con el tiempo los poderes políticos asociados con la ONU se volverán contra la cristiandad (la Jerusalén antitípica) y la desolarán.

Por eso Jesús predijo: "Habrá gran tribulación como la cual no ha sucedido una desde el principio del mundo hasta ahora, no, ni volverá a suceder". Aunque la destrucción de Jerusalén en 70 E.C. es en verdad una gran tribulación en la que, según informes, muere más de un millón de personas, no es mayor que la del Diluvio global de los días de Noé. Esto indica que el cumplimiento principal de esta porción de la profecía de Jesús todavía es futuro.

Confianza durante los últimos días

Al acercarse el fin del martes 11 de Nisán, Jesús sigue hablando con sus apóstoles en el monte de los Olivos acerca de la señal de su presencia con el poder del Reino y de la conclusión del sistema de cosas. Les advierte que no vayan tras falsos Cristos. Les dice que algunos tratarán de "extraviar, si fuera posible, hasta a los escogidos". Pero, como águilas que tienen vista aguda, estos escogidos se reunirán donde haya verdadero alimento espiritual; es decir, acudirán al Cristo verdadero durante su presencia invisible. No se les extraviará y reunirá alrededor de un Cristo falso.

Los falsos Cristos solo pueden presentarse visiblemente. En contraste con eso, la presencia de Jesús será invisible. Acontecerá durante un período temible de la historia humana, como dice Jesús: "El sol será oscurecido, y la luna no dará su luz". Sí, este será el tiempo más tenebroso de la existencia de la humanidad. Será como si el sol se oscureciera durante el día y como si la luna no diera su luz por la noche.

Jesús continúa explicando: "Los poderes de los cielos serán sacudidos". Así indica que los cielos físicos tomarán una apariencia que anunciará males. Los cielos no serán ya solamente el dominio de las aves; habrá en ellos muchos aviones militares, cohetes y sondas espaciales. El temor y la violencia excederán todo lo que se haya experimentado anteriormente en la historia humana.

Como resultado de eso, dice Jesús, habrá "angustia de naciones, por no conocer la salida a causa del bramido del mar y de su agitación, mientras que los hombres desmayan por el temor y la expectación de las cosas que vienen sobre la tierra habitada". Sí, este período, el más tenebroso de la existencia humana, llevará al tiempo en que, como dice Jesús, "aparecerá en el cielo la señal del Hijo del hombre, y entonces todas las tribus de la tierra se golpearán en lamento".

Pero no todos se lamentarán cuando 'el Hijo del hombre venga con poder' a destruir este inicuo sistema de cosas. Los "escogidos", los 144.000 que estarán con Cristo en su Reino celestial, no se lamentarán, como tampoco se lamentarán sus compañeros, a quienes Jesús ha llamado antes sus "otras ovejas". A pesar de que viven durante el tiempo más tenebroso de la historia humana, estos responden a las palabras alentadoras de Jesús: "Al comenzar a suceder estas cosas, levántense erguidos y alcen la cabeza, porque su liberación se acerca".

Para que sus discípulos que vivirían en los últimos días pudieran determinar lo cerca que estaría el fin, Jesús da esta

ilustración: "Noten la higuera y todos los demás árboles: Cuando ya echan brotes, ustedes, al observarlo, saben para sí que ya se acerca el verano. Así también ustedes, cuando vean suceder estas cosas, sepan que el reino de Dios está cerca. En verdad les digo: Esta generación no pasará de ningún modo sin que todas las cosas sucedan".

Por eso, cuando sus discípulos vean el cumplimiento de los muchos diferentes rasgos de la señal, deben darse cuenta de que el fin del sistema de cosas está cerca y de que el Reino de Dios pronto eliminará toda la iniquidad. De hecho, ¡el fin vendrá durante el tiempo en que vive la gente que ve el cumplimiento de todo lo que Jesús predice! Jesús exhorta así a los discípulos que vivirían durante los trascendentales últimos días:

"Presten atención a sí mismos para que sus corazones nunca lleguen a estar cargados debido a comer con exceso y beber con exceso, y por las inquietudes de la vida, y de repente esté aquel día sobre ustedes instantáneamente como un lazo. Porque vendrá sobre todos los que moran sobre la haz de toda la tierra. Manténganse despiertos, pues, en todo tiempo haciendo ruego para que logren escapar de todas estas cosas que están destinadas a suceder, y estar en pie delante del Hijo del hombre".

Las vírgenes sabias y las necias

Jesús ha estado contestando la petición que le han hecho sus apóstoles de una señal de Su presencia en el poder del Reino. Ahora añade otros rasgos de la señal mediante tres parábolas o ilustraciones.

Los que estuvieran vivos durante la presencia de Cristo verían el cumplimiento de cada ilustración. Él introduce la primera con estas palabras: "Entonces el reino de los cielos llegará a ser semejante a diez vírgenes que tomaron sus lámparas y salieron al encuentro del novio. Cinco de ellas eran necias, y cinco eran discretas".

¡Por la expresión "el reino de los cielos llegará a ser semejante a diez vírgenes" Jesús no quiere decir que la mitad de los que heredan el Reino celestial son necios y la otra mitad discretos! No; más bien quiere decir que, con relación al Reino de los cielos, hay un rasgo que se asemeja a esto o a aquello, o que los asuntos que tienen que ver con el Reino se parecerán a tal o cual cosa.

Las diez vírgenes simbolizan a todos los cristianos que tienen la perspectiva de formar parte del Reino celestial o que afirman que tienen esa perspectiva. Fue en el Pentecostés de 33 E.C. cuando la congregación cristiana fue prometida en matrimonio al Novio resucitado y glorificado, Jesucristo. Pero las bodas se realizarían en el cielo en una fecha posterior que no se especificó.

En la ilustración las diez vírgenes salen con el fin de recibir al novio y unirse a la procesión nupcial. Cuando él llegue, ellas alumbrarán el camino de la procesión con sus lámparas, y así lo honrarán a medida que él lleva a su novia a la casa preparada para ella. Sin embargo, Jesús explica: "Las necias tomaron sus lámparas, pero no tomaron consigo aceite, mientras que las discretas tomaron aceite en sus receptáculos con sus lámparas. Como el novio se tardaba, todas cabecearon y se durmieron".

La tardanza prolongada del novio indica que la presencia de Cristo como Rey entronizado será en el futuro distante. Por fin él asciende al trono en el año 1914. Durante la noche larga antes de esa entronización, todas las vírgenes se duermen. Pero no se las condena por esto. Se condena a las vírgenes necias por no tener aceite para sus receptáculos. Jesús explica que las vírgenes se despiertan antes de que el novio llegue: "Justamente a mitad de la noche se levantó un clamor: '¡Aquí está el novio! Salgan a su encuentro'. Entonces todas aquellas vírgenes se levantaron y pusieron en orden sus lámparas. Las necias dijeron a las discretas: 'Dennos de su aceite, porque nuestras lámparas están a punto de apagarse'. Las discretas

contestaron con las palabras: 'Tal vez no haya suficiente para nosotras y ustedes. Vayan, más bien, a los que lo venden y compren para ustedes'".

El aceite es símbolo de lo que mantiene a los verdaderos cristianos resplandeciendo como iluminadores. Esto es la Palabra inspirada de Dios, la cual tienen firmemente asida los cristianos, junto con el espíritu santo que les ayuda a entender esa Palabra. El aceite espiritual permite que las vírgenes discretas esparzan luz al recibir al novio durante la procesión al banquete de bodas. Pero la clase de las vírgenes necias no tiene en sí, en sus receptáculos, el aceite espiritual necesario. De modo que Jesús describe lo que sucede:

"Mientras [las vírgenes necias] iban a comprar [aceite], llegó el novio, y las vírgenes que estaban listas entraron con él al banquete de bodas; y la puerta fue cerrada. Después vinieron también las demás vírgenes, y dijeron: '¡Señor, señor, ábrenos!'. En respuesta, él dijo: 'Les digo la verdad: no las conozco'".

Después que Cristo llega en su Reino celestial, la clase de las vírgenes discretas, compuesta de verdaderos cristianos ungidos, despierta a su privilegio de esparcir luz en este mundo tenebroso en alabanza del Novio que ha regresado. Pero aquellos a quienes representan las vírgenes necias no están preparados para dar esta alabanza de bienvenida. Por eso, cuando llega la hora, Cristo no les abre la puerta al banquete de bodas en el cielo. Los deja fuera en la negrura de la noche más tenebrosa del mundo, para que perezcan con todos los demás obradores del desafuero. Jesús concluye: "Manténganse alerta, pues, porque no saben ni el día ni la hora".

La ilustración de los talentos

Jesús sigue su consideración con los apóstoles en el monte de los Olivos y les da otra ilustración, la segunda de una serie de tres. Unos días atrás, mientras estaba en Jericó, dio la ilustración de las minas para mostrar que el Reino todavía estaba en el futuro lejano. La ilustración que presenta ahora, aunque tiene varios rasgos similares a los de aquella, describe en su cumplimiento actividades que tienen lugar durante la presencia de Cristo en el poder del Reino. Ilustra que, mientras todavía están en la Tierra, sus discípulos tienen que trabajar para aumentar los "bienes" de Cristo.

Jesús empieza así: "Porque es [es decir, las circunstancias relacionadas con el Reino son] justamente como un hombre que, estando para emprender un viaje al extranjero, mandó llamar a sus esclavos y les encargó sus bienes". Jesús es el hombre que, antes de viajar al extranjero, o sea, al cielo, encarga sus bienes a sus esclavos... los discípulos que esperan formar parte del Reino celestial. Estos bienes no son posesiones materiales; más bien, representan un campo cultivado que, por lo que Jesús ha hecho, puede producir más discípulos.

Jesús encarga sus bienes a sus esclavos poco antes de ascender al cielo. ¿Cómo lo hace? Al mandarles que sigan trabajando en el campo cultivado mediante predicar el mensaje del Reino hasta las partes más distantes de la Tierra. Como dice Jesús: "A uno dio cinco talentos; a otro, dos; y a otro, uno, a cada uno según su propia habilidad, y se fue al extranjero".

Así, los ocho talentos —los bienes de Cristo— se distribuyen según las aptitudes o capacidades espirituales de los esclavos. Los esclavos representan clases de discípulos. En el primer siglo, la clase que recibió los cinco talentos evidentemente incluía a los apóstoles. Jesús pasa a decir que tanto el esclavo que recibió los cinco talentos como el que recibió los dos talentos los duplicaron al predicar el Reino y hacer discípulos. Pero el esclavo que recibió un solo talento lo escondió en la tierra.

"Después de mucho tiempo —continúa Jesús— vino el amo de aquellos esclavos y ajustó cuentas con ellos." No fue sino hasta unos 1.900 años más tarde, en el siglo XX, cuando Cristo regresó para ajustar cuentas, de modo que en verdad fue "después de mucho tiempo". Entonces Jesús explica:

"Se presentó el que había recibido cinco talentos y trajo cinco talentos más, diciendo: 'Amo, me encargaste cinco talentos; mira, gané otros cinco talentos'. Su amo le dijo: '¡Bien hecho, esclavo bueno y fiel! Fuiste fiel sobre unas cuantas cosas. Te nombraré sobre muchas cosas. Entra en el gozo de tu amo'". El esclavo que recibió dos talentos también los duplicó, y recibió el mismo encomio y la misma recompensa.

Pero ¿cómo entran estos esclavos fieles en el gozo de su Amo? Pues bien, el gozo de su Amo, Jesucristo, es el de recibir en posesión el Reino cuando viaja al extranjero, a su Padre en el cielo. En cuanto a los esclavos fieles de la actualidad, ellos se sienten muy gozosos de que se les confíen más responsabilidades relacionadas con el Reino, y a medida que terminan su carrera terrestre tienen el gozo culminante de ser resucitados como parte del Reino celestial. Pero ¿qué hay del tercer esclavo?

"Amo, yo sabía que eres hombre exigente —se queja el esclavo—. De modo que me dio miedo, y me fui, y escondí tu talento en la tierra. Aquí tienes lo tuyo." El esclavo se negó deliberadamente a trabajar en el campo cultivado mediante predicar y hacer discípulos. Por eso el amo lo llama "inicuo e indolente" y pronuncia el juicio: "Quítenle el talento [...] Y al

esclavo que no sirve para nada, échenlo a la oscuridad de afuera. Allí es donde será su llanto y el crujir de sus dientes". Los que pertenecen a la clase de este esclavo inicuo son echados fuera y quedan privados de todo gozo espiritual.

Esta es una lección seria para *todos* los que afirman ser seguidores de Cristo. Si quieren disfrutar del encomio y la recompensa que él da, y evitar que se les eche a la oscuridad de afuera y finalmente a la destrucción, deben trabajar para dar aumento a los bienes de su Amo celestial mediante participar de lleno en la obra de predicar. A este respecto, ¿manifiesta diligencia usted?

Cuando Cristo llega con el poder del Reino

Jesús todavía está con sus apóstoles en el monte de los Olivos. En respuesta a lo que ellos le han pedido, una señal de su presencia y de la conclusión del sistema de cosas, ahora les da la última de la serie de tres ilustraciones. Jesús la empieza así: "Cuando el Hijo del hombre llegue en su gloria, y todos los ángeles con él, entonces se sentará sobre su glorioso trono".

Los humanos no pueden ver a los ángeles en su gloria celestial. Por eso la llegada del Hijo del hombre, Jesucristo, con sus ángeles tiene que ser invisible a los ojos humanos. Esta llegada acontece en el año 1914. Pero ¿qué propósito tiene? Jesús explica: "Todas las naciones serán reunidas delante de él, y separará a la gente unos de otros, así como el pastor separa las ovejas de las cabras. Y pondrá las ovejas a su derecha, pero las cabras a su izquierda".

Jesús da esta descripción de lo que les sucederá a las personas a quienes se separa hacia el lado favorecido: "Entonces dirá el rey a los de su derecha: 'Vengan, ustedes que han sido bendecidos por mi Padre, hereden el reino preparado para ustedes desde la fundación del mundo'". Las ovejas de esta ilustración no van a gobernar con Cristo en el cielo, sino que heredan el Reino en el sentido de ser sus súbditos terrestres. "La fundación del mundo" tuvo lugar cuando Adán y Eva engendraron prole que podía beneficiarse de la provisión divina para la redención de la humanidad.

Pero ¿por qué se separa a las ovejas hacia el lado del favor de Rey, hacia su derecha? "Porque me dio hambre —contesta el rey—, y ustedes me dieron de comer; me dio sed, y me dieron de beber. Fui extraño, y me recibieron hospitalariamente; desnudo estuve, y me vistieron. Enfermé, y me cuidaron. Estuve en prisión, y vinieron a mí."

Puesto que las ovejas están en la Tierra, quieren saber cómo pudieran haber hecho cosas tan buenas para su Rey celestial. "Señor, ¿cuándo te vimos con hambre y te alimentamos —preguntan—, o con sed, y te dimos de beber? ¿Cuándo te vimos extraño y te recibimos hospitalariamente, o desnudo, y te vestimos? ¿Cuándo te vimos enfermo, o en prisión, y fuimos a ti?"

"En verdad les digo —contesta el Rey—: Al grado que lo hicieron a uno de los más pequeños de estos hermanos míos,

a mí me lo hicieron." Los hermanos de Cristo son los que quedan en la Tierra de los 144.000 que gobernarán con él en el cielo. Y Jesús dice que hacerles el bien a ellos equivale a hacerle el bien a él.

Luego el Rey se dirige a las cabras. "Váyanse de mí, ustedes que han sido maldecidos, al fuego eterno preparado para el Diablo y sus ángeles. Porque me dio hambre, pero ustedes no me dieron de comer, y me dio sed, pero no me dieron de beber. Fui extraño, pero no me recibieron hospitalariamente; desnudo estuve, pero no me vistieron; enfermo y en prisión, pero no me cuidaron."

Pero las cabras se quejan: "Señor, ¿cuándo te vimos con hambre, o con sed, o extraño, o desnudo, o enfermo, o en prisión, y no te ministramos?". Las cabras reciben juicio adverso sobre la misma base que se usa para pronunciar juicio favorable sobre las ovejas. "Al grado que no lo hicieron a uno de estos más pequeños [de mis hermanos] —contesta Jesús—, no me lo hicieron a mí."

Así que la presencia de Cristo con el poder del Reino, precisamente antes del fin de este inicuo sistema de cosas en la gran tribulación, será un tiempo de juicio. Las cabras "partirán al cortamiento eterno, pero los justos [las ovejas] a la vida eterna". **(Mateo 24:2–25:46; 13:40, 49; Marcos 13:3-37; Lucas 21:7-36; 19:43, 44; 17:20-30; 2 Timoteo 3:1-5; Juan 10:16; Revelación 14:1-3.)**

- ¿Qué impulsa a los apóstoles a plantear una pregunta, pero qué más parece que tienen presente?
- ¿Qué parte de la profecía de Jesús se cumple en 70 E.C., pero qué no sucede entonces?
- ¿Cuándo se cumple inicialmente la profecía de Jesús, pero cuándo tiene un cumplimiento en mayor escala?
- ¿Qué es la cosa repugnante en el cumplimiento inicial de la profecía y qué en su cumplimiento final?
- ¿Por qué no es la destrucción de Jerusalén el cumplimiento final de la gran tribulación?
- ¿Qué condiciones mundiales señalan la presencia de Cristo?
- ¿Cuándo 'se golpearán en lamento todas las tribus de la tierra', pero qué estarán haciendo los seguidores de Cristo?
- ¿Qué ilustración da Jesús para ayudar a sus discípulos futuros a discernir el tiempo en que se acerca el fin?
- ¿Qué exhortación da Jesús para sus discípulos que vivirían durante los últimos días?
- ¿A quiénes simbolizan las diez vírgenes?
- ¿Cuándo fue prometida en matrimonio al novio la congregación cristiana, pero cuándo llega el novio para llevar a su novia al banquete de bodas?
- ¿Qué representa el aceite, y qué pueden hacer con él las vírgenes discretas que lo poseen?
- ¿Dónde se realiza el banquete de bodas?
- ¿Qué magnífico galardón pierden las vírgenes necias, y qué les pasará?
- ¿Qué lección aprendemos de la ilustración de los talentos?
- ¿Quiénes son los esclavos, y qué son los bienes que se les encargan?
- ¿Cuándo viene el amo para ajustar cuentas, y qué halla?
- ¿Qué es el gozo en que entran los esclavos fieles, y qué le sucede al tercer esclavo, el inicuo?
- ¿Por qué tiene que ser invisible la presencia de Cristo, y qué obra efectúa él en ese tiempo?
- ¿En qué sentido heredan el Reino las ovejas?
- ¿Cuándo tuvo lugar "la fundación del mundo"?
- ¿Sobre qué base se juzga a las personas como ovejas o como cabras?

112

Cercana la última Pascua de Jesús

AL ACERCARSE el fin del martes 11 de Nisán, Jesús termina de instruir a los apóstoles en el monte de los Olivos. ¡Qué día tan ocupado y difícil han tenido! Ahora, quizás mientras regresan a Betania para pasar la noche allí, Jesús dice a sus apóstoles: "Saben que de aquí a dos días ocurre la pascua, y el Hijo del hombre ha de ser entregado para ser fijado en un madero".

Parece que Jesús pasa el día siguiente, el miércoles 12 de Nisán, descansando tranquilamente con sus apóstoles. El día anterior él había reprendido públicamente a los líderes religiosos, y se da cuenta de que procuran matarlo. Por eso el miércoles no se manifiesta abiertamente en público, pues no quiere que nada le impida celebrar la Pascua con sus apóstoles la noche siguiente.

Mientras tanto, los sacerdotes principales y los ancianos del pueblo se han reunido en el patio del sumo sacerdote, Caifás. Heridos por el ataque de Jesús contra ellos el día anterior, planean prenderlo mediante un ardid astuto y hacer que se le dé muerte. Pero siguen diciendo: "No en la fiesta, para que no se levante un alboroto entre el pueblo". Temen al pueblo, pues este favorece a Jesús.

Mientras los líderes religiosos conspiran inicuamente para matar a Jesús, viene alguien a visitarlos. Para sorpresa de ellos, es uno de los mismos apóstoles de Jesús, Judas Iscariote, ¡aquel en quien Satanás ha implantado la vil idea de traicionar a su Maestro! Ellos se alegran mucho cuando Judas pregunta: "¿Qué me darán para que lo traicione a ustedes?". Con gusto concuerdan en pagarle 30 piezas de plata, el precio de un esclavo según el pacto de la Ley de Moisés. Desde entonces en adelante Judas busca la ocasión propicia para entregarles a Jesús sin que haya una muchedumbre presente.

El 13 de Nisán empieza al anochecer el miércoles. Jesús

llegó de Jericó el viernes, de modo que esta es la sexta y última noche que pasa en Betania. El día siguiente, jueves, habrá que hacer los preparativos finales para la Pascua, que comienza al ponerse el Sol. Es entonces cuando el cordero de la Pascua tiene que ser degollado y luego asado entero. ¿Dónde celebrarán la fiesta, y quién hará los preparativos?

Jesús no ha suministrado tales detalles, quizás para evitar que Judas avise a los sacerdotes principales y estos lo prendan durante la celebración de la Pascua. Pero ahora, probablemente temprano el jueves por la tarde, Jesús envía desde Betania a Pedro y a Juan y les dice: "Vayan y preparen la pascua para que la comamos".

"¿Dónde quieres que la preparemos?", preguntan.

"Al entrar en la ciudad —explica Jesús— los encontrará un hombre que lleva una vasija de barro con agua. Síganlo hasta dentro de la casa en que entre. Y tienen que decir al dueño de la casa: 'El Maestro te dice: "¿Dónde está el cuarto para convidados en que pueda comer la pascua con mis discípulos?"'. Y ese les mostrará un cuarto grande, arriba, amueblado. Prepárenla allí."

Puede que el dueño de la casa sea un discípulo de Jesús que quizás espera que Jesús solicite el uso de su casa para esta ocasión especial. De todos modos, cuando Pedro y Juan llegan a Jerusalén, hallan todo como lo predijo Jesús. De modo que los dos se aseguran de que el cordero esté listo y se hagan los demás preparativos para suplir lo necesario a los 13 que celebrarán la Pascua allí, Jesús y sus 12 apóstoles. (Mateo 26:1-5, 14-19; Marcos 14:1, 2, 10-16; Lucas 22:1-13; Éxodo 21:32.)

■ ¿Qué parece que hace Jesús el miércoles, y por qué?

■ ¿Qué reunión hay en el hogar del sumo sacerdote, y con qué fin visita Judas a los líderes religiosos?

■ ¿A quiénes envía Jesús a Jerusalén el jueves, y para qué?

■ ¿Qué hallan estos enviados que de nuevo revela los poderes milagrosos de Jesús?

113

Humildad
en la última Pascua

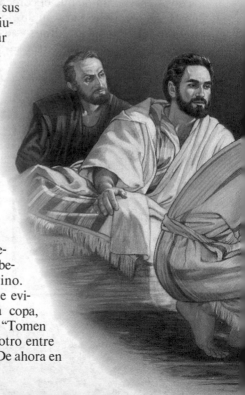

EN OBEDIENCIA a las instrucciones de Jesús, ya Pedro y Juan han llegado a Jerusalén para hacer los preparativos para la Pascua. Parece que Jesús llega con los otros diez apóstoles algún tiempo después aquella tarde. El Sol va hundiéndose en el horizonte mientras Jesús y sus compañeros descienden del monte de los Olivos. Esta es la última vista diurna que Jesús tiene de la ciudad desde esta montaña antes de su resurrección.

En poco tiempo Jesús y sus compañeros llegan a la ciudad y se dirigen al hogar donde han de celebrar la Pascua. Suben las escaleras al cuarto grande de arriba y hallan todo preparado para su celebración privada de la Pascua. Jesús ha anhelado esta ocasión, pues dice: "En gran manera he deseado comer con ustedes esta pascua antes que sufra".

Por tradición, en la celebración de la Pascua se beben cuatro copas de vino. Después de aceptar lo que evidentemente es la tercera copa, Jesús da gracias y dice: "Tomen esta y pásenla del uno al otro entre ustedes; porque les digo: De ahora en adelante no volveré a beber del producto de la vid hasta que llegue el reino de Dios".

Mientras la cena progresa, Jesús se levanta, pone a un lado sus prendas de vestir exteriores, toma una toalla y llena de agua una palangana. Por lo general el anfitrión se encargaría de que se les lavaran los pies a sus invitados. Pero en vista de que en esta ocasión no hay ningún anfitrión presente, Jesús atiende este servicio personal. Cualquiera de los apóstoles podría haber aprovechado la oportunidad para hacerlo; sin embargo, quizás porque todavía existe cierta rivalidad entre ellos, ninguno lo

hace. Ahora se avergüenzan a medida que Jesús empieza a lavarles los pies.

Cuando Jesús llega a Pedro, este protesta: "Tú ciertamente no me lavarás los pies nunca".

"A menos que te lave, no tienes parte conmigo", dice Jesús.

"Señor —responde Pedro—, no los pies solamente, sino también las manos y la cabeza."

"El que se ha bañado —contesta Jesús— no necesita lavarse más que los pies, sino que está todo limpio. Y ustedes están limpios, pero no todos." Dice esto porque sabe que Judas Iscariote tiene planes de traicionarlo.

Cuando Jesús ha lavado los pies de los 12, incluso los de Judas, el que lo va a traicionar, se pone sus prendas de vestir exteriores y se recuesta de nuevo a la mesa. Entonces pregunta: "¿Saben lo que les he hecho? Ustedes me llaman: 'Maestro', y, 'Señor', y hablan correctamente, porque lo soy. Por eso, si yo, aunque soy Señor y Maestro, les he lavado los pies a ustedes, ustedes también deben lavarse los pies unos a otros. Porque yo les he puesto el modelo, que, así como yo hice con ustedes, ustedes también deben hacerlo. Muy verdaderamente les digo: El esclavo no es mayor que su amo, ni es el enviado mayor que el que lo envió. Si saben estas cosas, felices son si las hacen".

¡Qué hermosa lección de servicio humilde! Los apóstoles no deben procurar el primer lugar, ni pensar que son tan importantes que otros siempre deban servirles. Es necesario que sigan el modelo que puso Jesús. No es un modelo de lavar pies en un rito. No; es de estar uno dispuesto a servir sin parcialidad, sin importar cuán servil o desagradable sea la tarea. **(Mateo 26: 20, 21; Marcos 14:17, 18; Lucas 22:14-18; 7:44; Juan 13:1-17.)**

- ¿Qué hace particular la vista que Jesús tiene de Jerusalén al entrar en la ciudad para celebrar la Pascua?
- Durante la Pascua, ¿evidentemente qué copa pasa Jesús a los 12 apóstoles después de decir una bendición?
- ¿Qué servicio personal era costumbre rendir a los invitados cuando Jesús estaba en la Tierra, y por qué no se proveyó durante la Pascua que celebraron Jesús y los apóstoles?
- ¿Con qué propósito se encargó Jesús de la tarea servil de lavar los pies a sus apóstoles?

La cena conmemorativa

DESPUÉS que Jesús lava los pies a sus apóstoles, cita el texto de Salmo 41:9: "El que comía de mi pan ha alzado contra mí su talón". Entonces, perturbado en espíritu, explica: "Uno de ustedes me traicionará".

Los apóstoles empiezan a contristarse y a decir a Jesús, uno por uno: "No soy yo, ¿verdad?". Hasta Judas Iscariote pregunta lo mismo. Juan, quien está reclinado a la mesa al lado de Jesús, se recuesta sobre el pecho de Jesús y le pregunta: "Señor, ¿quién es?".

"Es uno de los doce, que moja conmigo en la fuente común —contesta Jesús—. Cierto, el Hijo del hombre se va, así como está escrito respecto a él, mas ¡ay de aquel hombre por medio de quien el Hijo del hombre es traicionado! Le hubiera sido mejor a aquel hombre no haber nacido." Después de aquello, Satanás entra de nuevo en Judas, aprovechándose de que este le ha abierto el corazón, que se ha hecho inicuo. Más tarde aquella noche, apropiadamente Jesús llama a Judas "el hijo de destrucción".

Jesús ahora dice a Judas: "Lo que haces, hazlo más pronto". Ninguno de los demás apóstoles comprende lo que Jesús quiere decir. Algunos se imaginan que, como Judas tiene la caja del dinero, Jesús le está diciendo: "Compra las cosas que necesitamos para la fiesta", o que debe ir a dar algo a los pobres.

Después que Judas sale, Jesús instituye con sus apóstoles fieles una celebración o conmemoración completamente nueva. Toma un pan, hace una oración de gracias, lo parte y se lo da a ellos, diciendo: "Tomen, coman". Explica: "Esto significa mi cuerpo que ha de ser dado a favor de ustedes. Sigan haciendo esto en memoria de mí".

Después que cada uno ha comido del pan, Jesús toma una copa de vino, evidentemente la cuarta copa que se usa en el servicio de la Pascua. También da gracias en oración por esta, se la pasa a ellos, les pide que beban de ella, y declara: "Esta copa significa el nuevo pacto en virtud de mi sangre, que ha de ser derramada a favor de ustedes".

De modo que esto es, en realidad, una conmemoración de la muerte de Jesús. Ha de celebrarse anualmente el 14 de Nisán, como dice Jesús, en memoria de él. Recordará a los celebrantes lo que Jesús y su Padre celestial han hecho para proveer escape de la condenación de la muerte a la humanidad. Para los judíos que llegan a ser seguidores de Cristo esta celebración reemplazará a la Pascua.

El nuevo pacto, que entra en vigor mediante la sangre derramada de Jesús, reemplaza al viejo pacto de la Ley. Jesucristo es el Mediador entre dos partes... por un lado, Jehová Dios, y por el otro 144.000 cristianos que son engendra-

dos mediante el espíritu. Además de hacer provisión para perdonar pecados, el pacto permite la formación de una nación celestial de reyes y sacerdotes. (Mateo 26:21-29; Marcos 14:18-25; Lucas 22:19-23; Juan 13:18-30; 17:12; 1 Corintios 5:7.)

- ¿Qué profecía bíblica cita Jesús respecto a un compañero, y cómo la aplica?

- ¿Por qué se contristan profundamente los apóstoles, y qué pregunta hace cada uno de ellos?

- ¿Qué le dice Jesús a Judas que haga, pero cómo interpretan aquellas instrucciones los demás apóstoles?

- ¿Qué celebración instituye Jesús después que sale Judas, y con qué propósito se efectúa esta?

- ¿Qué partes entran en el nuevo pacto, y qué se logra mediante este?

Una discusión acalorada

TEMPRANO por la noche, Jesús enseñó una hermosa lección de servicio humilde al lavar los pies a sus apóstoles. Después instituyó la Conmemoración de su muerte ya cercana. Ahora, especialmente en vista de lo que acaba de pasar, algo sorprendente sucede. ¡Sus apóstoles entran en una discusión acalorada sobre quién pudiera ser el mayor entre ellos! Parece que esto es parte de una disputa que ha persistido entre ellos.

Recuerde que después de la transfiguración de Jesús en la montaña los apóstoles tuvieron una discusión sobre quién entre ellos era el mayor. Además, Santiago y Juan solicitaron puestos prominentes en el Reino, algo que agravó la disputa entre los apóstoles. Ahora, en la

última noche de Jesús con ellos, ¡cómo debe entristecer a Jesús el verlos reñir de nuevo! ¿Qué hace él?

En vez de regañar a los apóstoles por comportarse así, Jesús, con paciencia, de nuevo razona con ellos y les dice: "Los reyes de las naciones se enseñorean de ellas, y a los que tienen autoridad sobre ellas se les llama Benefactores. Ustedes, sin embargo, no han de ser así. [...] Porque, ¿cuál es mayor?: ¿el que se reclina a la mesa, o el que ministra? ¿No es el que se reclina a la mesa?". Entonces, recordándoles el ejemplo que ha dado, dice: "Mas yo estoy en medio de ustedes como el que ministra".

A pesar de sus imperfecciones, los apóstoles han permanecido con Jesús durante Sus pruebas. Por eso él dice: "Yo hago un pacto con ustedes, así como mi Padre ha hecho un pacto conmigo, para un reino". Este pacto personal entre Jesús y sus seguidores leales los une a él para que participen con él en Su dominio real. Al fin solo se acepta a un número limitado de 144.000 personas en este pacto para un Reino.

Aunque los apóstoles reciben esta perspectiva maravillosa de participar con Cristo en la gobernación del Reino, por ahora están débiles en sentido espiritual. Jesús dice: "A todos ustedes se les hará tropezar respecto a mí esta noche".

Sin embargo, tras decirle a Pedro que ha orado por él, Jesús lo exhorta así: "Una vez que hayas vuelto, fortalece a tus hermanos".

"Hijitos —explica Jesús—, estoy con ustedes un poco de tiempo más. Me buscarán ustedes; y así como dije a los judíos: 'A donde yo voy ustedes no pueden venir', también se lo digo a ustedes ahora. Les doy un nuevo mandamiento: que se amen unos a otros; así como yo los he amado, que ustedes también se amen los unos a los otros. En esto todos conocerán que ustedes son mis discípulos, si tienen amor entre sí."

"Señor, ¿adónde vas?", pregunta Pedro.

Jesús contesta: "A donde yo voy no puedes seguirme ahora, pero seguirás después".

"Señor, ¿por qué no puedo seguirte ahora?", quiere saber Pedro. "Entregaré mi alma a favor de ti."

"¿Entregarás tu alma a favor de mí?", pregunta Jesús. "En verdad te digo: Hoy tú, sí, esta noche, antes que un gallo cante dos veces, hasta tú me repudiarás tres veces."

"Aun cuando tenga que morir contigo —protesta Pedro—, de ningún modo te repudiaré." Y mientras los demás apóstoles dicen lo mismo, Pedro se jacta: "Aunque a todos los demás se les haga tropezar respecto a ti, ¡a mí nunca se me hará tropezar!".

Refiriéndose a la ocasión en que envió a los apóstoles en una gira de predicación por Galilea sin bolsa ni alforja, Jesús pregunta: "No les faltó nada, ¿verdad?".

"¡No!", responden.

"Mas ahora, el que tiene bolsa, tómela, así mismo también la alforja —dice él—; y el que no tiene espada venda su prenda de vestir exterior y compre una. Porque les digo que esto que está escrito tiene que realizarse en mí, a saber: 'Y fue contado con los desaforados'. Porque lo que tiene que ver conmigo está realizándose."

Jesús señala así al tiempo en que será fijado en un madero con malhechores o desaforados. También está indicando que después de eso sus seguidores afrontarán persecución severa. "Señor, ¡mira!, aquí hay dos espadas", dicen ellos.

"Basta", contesta él. Como veremos, el que ellos tengan las espadas consigo permitirá que dentro de poco Jesús les enseñe otra lección vital. **(Mateo 26:31-35; Marcos 14:27-31; Lucas 22:24-38; Juan 13:31-38; Revelación 14:1-3.)**

- ¿Por qué es tan sorprendente la discusión que surge entre los apóstoles?
- ¿Cómo maneja Jesús aquella discusión?
- ¿Qué se logra mediante el pacto que Jesús hace con sus discípulos?
- ¿Qué nuevo mandamiento da Jesús, y cuán importante es?
- ¿Cómo despliega Pedro excesiva confianza en sí mismo, y qué dice Jesús?
- ¿Por qué difieren las instrucciones de Jesús sobre llevar una bolsa y una alforja de las que les había dado antes?

116 Prepara a los apóstoles para Su partida

LA CENA de la conmemoración ha terminado, pero Jesús y sus apóstoles todavía están en el cuarto superior. Aunque pronto Jesús se habrá ido, todavía tiene mucho que decirles. Los consuela así: "No se les perturbe el corazón. Ejerzan fe en Dios". Pero añade: "Ejerzan fe también en mí".

Jesús pasa a decir: "En la casa de mi Padre hay muchas moradas [...] voy a preparar un lugar para ustedes [...] para que donde yo estoy también estén ustedes. Y a donde yo voy ustedes saben el camino". Los apóstoles no comprenden que Jesús se refiere a su partida hacia el cielo, y por eso Tomás pregunta: "Señor, no sabemos adónde vas. ¿Cómo sabemos el camino?".

"Yo soy el camino y la verdad y la vida", contesta Jesús. Sí, solo por aceptarlo e imitar su proceder en la vida puede alguien entrar en la casa celestial de su Padre, porque, como dice Jesús: "Nadie viene al Padre sino por mí".

"Señor, muéstranos al Padre —pide Felipe—, y nos basta." Parece que Felipe quiere que Jesús suministre una manifestación visible de Dios, como la que se concedió en la antigüedad

por visiones a Moisés, Elías e Isaías. Pero en realidad los apóstoles tienen algo mucho mejor que visiones de ese tipo, como hace notar Jesús: "¿He estado con ustedes tanto tiempo, y aun así, Felipe, no has llegado a conocerme? El que me ha visto a mí ha visto al Padre también".

Jesús refleja con tanta perfección la personalidad de su Padre que el vivir con él y observarlo es, de hecho, como en realidad ver al Padre. Sin embargo, el Padre es superior al Hijo, como reconoce Jesús: "Las cosas que les digo a ustedes no las hablo por mí mismo". Como es propio, Jesús atribuye a su Padre celestial el mérito por lo que enseña.

¡Cuánto debe animar a los apóstoles oír a Jesús decirles: "El que ejerce fe en mí, ese también hará las obras que yo hago; y hará obras mayores que estas"! Jesús no quiere decir que sus seguidores tendrán poderes milagrosos mayores que los de él. No; lo que quiere decir es que efectuarán el ministerio por un tiempo mucho más largo, en territorio mucho más extenso, y alcanzarán a muchas más personas.

Jesús no abandonará a sus discípulos después de su partida. "Cualquier cosa que ustedes pidan en mi nombre —promete—, esto lo haré." Además, dice: "Yo pediré al Padre, y él les dará otro ayudante que esté con ustedes para siempre, el espíritu de la verdad". Más tarde, después de ascender al cielo, Jesús derrama sobre sus discípulos el espíritu santo, este otro ayudante.

Se acerca el momento en que Jesús ha de partir, como dice: "Un poco más y el mundo ya no me contemplará". Jesús será una criatura celestial que ningún humano puede ver. Pero de nuevo promete a sus apóstoles fieles: "Ustedes me contemplarán, porque yo vivo y ustedes vivirán". Sí; Jesús no solo se les aparecerá en forma humana después de su resurrección, sino que, al debido tiempo, también los resucitará a la vida en el cielo con él como criaturas celestiales, o espíritus.

Jesús ahora declara una regla sencilla: "El que tiene mis mandamientos y los observa, ese es el que me ama. A su vez, el que me ama será amado por mi Padre, y yo lo amaré y me mostraré a él claramente".

Al oír eso, el apóstol Judas, aquel a quien también se llama Tadeo, le interrumpe diciendo: "Señor, ¿qué ha pasado que vas a mostrarte claramente a nosotros y no al mundo?".

"Si alguien me ama —responde Jesús—, observará mi palabra, y mi Padre lo amará [...] El que no me ama no observa mis palabras." A diferencia de los obedientes seguidores de Jesús, el mundo pasa por alto las enseñanzas de Cristo. Por eso él no se revela al mundo.

Durante su ministerio terrestre Jesús ha enseñado muchas cosas a sus apóstoles. ¿Cómo las recordarán, especialmente cuando hasta este momento es tanto lo que no han podido captar? Felizmente, Jesús promete: "El ayudante, el espíritu santo, que el Padre enviará en mi nombre, ese les enseñará todas las cosas y les hará recordar todas las cosas que les he dicho".

Jesús los consuela de nuevo, así: "La paz les dejo, mi paz les doy. [...] No se les perturbe el corazón". Es cierto que Jesús se va, pero les explica: "Si me amaran, se regocijarían de que sigo mi camino al Padre, porque el Padre es mayor que yo".

El tiempo que le queda a Jesús para estar con ellos es corto. "Ya no hablaré mucho con ustedes —dice—, porque el gobernante del mundo viene. Y él no tiene dominio sobre mí." Satanás el Diablo, quien pudo entrar en Judas y dominarlo, es el gobernante del mundo. Pero Jesús no tiene ninguna debilidad asociada con pecado que pudiera usar Satanás para apartarlo de servir a Dios.

Disfrutan de una relación íntima

Después de la cena conmemorativa, Jesús ha estado animando a sus apóstoles con un discurso informal íntimo. Puede que ya sea más de la medianoche. Por eso Jesús insta: "Levántense, vámonos de aquí". Sin embargo, antes de partir, Jesús, movido por su amor a ellos, sigue hablando y da una ilustración motivadora.

"Yo soy la vid verdadera, y mi Padre es el cultivador", empieza. El Gran Cultivador, Jehová Dios, plantó esta vid simbólica cuando ungió a Jesús con espíritu santo en su bautismo en el otoño de 29 E.C. Pero Jesús pasa a mostrar que la vid simboliza más que solo a él, cuando dice: "Todo sarmiento en mí que no lleva fruto, él lo quita, y todo el que lleva fruto él lo limpia, para que lleve más fruto. [...] Así como el sarmiento no puede llevar fruto por sí mismo a menos que permanezca en la vid, así mismo tampoco pueden ustedes, a menos que permanezcan en unión conmigo. Yo soy la vid, ustedes son los sarmientos".

En el Pentecostés —51 días después— los apóstoles y otros llegan a ser sarmientos de la vid cuando se derrama espíritu santo sobre ellos. Con el tiempo, 144.000 personas llegan a ser sarmientos de la vid figurativa. Junto con el tronco de la vid, Jesucristo, estas personas componen una vid simbólica que produce los frutos del Reino de Dios.

Jesús explica lo esencial para producir fruto: "El que permanece en unión conmigo, y yo en unión con él, este lleva mucho fruto; porque separados de mí ustedes no pueden hacer nada". No obstante, si alguien no produce fruto, Jesús dice que "es echado fuera como un sarmiento, y se seca; y a esos sarmientos los recogen y los arrojan al fuego, y se queman". Por otra parte, Jesús promete: "Si permanecen en unión conmigo y mis dichos permanecen en ustedes, pidan lo que quieran y se efectuará para con ustedes".

Además, Jesús dice a sus apóstoles: "Mi Padre es glorificado en esto, que ustedes sigan llevando mucho fruto y demuestren ser mis discípulos". El fruto que Dios desea de los sarmientos es que manifiesten cualidades como las de Cristo, en especial el amor. Además, puesto que Cristo era proclamador del Reino de Dios, el fruto deseado también incluye que participen en la obra de hacer discípulos, como él.

Jesús ahora insta: "Permanezcan en mi amor". Pero ¿cómo pueden hacer eso sus apóstoles? "Si observan mis mandamientos —dice—, permanecerán en mi amor." Jesús pasa a explicar: "Este es mi mandamiento: que ustedes se amen unos a otros así como yo los he amado a ustedes. Nadie tiene mayor amor que este: que alguien entregue su alma a favor de sus amigos".

En unas cuantas horas Jesús demostrará ese amor sobrepujante al dar la vida a favor de sus apóstoles, así como a favor de todos los que ejerzan fe en él. Su ejemplo debe impulsar a sus seguidores a manifestar ese mismo amor abnegado unos por otros. Este amor los identificará, como Jesús ha declarado antes: "En esto todos conocerán que ustedes son mis discípulos, si tienen amor entre sí".

Al identificar a sus amigos, Jesús dice: "Ustedes son mis amigos si hacen lo que les mando. Ya no los llamo esclavos, porque el esclavo no sabe lo que hace su amo. Pero los he llamado amigos, porque todas las cosas que he oído de mi Padre se las he dado a conocer a ustedes".

¡Qué relación más preciosa! ¡Ser amigos íntimos de Jesús! Pero para seguir disfrutando de esa relación sus seguidores tienen que 'seguir llevando fruto'. Si hacen eso, Jesús dice que "sin importar qué le pidan al Padre en mi nombre, él se lo [dará] a ustedes". ¡Qué magnífico galardón por llevar fruto del Reino! Después de instar de nuevo a los apóstoles a 'amarse unos a otros', Jesús explica que el mundo los odiará. Pero los consuela con estas palabras: "Si el mundo los odia, saben que me ha odiado a mí antes que los odiara a ustedes". Jesús entonces revela por qué el mundo odia a sus seguidores, así: "Porque ustedes no son parte del mundo, sino que yo los he escogido del mundo, a causa de esto el mundo los odia".

Jesús explica con más detalle a qué se debe el odio del mundo: "Todas estas cosas las harán contra ustedes por causa de mi nombre, porque ellos no conocen al que me ha enviado [Jehová Dios]". En efecto, las obras milagrosas que Jesús ha realizado condenan a los que lo odian, pues él señala: "Si yo no hubiera hecho entre ellos las obras que ningún otro ha hecho, no tendrían pecado; pero ahora han visto y también han odiado tanto a mí como a mi Padre". Por eso, como dice Jesús, se cumple la escritura: "Me odiaron sin causa".

Como lo hizo antes, Jesús los consuela de nuevo prometiéndoles que enviará el ayudante, el espíritu santo, que es la poderosa fuerza activa de Dios. "Ese dará testimonio acerca de mí; y ustedes, a su vez, han de dar testimonio."

Más exhortación antes de la partida

Jesús y los apóstoles están preparados para salir del cuarto superior. "Les he hablado estas cosas para que no se les haga tropezar", continúa él. Entonces da la siguiente advertencia solemne: "Los expulsarán de la sinagoga. De hecho, viene la hora en que todo el que los mate se imaginará que ha rendido servicio sagrado a Dios".

Por supuesto, esta advertencia perturba mucho a los apóstoles. Aunque antes Jesús había dicho que el mundo los odiaría, no había revelado tan directamente que se les daría muerte. "No [les] dije [esto] al principio —explica Jesús—, porque estaba con ustedes." Sin embargo, ¡qué bueno es que los prepare con esta información antes de su partida!

"Pero ahora —sigue diciendo Jesús— voy al que me ha enviado, y sin embargo ni uno de ustedes me pregunta: '¿Adónde vas?'." Antes aquella noche ellos le habían preguntado adónde iba, pero ahora están tan sacudidos por lo que les ha dicho que han dejado de hacerle preguntas acerca de su partida. Como dice Jesús: "Porque les he hablado estas cosas el corazón se les ha llenado de desconsuelo". Los apóstoles están desconsolados no solo porque se han enterado de que sufrirán terrible persecución y los matarán, sino también porque su Amo los deja.

Por eso Jesús explica: "Es para provecho de ustedes por lo que me voy. Porque si no me voy, el ayudante de ninguna manera vendrá a ustedes; pero si sigo mi camino, lo enviaré a ustedes". En su condición de humano Jesús solo puede estar en un lugar a la vez, pero cuando esté en el cielo podrá enviar a sus seguidores el ayudante, el espíritu santo de Dios, dondequiera que se hallen en la Tierra. Por eso la partida de Jesús será provechosa.

Jesús dice que el espíritu santo "dará al mundo evidencia convincente respecto al pecado y respecto a la justicia y respecto al juicio". Se denunciará el pecado del mundo, el que el mundo no haya ejercido fe en el Hijo de Dios. Además, se presentará evidencia convincente de la justicia de Jesús mediante su ascensión al Padre. Y el hecho de que Satanás y su mundo inicuo no pudieran quebrantar la integridad de Jesús es evidencia convincente de que el gobernante del mundo ha recibido juicio adverso.

"Tengo muchas cosas que decirles todavía —continúa Jesús—, pero no las pueden soportar ahora." Por eso Jesús promete que cuando derrame el espíritu santo, que es la fuerza activa de Dios, este los guiará a un entendimiento de estas cosas según puedan comprenderlas.

Los apóstoles no comprenden particularmente que Jesús morirá y luego se les aparecerá tras haber sido resucitado. Por eso se preguntan unos a otros: "¿Qué significa esto que nos dice: 'Dentro de poco tiempo no me contemplarán, y, otra vez, dentro de poco tiempo me verán', y, 'porque voy al Padre'?".

Jesús se da cuenta de que quieren preguntarle, y por eso explica: "Muy verdaderamente les digo: Ustedes llorarán y plañirán, pero el mundo se regocijará; ustedes estarán desconsolados, pero su desconsuelo será cambiado a gozo". Posteriormente aquel día, por la tarde, cuando se da muerte a Jesús, los líderes religiosos mundanos se regocijan, pero los discípulos se desconsuelan. No obstante, ¡su desconsuelo cambia a gozo por la resurrección de Jesús! ¡Y su gozo continúa cuando él los faculta como testigos suyos mediante derramar sobre ellos el espíritu santo de Dios en el Pentecostés!

Jesús establece un paralelo entre la situación de los apóstoles y la de una mujer durante sus dolores de parto, cuando dice: "La mujer, cuando está dando a luz, siente desconsuelo, porque ha llegado su hora". Pero Jesús indica que la mujer no se acuerda de su tribulación una vez que ha dado a luz, y anima a sus apóstoles diciendo: "Ustedes también, pues, ahora sienten, en realidad, desconsuelo; pero los veré otra vez [cuando sea resucitado], y se regocijará su corazón, y su gozo nadie se lo quitará".

Hasta el momento los apóstoles nunca han hecho peticiones en el nombre de Jesús. Pero ahora él dice: "Si le piden alguna cosa al Padre, él se la dará en mi nombre. [...] Porque el Padre mismo les tiene cariño, porque ustedes me han tenido cariño a mí y han creído que salí como representante del Padre. Salí del Padre y he venido al mundo. Además, dejo el mundo y sigo mi camino al Padre".

Las palabras de Jesús son muy animadoras para los apóstoles. "En esto creemos que saliste de Dios", dicen. "¿Ahora creen?", pregunta Jesús. "¡Miren! Viene la hora, en realidad, ha llegado, en que serán esparcidos cada uno a su propia casa, y me dejarán solo." ¡Aunque parezca increíble, esto ocurre antes de que aquella noche termine!

"Les he dicho estas cosas para que por medio de mí tengan paz —concluye Jesús—. En el mundo están experimentando tribulación, pero ¡cobren ánimo!, yo he vencido al mundo." Jesús venció al mundo al cumplir fielmente la voluntad de Dios a pesar de todo lo que Satanás y su mundo trataron de hacer para quebrantar la integridad de Jesús.

Oración final en el cuarto superior

Conmovido por amor profundo a sus apóstoles, Jesús los ha estado preparando para Su inminente partida. Ahora, después de darles mucho consejo y consuelo, alza los ojos al cielo y pide a su Padre: "Glorifica a tu hijo, para que tu hijo te glorifique a ti, como le has dado autoridad sobre toda carne, para que, en cuanto a todo el número de los que le has dado, les dé vida eterna".

¡Qué asunto tan conmovedor presenta aquí Jesús: el de la vida eterna! Puesto que se le ha dado "autoridad sobre toda carne", Jesús puede impartir los beneficios de su sacrificio de rescate a toda la humanidad moribunda. No obstante, concede "vida eterna" solo a los que el Padre aprueba. Elaborando sobre el asunto de la vida eterna, Jesús continúa así su oración:

"Esto significa vida eterna, el que estén adquiriendo conocimiento de ti, el único Dios verdadero, y de aquel a quien tú enviaste, Jesucristo". Sí, nuestra salvación depende de que adquiramos conocimiento tanto de Dios como de su Hijo. Pero no basta con solo el conocimiento intelectual.

Uno tiene que llegar a conocerlos íntimamente y desarrollar para con ellos una amistad que incluya entendimiento. Uno tiene que pensar lo mismo que ellos respecto a los asuntos y verlo todo como ellos lo ven. Y, sobre todo, uno tiene que esforzarse por imitar las cualidades incomparables que ellos manifiestan al tratar con otros.

Jesús sigue orando: "Yo te he glorificado sobre la tierra, y he terminado la obra que me has dado que hiciera". Puesto que ha cumplido su asignación hasta ahora y confía en su éxito futuro, pide: "Padre, glorifícame al lado de ti mismo con la gloria que tenía al lado de ti antes que el mundo fuera". Sí, ahora pide que mediante una resurrección se le devuelva la gloria celestial que tenía antes.

Jesús hace este resumen de su obra principal en la Tierra: "He puesto tu nombre de manifiesto a los hombres que me diste del mundo. Tuyos eran, y me los diste, y han observado tu palabra". Jesús usó en su ministerio el nombre de Dios, Jehová, y demostró su pronunciación correcta, pero hizo más que eso para poner de manifiesto el nombre de Dios a sus apóstoles. También hizo que ellos conocieran y apreciaran mejor a Jehová, su personalidad y sus propósitos.

Jesús admite que Jehová es su Superior, Aquel a quien él sirve, y expresa este humilde reconocimiento: "Los dichos que me diste se los he dado, y ellos los han recibido y ciertamente han llegado a conocer que yo salí como representante tuyo, y han creído que tú me enviaste".

Jesús hace una distinción entre sus seguidores y el resto de la humanidad cuando, al seguir orando, dice: "No hago petición respecto al mundo, sino respecto a los que me has dado [...] Cuando estaba con ellos yo los vigilaba [...], y los he guardado, y ninguno de ellos es destruido sino el hijo de destrucción", a saber, Judas Iscariote. Precisamente en este momento Judas está en su vil misión de traicionar a Jesús. Así, sin darse cuenta, Judas está cumpliendo las Escrituras.

"El mundo los ha odiado", sigue orando Jesús. "Te solicito, no que los saques del mundo, sino que los vigiles a causa del inicuo. Ellos no son parte del mundo, así como yo no soy parte del mundo." Los seguidores de Jesús están en el mundo —esta sociedad humana organizada sobre la cual gobierna Satanás—, pero están separados del mundo y de su iniquidad, y en esa condición deben permanecer siempre.

"Santifícalos por medio de la verdad —continúa Jesús—; tu palabra es la verdad." Aquí Jesús llama "la verdad" a las Escrituras Hebreas inspiradas, de las cuales continuamente citaba. Pero lo que enseñó a sus discípulos y lo que ellos escribieron después bajo inspiración como las Escrituras Griegas Cristianas también constituyen "la verdad". Esta verdad puede santificar a uno, transformar por completo su vida, y hacer de uno una persona que se ha separado del mundo.

Jesús pasa a orar, "no respecto a estos solamente, sino también respecto a los que pongan fe en [él] mediante la palabra de ellos". Así, Jesús ora por los que serán sus seguidores ungidos y por otros discípulos futuros que han de ser juntados en "un solo rebaño". ¿Qué pide Jesús a favor de todos estos?

"Que todos ellos sean uno, así como tú, Padre, estás en unión conmigo y yo estoy en unión contigo [...], que ellos sean uno así como nosotros somos uno." Jesús y su Padre no son literalmente una misma persona, pero sí están de acuerdo en todo. Jesús pide que sus seguidores disfruten de esa misma unidad para que "el mundo tenga el conocimiento de que tú me enviaste y de que tú los amaste a ellos así como me amaste a mí".

A favor de todos los que llegarían a ser sus seguidores ungidos, Jesús ahora le pide algo a su Padre celestial. ¿Qué? "Que, donde yo esté, ellos también estén conmigo, para que contemplen mi gloria que me has dado, porque me amaste antes de la fundación del mundo", o sea, antes de que Adán y Eva concibieran prole. Mucho antes de eso Dios amaba a su Hijo unigénito, quien llegó a ser Jesucristo.

Jesús concluye su oración recalcando de nuevo lo siguiente: "Yo les he dado a conocer tu nombre, y lo daré a conocer, para que el amor con que me amaste esté en ellos, y yo en unión con ellos". Para los apóstoles, el aprender el nombre de Dios ha incluido llegar a conocer personalmente el amor de Dios. (Juan 14:1–17:26; 13:27, 35, 36; 10:16; Lucas 22:3, 4; Éxodo 24:10; 1 Reyes 19:9-13; Isaías 6:1-5; Gálatas 6:16; Salmo 35:19; 69:4; Proverbios 8:22, 30.)

- ¿Adónde va Jesús, y qué respuesta recibe Tomás respecto al camino para ir allí?
- Por lo que Felipe pide, ¿qué parece que él quiere que Jesús suministre?
- ¿Por qué ha visto al Padre el que ha visto a Jesús?
- ¿Cómo harán los seguidores de Jesús obras mayores que las de él?
- ¿En qué sentido no tiene dominio sobre Jesús Satanás?
- ¿Cuándo plantó Jehová la vid simbólica, y cuándo y cómo llegan otros a ser parte de la vid?
- Con el tiempo, ¿cuántos sarmientos tiene la vid simbólica?
- ¿Qué fruto desea Dios de los sarmientos?
- ¿Cómo podemos ser amigos de Jesús?
- ¿Por qué odia el mundo a los seguidores de Jesús?
- ¿Qué advertencia de Jesús perturba a sus apóstoles?
- ¿Por qué no le preguntan a Jesús adónde va los apóstoles?
- Particularmente, ¿qué no comprenden los apóstoles?
- ¿Cómo ilustra Jesús que la situación de los apóstoles cambiará de desconsuelo a gozo?
- ¿Qué dice Jesús que los apóstoles harán dentro de poco?
- ¿Cómo vence al mundo Jesús?
- ¿En qué sentido se da a Jesús "autoridad sobre toda carne"?
- ¿Qué significa adquirir conocimiento de Dios y de su Hijo?
- ¿De qué maneras pone de manifiesto Jesús el nombre de Dios?
- ¿Qué es "la verdad", y cómo 'santifica' al cristiano?
- ¿Cómo son uno Dios, su Hijo y todos los verdaderos adoradores?
- ¿Cuándo fue "la fundación del mundo"?

Agonía en el jardín

CUANDO Jesús termina de orar, él y sus 11 apóstoles fieles entonan canciones de alabanza a Jehová. Entonces bajan del cuarto superior, salen a la noche fresca y oscura y se dirigen por el valle de Cedrón de regreso a Betania. Pero por el camino se detienen en un sitio favorito de ellos, el jardín de Getsemaní. Este está en el monte de los Olivos o cerca. Jesús y sus apóstoles se han reunido allí muchas veces entre los olivos.

Alejándose de ocho de los apóstoles —a quienes quizás deja cerca de la entrada del jardín—, Jesús les manda: "Siéntense aquí mientras voy allá a orar". Entonces lleva consigo a los otros tres —Pedro, Santiago y Juan— y va más allá en el jardín. Jesús empieza a contristarse y perturbarse penosamente. "Mi alma está hondamente contristada, hasta la muerte —dice a ellos—. Quédense aquí y manténganse alerta conmigo."

Yendo un poco más adelante, Jesús cae al suelo, y con el rostro vuelto hacia el suelo empieza a orar encarecidamente: "Padre mío, si es posible, pase de mí esta copa. Sin embargo, no como yo quiero, sino como tú quieres". ¿Qué quiere decir? ¿Por qué está 'hondamente contristado, hasta la muerte'? ¿Está retrayéndose de su decisión de morir y proveer el rescate?

¡De ninguna manera! Jesús no está suplicando que se le libre de la muerte. Hasta la idea de evitar una muerte en sacrificio —lo cual sugirió Pedro en cierta ocasión— le repugna. Más bien, está en agonía porque teme que la clase de muerte que le espera dentro de poco —como un despreciable criminal— traerá oprobio al nombre de su Padre. Ahora percibe que en unas cuantas horas será fijado en un madero como una de las personas más bajas que pudiera haber: ¡un blasfemador contra Dios! Esto es lo que le perturba penosamente.

Después de orar largo tiempo, Jesús regresa y halla a los tres apóstoles durmiendo. Dirigiéndose a Pedro, dice: "¿No pudieron siquiera mantenerse alerta una hora conmigo? Manténganse alerta y oren de continuo, para que no entren en tentación".

Pero Jesús reconoce que ellos han estado bajo mucha presión, y que es hora avanzada, y por eso dice: "El espíritu, por supuesto, está pronto, pero la carne es débil".

Jesús entonces se aleja por segunda vez y pide a Dios que remueva de él "esta copa", es decir, lo que Jehová le ha asignado que haga, o Su voluntad para él. Cuando regresa, halla de nuevo a los tres durmiendo, cuando deberían haber estado orando para no entrar en tentación. Cuando Jesús les habla, ellos no saben qué contestarle.

Finalmente, por tercera vez, Jesús se aparta como a un tiro de piedra, y arrodillado, con clamores fuertes y lágrimas, ora: "Padre, si deseas, remueve de mí esta copa". Jesús siente dolores profundos, intensos, debido al oprobio que su muerte como un criminal traerá al nombre de su Padre. ¡Para Jesús es casi insoportable la acusación de que es blasfemador... uno que maldice a Dios!

Pero Jesús sigue orando: "No lo que yo quiero, sino lo que tú quieres". Obedientemente, Jesús somete su voluntad a la de Dios. Ahora se le aparece un ángel del cielo y lo fortalece con palabras alentadoras. Quizás el ángel le dice a Jesús que tiene la aprobación de su Padre.

Sin embargo, ¡qué carga pesada lleva Jesús! Su propia vida eterna y la de toda la raza humana está en la balanza. La tensión emocional es enorme. Por eso Jesús sigue orando más encarecidamente, y su sudor llega a ser como gotas de sangre al caer al suelo. "Aunque este es un fenómeno muy raro —señala la revista de la Asociación Médica Estadounidense *The Journal of the American Medical Association*—, puede haber sudor como sangre [...] en situaciones de muy intensa emoción."

Después Jesús regresa por tercera vez a donde están sus apóstoles, y de nuevo los halla durmiendo. Están agotados de puro desconsuelo. "¡En una ocasión como esta ustedes duermen y descansan!" exclama él. "¡Basta! ¡Ha llegado la hora! ¡Miren! El Hijo del hombre es traicionado en manos de pecadores. Levántense, vámonos. ¡Miren! El que me traiciona se ha acercado."

Mientras Jesús todavía habla, Judas Iscariote se acerca con una gran muchedumbre que lleva antorchas, lámparas y armas. (Mateo 26:30, 36-47; 16:21-23; Marcos 14:26, 32-43; Lucas 22:39-47; Juan 18:1-3; Hebreos 5:7.)

- Después que dejan el aposento superior, ¿adónde lleva Jesús a los apóstoles, y qué hace allí?
- Mientras Jesús ora, ¿qué hacen los apóstoles?
- ¿Por qué está en agonía Jesús, y qué le pide a Dios?
- ¿Qué indica el que el sudor de Jesús sea como gotas de sangre?

118

Traición y arresto

HA PASADO ya la medianoche cuando Judas dirige al jardín de Getsemaní una gran muchedumbre de soldados, sacerdotes principales, fariseos y otras personas. Los sacerdotes han concordado en pagar a Judas 30 piezas de plata para que les entregue a Jesús.

Parece que antes, al ser despedido de la cena pascual, Judas fue directamente a donde los sacerdotes principales. Estos se apresuraron a reunir a sus propios oficiales, así como a una banda de soldados. Probablemente Judas los llevó primero al lugar donde Jesús y sus apóstoles habían celebrado la Pascua. Al ver que habían salido de allí, aquel gran grupo de personas que llevaban armas y lámparas y antorchas salió con Judas de Jerusalén y cruzó el valle de Cedrón.

Mientras Judas encabeza al grupo en subida por el monte de los Olivos, está seguro de que sabe dónde hallar a Jesús. Durante la semana pasada, mientras Jesús y los apóstoles transitaban en una dirección o la otra entre Betania y Jerusalén, con frecuencia se detenían en el jardín de Getsemaní para descansar y conversar. Pero ahora, cuando puede ser que Jesús esté oculto en la oscuridad bajo los olivos, ¿cómo lo identificarán los soldados? Pudiera ser que estos no lo hubieran visto antes. Por lo tanto, Judas suministra una señal: "Al que bese, ese es; deténganlo y llévenselo con seguridad".

Judas lleva a la gran muchedumbre al jardín, ve a Jesús con sus apóstoles y pasa directamente a él. "¡Buenos días, Rabí!", dice, y lo besa muy tiernamente.

"Amigo, ¿con qué propósito estás presente?", replica Jesús. Entonces, contestando su propia pregunta, dice: "Judas, ¿con un beso traicionas al Hijo del hombre?". ¡Pero basta con eso en cuanto al que lo traiciona! Jesús da un paso adelante y queda iluminado por la luz de las antorchas y lámparas ardientes, y pregunta: "¿A quién buscan?".

"A Jesús el Nazareno", le responden.

"Soy yo", contesta Jesús, de pie valerosamente ante todos ellos. Sorprendidos por su denuedo, y no sabiendo qué esperar, los hombres retroceden y caen al suelo.

"Les dije que soy yo —continúa Jesús serenamente—. Por lo tanto, si es a mí a quien buscan, dejen ir a estos." Poco antes, en el cuarto superior, Jesús había dicho a su Padre en oración que él había guardado a sus apóstoles fieles y ninguno de ellos se había perdido "sino el hijo de destrucción". Por eso, para que su palabra se cumpla, pide que se deje ir a sus seguidores.

Mientras los soldados recobran su compostura, se ponen de pie y empiezan a atar a Jesús, los apóstoles se dan cuenta de lo que va a suceder. "Señor, ¿herimos con la espada?", preguntan. Antes de que Jesús conteste, Pedro, usando una de las dos espadas que los apóstoles han traído, ataca a Malco, esclavo del sumo sacerdote. El golpe de Pedro no da en la cabeza del esclavo, pero le corta la oreja derecha.

"Hasta esto dejen que llegue", dice Jesús, interviniendo. Tocando la oreja de Malco, sana la herida. Entonces da una lección importante, al mandar a Pedro: "Vuelve tu espada a su lugar, porque todos los que toman la espada perecerán por la espada. ¿O crees que no puedo apelar a mi Padre para que me suministre en este momento más de doce legiones de ángeles?".

Jesús está dispuesto a someterse al arresto, porque, como explica: "¿Cómo se cumplirían las Escrituras en el sentido de que tiene que suceder de esta manera?". Y añade: "La copa que el Padre me ha dado, ¿no la he de beber?". ¡Está completamente de acuerdo con la voluntad de Dios para él!

Entonces Jesús habla a la muchedumbre. "¿Han salido con espadas y garrotes como contra un salteador para arrestarme?", pregunta. "Día tras día me sentaba en el templo, enseñando, y sin embargo ustedes no me detuvieron. Pero todo esto ha sucedido para que se cumplan las escrituras de los profetas."

Entonces el grupo de soldados y el comandante militar y los oficiales de los judíos se apoderan de Jesús y lo atan. Al ver esto, los apóstoles abandonan a Jesús y huyen. Sin embargo, un joven —quizás es el discípulo Marcos— se queda entre la muchedumbre. Puede que él estuviera en el hogar donde Jesús celebró la Pascua y después siguiera a la muchedumbre desde allí. Pero ahora lo reconocen, y tratan de apoderarse de él. No obstante, él deja atrás su prenda de vestir de lino y escapa ligeramente vestido. **(Mateo 26:47-56; Marcos 14:43-52; Lucas 22: 47-53; Juan 17:12; 18:3-12.)**

■ ¿Por qué está seguro Judas de que hallará a Jesús en el jardín de Getsemaní?

■ ¿Cómo manifiesta Jesús interés por sus apóstoles?

■ ¿Qué hace Pedro en defensa de Jesús, pero qué le dice Jesús sobre lo que hace?

■ ¿Cómo revela Jesús que está completamente de acuerdo con la voluntad de Dios para él?

■ Cuando los apóstoles abandonan a Jesús, ¿quién queda allí, y qué le sucede a él?

119

Llevado a Anás
y después a Caifás

ATADO como un delincuente común, Jesús es llevado a donde Anás, un hombre de influencia que en otro tiempo fue sumo sacerdote. Anás era sumo sacerdote cuando Jesús, como jovencito de 12 años de edad, dejó sorprendidos a los maestros rabínicos del templo. Después, varios hijos de Anás fueron sumos sacerdotes, y ahora su yerno Caifás ocupa ese puesto.

Puede que se haya llevado primero a Jesús a la casa de Anás debido a la prominencia que por mucho tiempo ha tenido aquel sacerdote principal en la vida religiosa judía. El que se lleve a Jesús a ver a Anás da tiempo para que Caifás, el sumo sacerdote, convoque al Sanedrín, el tribunal supremo judío de 71 miembros, y también para reunir testigos falsos.

El sacerdote principal Anás ahora interroga a Jesús en cuanto a sus discípulos y su enseñanza. Sin embargo, Jesús contesta: "Yo he hablado públicamente al mundo. Siempre enseñé en una sinagoga y en el templo, donde concurren todos los judíos; y no hablé nada en secreto. ¿Por qué me interrogas? Interroga a los que han oído lo que les hablé. ¡Mira! Estos saben lo que dije".

Al oír esto, uno de los oficiales que está cerca de Jesús le da una bofetada y dice: "¿Así contestas al sacerdote principal?".

"Si hablé mal —contesta Jesús—, da testimonio respecto al mal; pero si bien, ¿por qué me pegas?" Después de este intercambio de palabras, Anás envía a Jesús atado a Caifás.

Para este tiempo todos los sacerdotes principales y los ancianos y los escribas, sí, todo el Sanedrín, están empezando a reunirse. Parece que se reúnen en el hogar de Caifás. El celebrar un juicio como aquel en la noche de una Pascua es una violación clara de la ley judía. Pero esto no impide que los líderes religiosos sigan adelante con su inicuo propósito.

Semanas antes, cuando Jesús había resucitado a Lázaro, los

miembros del Sanedrín ya habían resuelto entre sí darle muerte. Y hace solo dos días, el miércoles, las autoridades religiosas habían consultado entre sí para apoderarse de Jesús mediante alguna treta para matarlo. Imagínese, ¡en verdad lo habían condenado antes de haberlo sometido a juicio!

Ahora se hacen esfuerzos para hallar testigos que suministren pruebas falsas para preparar un caso contra Jesús. Sin embargo, no pueden hallar testigos que concuerden en su testimonio. Con el tiempo, dos se presentan y aseguran: "Nosotros le oímos decir: 'Yo derribaré este templo que fue hecho de manos y en tres días edificaré otro, no hecho de manos'".

"¿No respondes nada?", pregunta Caifás. "¿Qué es lo que estos testifican contra ti?" Pero Jesús no contesta. Hasta con relación a esta acusación falsa, para humillación del Sanedrín, los testigos no pueden hacer que sus relatos concuerden. Por eso el sumo sacerdote decide emplear una táctica diferente.

Caifás sabe cuánto se irritan los judíos cuando alguien afirma que es el mismísimo Hijo de Dios. En dos ocasiones anteriores los judíos se habían apresurado a tildar a Jesús de blasfemador que merecía la muerte, y una vez se imaginaron, erróneamente, que él afirmaba que era igual a Dios. Arteramente, Caifás ahora exige que se le responda a esto: "¡Por el Dios vivo te pongo bajo juramento de que nos digas si tú eres el Cristo el Hijo de Dios!".

Prescindiendo de lo que los judíos piensen, Jesús realmente es el Hijo de Dios. Y el que él guardara silencio podría interpretarse como que negaba que fuera el Cristo. Por eso, valerosamente Jesús contesta: "Lo soy; y ustedes verán al Hijo del hombre sentado a la diestra del poder y viniendo con las nubes del cielo".

Al oír esto, Caifás, con ademán dramático, se rasga las prendas de vestir exteriores y exclama: "¡Ha blasfemado! ¿Qué más necesidad tenemos de testigos? ¡Miren! Ahora han oído la blasfemia. ¿Qué opinan?".

"Expuesto está a muerte", proclama el Sanedrín. Entonces empiezan a burlarse de él, y dicen muchas cosas en blasfemia contra él. Lo abofetean y le escupen en la cara. Otros le cubren todo el rostro y le dan puñetazos y dicen con sarcasmo: "Profetízanos, Cristo. ¿Quién es el que te hirió?". Este comportamiento abusivo e ilegal ocurre durante el juicio nocturno. (Mateo 26:57-68; 26:3, 4; Marcos 14:53-65; Lucas 22:54, 63-65; Juan 18:13-24; 11:45-53; 10:31-39; 5:16-18.)

- ¿Adónde llevan primero a Jesús, y qué le sucede allí?
- ¿Adónde llevan después a Jesús, y con qué propósito?
- ¿Cómo se le hace posible a Caifás conseguir que el Sanedrín proclame que Jesús merece la muerte?
- ¿Qué comportamiento abusivo e ilegal ocurre durante el juicio?

Negado en el patio

TRAS de abandonar a Jesús en el jardín de Getsemaní y escapar atemorizados junto con los demás apóstoles, Pedro y Juan dejan de huir. Quizás alcanzan a Jesús mientras sus captores lo llevan al hogar de Anás. Cuando Anás lo envía al sumo sacerdote Caifás, Pedro y Juan van siguiendo de lejos, aparentemente divididos entre el temer por su propia vida y su profunda preocupación por lo que pueda ocurrirle a su Amo.

Al llegar a la espaciosa casa de Caifás, Juan consigue entrar en el patio por ser conocido del sumo sacerdote. Sin embargo, Pedro queda de pie afuera, a la puerta. Pero pronto Juan regresa y habla a la portera, una sirvienta, y se le permite a Pedro entrar.

Para ahora hace frío, y los servidores de la casa y los oficiales del sumo sacerdote han encendido un fuego de carbón. Pedro va a calentarse con ellos mientras espera el resultado del juicio de Jesús. Allí, a la luz de la brillante lumbre, la portera que había dejado entrar a Pedro puede verlo mejor. Exclama: "¡Tú, también, estabas con Jesús el galileo!".

Molesto porque se le ha identificado, Pedro niega ante todos ellos haber conocido alguna vez a Jesús. "Ni lo conozco, ni entiendo lo que dices", alega.

Entonces Pedro sale al portal. En aquel lugar otra muchacha lo observa y también dice a los que están de pie allí: "Este hombre estaba con Jesús el Nazareno". Una vez más Pedro lo niega, y jura: "¡No conozco al hombre!".

Pedro permanece en el patio y procura no llamar la atención de nadie. Puede que sea entonces cuando le causa sobresalto el oír a un gallo cantar en la oscuridad temprano por la mañana. Mientras tanto, el juicio de Jesús —que evidentemente se efectúa en una parte de la casa que queda sobre el patio— adelanta. Quizás Pedro y otros que esperan abajo ven entrar y salir a los diversos testigos a quienes se llama para que se expresen.

Ha pasado como una hora desde la última ocasión en que se identificó a Pedro como asociado de Jesús. Ahora varios de los que están de pie allí se acercan a Pedro y dicen: "Ciertamente tú también eres uno de ellos, porque, de hecho, tu dialecto te denuncia". En el grupo hay un pariente de Malco, a quien Pedro cortó la oreja. "Yo te vi en el huerto con él, ¿no es verdad?", dice este.

"¡No conozco al hombre!", afirma vehementemente Pedro. De hecho, trata de convencerlos de que todos están equivocados mediante maldecir y jurar en cuanto al asunto, lo que equivale a invocar el mal sobre sí mismo si no está diciendo la verdad.

Precisamente cuando Pedro niega a Jesús por tercera vez, un gallo canta. Y en ese momento, Jesús —quien parece que ha salido a un balcón sobre el patio— se vuelve y lo mira. Pedro inmediatamente recuerda lo que Jesús había dicho solo unas cuantas horas antes en el cuarto superior: "Antes que un gallo cante dos veces, me repudiarás tres veces". Aplastado por la gravedad de su pecado, Pedro sale de allí y llora amargamente.

¿Cómo pudo ocurrir esto? ¿Cómo, después de haber estado tan seguro de su fortaleza espiritual, pudo Pedro negar a su Amo tres veces a cortos intervalos? Parece que las circunstancias toman desprevenido a Pedro. Hay un torcimiento de la verdad, y ciertas personas describen a Jesús como un vil criminal. Se está haciendo que lo correcto parezca incorrecto y que el inocente parezca culpable. Las presiones de la ocasión llevan a Pedro a perder el equilibrio. De repente queda trastornado su sentido de lo que es propio en la lealtad; para tristeza suya, el temor al hombre lo paraliza. ¡Que nunca nos suceda eso a nosotros! (Mateo 26:57, 58, 69-75; Marcos 14:30, 53, 54, 66-72; Lucas 22:54-62; Juan 18:15-18, 25-27.)

- ¿Cómo logran entrar Pedro y Juan en el patio del sumo sacerdote?
- Mientras Pedro y Juan están en el patio, ¿qué sucede en la casa?
- ¿Cuántas veces canta un gallo, y cuántas veces niega Pedro que conoce a Cristo?
- ¿Qué significa el que Pedro maldiga y jure?
- ¿Qué impulsa a Pedro a negar que conoce a Jesús?

121 Ante el Sanedrín; luego ante Pilato

LA NOCHE va pasando. Pedro ha negado por tercera vez a Jesús, y los miembros del Sanedrín, concluido su juicio falso, se han dispersado. Sin embargo, tan pronto como amanece el viernes por la mañana se reúnen de nuevo, esta vez en su sala del Sanedrín. Parece que hacen esto para dar apariencia legal al juicio nocturno. Cuando tienen a Jesús ante sí, dicen, como dijeron durante la noche: "Si eres el Cristo, dínoslo".

"Aunque se lo dijera, de ningún modo lo creerían —contesta Jesús—. Además, si los interrogara, de ningún modo contestarían." Con todo, Jesús se identifica valerosamente cuando dice: "Desde ahora en adelante el Hijo del hombre estará sentado a la poderosa diestra de Dios".

"¿Eres tú, por lo tanto, el Hijo de Dios?", quieren saber todos.

"Ustedes mismos dicen que lo soy", contesta Jesús.

Para estos hombres resueltos a asesinarlo, esa respuesta basta. La consideran una blasfemia. "¿Por qué necesitamos más testimonio?", preguntan. "Pues nosotros mismos lo hemos oído de su propia boca." Entonces atan a Jesús, se lo llevan y lo entregan al gobernador romano, Poncio Pilato.

Judas, el que traicionó a Jesús, ha estado observando el proceso. Cuando ve que Jesús ha sido condenado, siente remordimiento. Por eso va a los sacerdotes principales y a los ancianos para devolver las 30 piezas de plata, y explica: "Pequé cuando traicioné sangre justa".

"¿Qué nos importa? ¡Tú tienes que atender a eso!", le contestan despiadadamente. De modo que

Judas tira las piezas de plata en el templo y va y trata de ahorcarse. Pero parece que la rama a la que Judas ata la soga se quiebra, y su cuerpo cae y se revienta en las rocas abajo.

Los sacerdotes principales no están seguros de qué hacer con las piezas de plata. "No es lícito echarlas en la tesorería sagrada —concluyen—, porque son el precio de sangre." Así que, después de consultar entre sí, compran con el dinero el campo del alfarero para sepultar a los extraños. Por eso ese campo llega a conocerse como "Campo de Sangre".

Todavía es temprano por la mañana cuando llevan a Jesús al palacio del gobernador. Pero los judíos que lo acompañan rehúsan entrar allí porque creen que tal intimidad con los gentiles los contamina. Así que, para complacerlos, Pilato sale a ellos. "¿Qué acusación traen contra este hombre?", pregunta.

"Si este hombre no fuera delincuente, no te lo habríamos entregado", contestan.

Pilato no quiere implicarse en este asunto, y por eso responde: "Tómenlo ustedes mismos y júzguenlo según su ley".

Los judíos revelan sus fines de asesinato, pues afirman: "A nosotros no nos es lícito matar a nadie". En efecto, el que ellos mataran a Jesús durante la fiesta de la Pascua podría causar un motín, pues muchos tienen en gran estima a Jesús. Pero si logran que los romanos lo ejecuten por alguna acusación de índole política, eso tenderá a absolverlos de responsabilidad ante el pueblo.

Por eso los líderes religiosos, sin mencionar el juicio anterior en que han condenado a Jesús por blasfemia, ahora inventan cargos diferentes contra él. Presentan la siguiente acusación de tres partes: "A este hombre lo hallamos [1] subvirtiendo a nuestra nación, y [2] prohibiendo pagar impuestos a César, y [3] diciendo que él mismo es Cristo, un rey".

La acusación que preocupa a Pilato es la de que Jesús afirme ser rey. De modo que Pilato entra de nuevo en el palacio y

llama a Jesús y le pregunta: "¿Eres tú el rey de los judíos?".
En otras palabras, ¿has violado la ley declarándote rey en
oposición a César?

Jesús quiere saber cuánto ha oído Pilato acerca de él, y por
eso pregunta: "¿Es por ti mismo que dices esto, o te hablaron
otros acerca de mí?".

Pilato afirma que no sabe nada de él, y manifiesta interés
en averiguar los hechos. "Yo no soy judío, ¿verdad?", responde. "Tu propia nación y los sacerdotes principales te entregaron a mí. ¿Qué hiciste?"

Jesús de ninguna manera trata de evadir la cuestión, que se
relaciona con la gobernación real. Sin duda, la respuesta que
Jesús da ahora sorprende a Pilato. **(Lucas 22:66–23:3;**
Mateo 27:1-11; Marcos 15:1; Juan 18:28-35; Hechos 1:16-20.)

- ¿Por qué se reúne de nuevo el Sanedrín por la mañana?
- ¿Cómo muere Judas, y qué se hace con las 30 piezas de plata?
- En vez de matarlo ellos mismos, ¿por qué quieren los judíos que
los romanos maten a Jesús?
- ¿De qué acusan a Jesús los judíos?

De Pilato a Herodes, y de vuelta a Pilato

AUNQUE Jesús no trata de ocultar de Pilato que es rey, explica que su Reino no le presenta ninguna amenaza a Roma. "Mi reino no es parte de este mundo —dice Jesús—. Si mi reino fuera parte de este mundo, mis servidores habrían peleado para que yo no fuera entregado a los judíos. Pero, como es el caso, mi reino no es de esta fuente." Así Jesús admite tres veces que tiene un Reino, aunque no es de fuente terrestre.

Sin embargo, Pilato sigue presionándolo: "Bueno, pues, ¿eres tú rey?". Es decir, ¿eres rey aunque tu Reino no sea parte de este mundo?

Jesús le hace saber a Pilato que ha llegado a la conclusión correcta, pues contesta: "Tú mismo dices que yo soy rey. Yo para esto he nacido, y para esto he venido al mundo, para dar testimonio acerca de la verdad. Todo el que está de parte de la verdad escucha mi voz".

Sí, el propósito mismo de la existencia de Jesús en la Tierra es dar testimonio acerca de "la verdad", específicamente la verdad acerca de su Reino. Jesús está dispuesto a ser fiel a esa verdad aunque le cueste la vida. Aunque Pilato pregunta: "¿Qué es la verdad?", no espera más explicación. Ha oído suficiente para rendir juicio.

Pilato regresa a la muchedumbre que espera fuera del palacio. Evidentemente con Jesús a su lado, dice a los sacerdotes principales y a sus acompañantes: "No hallo ningún delito en este hombre".

Encolerizados por la decisión, las muchedumbres empiezan a insistir: "Alborota al pueblo enseñando por toda Judea, sí, comenzando desde Galilea hasta aquí".

El fanatismo irracional de los judíos tiene que asombrar a Pilato. Por eso, mientras los sacerdotes principales y los ancianos siguen gritando, Pilato se vuelve hacia Jesús y pregunta: "¿No oyes cuántas cosas testifican contra ti?". Con todo, Jesús no trata de contestar. La tranquilidad que despliega frente a las absurdas acusaciones maravilla a Pilato.

Cuando Pilato se entera de que Jesús es galileo, ve la oportunidad de librarse de llevar responsabilidad por él. El gobernante de Galilea, Herodes Antipas (hijo de Herodes el Grande), está en Jerusalén para la Pascua, de modo que Pilato hace que lleven ante él a Jesús. Algún tiempo atrás Herodes Antipas había ordenado la decapitación de Juan el Bautizante, y después Herodes se había asustado al oír acerca de las obras milagrosas que ejecutaba Jesús, pues temía que Jesús fuera en realidad Juan levantado de entre los muertos.

Ahora Herodes se regocija mucho ante la posibilidad de ver a Jesús. Esto no se debe a que se interese en el bienestar de Jesús ni a que realmente quiera saber si lo que se dice contra él es cierto o no. Lo que sucede es que sencillamente tiene curiosidad y espera ver a Jesús ejecutar algún milagro.

Sin embargo, Jesús rehúsa satisfacer la curiosidad de Herodes. De hecho, cuando Herodes lo interroga Jesús no dice ni una sola palabra. Frustrados, Herodes y los soldados de su guardia se burlan de Jesús. Lo visten con una prenda vistosa y se mofan de él. Entonces lo devuelven a Pilato. El resultado de esto es que Herodes y Pilato, que antes eran enemigos, se hacen buenos amigos.

Cuando Jesús vuelve, Pilato convoca a los sacerdotes principales, a los gobernantes judíos y al pueblo, y les dice: "Ustedes me trajeron a este hombre como amotinador del pueblo, y, ¡miren!, lo examiné delante de ustedes, pero no hallé en este hombre base alguna para las acusaciones que hacen contra él. De hecho, ni Herodes tampoco, porque nos lo devolvió; y, ¡miren!, nada que merezca la muerte ha sido cometido por él. Por tanto, lo castigaré y lo pondré en libertad".

Así, dos veces Pilato ha declarado inocente a Jesús. Tiene muchos deseos de ponerlo en libertad, pues se da cuenta de que los sacerdotes lo han entregado solo por envidia. Mientras Pilato sigue tratando de poner en libertad a Jesús, recibe un motivo de más peso aún para hacerlo. Mientras está sentado en el tribunal, su esposa le envía un mensaje en que le dice con instancia: "No tengas nada que ver con ese hombre justo, porque sufrí mucho hoy en un sueño [evidentemente de origen divino] a causa de él".

Pero ¿cómo puede Pilato poner en libertad a este hombre inocente, como sabe que debe hacerlo? (Juan 18:36-38; Lucas 23:4-16; Mateo 27:12-14, 18, 19; 14:1, 2; Marcos 15:2-5.)

- ¿Cómo contesta Jesús la pregunta respecto a que sea rey?
- ¿Qué es "la verdad" acerca de la cual Jesús dio testimonio durante su vida terrestre?
- ¿Qué juicio emite Pilato, cómo responde el pueblo, y qué hace Pilato con Jesús?
- ¿Quién es Herodes Antipas, por qué se regocija mucho de ver a Jesús, y qué hace con él?
- ¿Por qué tiene Pilato tantos deseos de poner en libertad a Jesús?

123

" ¡Miren! ¡El hombre!"

IMPRESIONADO por la conducta de Jesús, y reconociendo que es inocente, Pilato busca otra manera de ponerlo en libertad. "Ustedes tienen por costumbre —dice a las muchedumbres— que les ponga en libertad a un hombre en la pascua."

Puesto que Barrabás, un asesino notorio, también está en prisión, Pilato pregunta: "¿A cuál quieren que les ponga en libertad?: ¿a Barrabás, o a Jesús, el llamado Cristo?".

El pueblo, persuadido y excitado por los sacerdotes principales, pide que ponga en libertad a Barrabás, pero que se dé muerte a Jesús. Pilato no se da por vencido, y pregunta de nuevo: "¿A cuál de los dos quieren que les ponga en libertad?".

"A Barrabás", gritan.

"Entonces, ¿qué haré con Jesús, el llamado Cristo?", pregunta Pilato desalentado.

Con un clamor ensordecedor, contestan: "¡Al madero con él!". "¡Al madero! ¡Al madero con él!"

Porque sabe que exigen la muerte de un inocente, Pilato suplica: "Pues, ¿qué mal ha hecho este hombre? Yo no he hallado en él nada que merezca la muerte; por lo tanto lo castigaré y lo pondré en libertad".

A pesar de los esfuerzos de Pilato, la muchedumbre encolerizada, incitada por sus líderes religiosos, sigue gritando: "¡Al madero con él!". Agitada hasta el frenesí por los sacerdotes, la muchedumbre quiere ver sangre. Imagínese: ¡solo cinco días atrás algunas de aquellas personas probablemente estuvieron entre las que acogieron como Rey a Jesús en Jerusalén! Mientras tanto, los discípulos de Jesús, si están presentes, permanecen en silencio y sin atraerse atención.

Cuando Pilato ve que no logra nada con sus súplicas, y que más bien se levanta un alboroto, se lava las manos con agua delante de la muchedumbre y dice: "Soy inocente de la sangre de este hombre. Ustedes mismos tienen que atender a ello". Al oír aquello, la gente responde: "Venga su sangre sobre nosotros y sobre nuestros hijos".

Por eso, según lo que exigen, y con más deseo de complacer a la muchedumbre que de hacer lo que sabe que es correcto, Pilato pone en libertad a Barrabás. Toma a Jesús y hace que le quiten la ropa y lo azoten. No se trata de una flagelación ordinaria. Una revista de la Asociación Médica Estadounidense, *The Journal of the American Medical Association* describe así la práctica romana de azotar:

"Por lo general el instrumento que se usaba era un látigo corto (flagelo) con varias tiras de cuero sueltas o trenzadas, de largo diferente, que tenían atadas a intervalos bolitas de hierro o pedazos afilados de hueso de oveja. [...] Cuando los soldados romanos azotaban vigorosamente vez tras vez la espalda de la víctima, las bolas de hierro causaban contusiones profundas, y las tiras de cuero con huesos de oveja cortaban la piel y los tejidos subcutáneos. Entonces, a medida que se seguía azotando a la víctima, las heridas llegaban hasta los músculos esqueléticos subyacentes y producían tiras temblorosas de carne que sangraba".

Después de esta tortura llevan a Jesús al palacio del gobernador, y se convoca a todo el grupo de los soldados. Allí los soldados siguen insultándolo mediante entretejer una corona de espinas y ajustársela con fuerza en la cabeza. Le ponen una caña en la mano derecha y lo visten con una prenda de vestir de púrpura, como la usada por la realeza. Entonces se burlan de él y dicen: "¡Buenos días, rey de los judíos!". Además, escupen contra él y le dan bofetadas. Le quitan la gruesa caña que le han puesto en la mano y la usan para pegarle en la cabeza, lo cual hunde más aún en su cuero cabelludo los espinos afilados de su humillante "corona".

La extraordinaria dignidad y fortaleza de Jesús ante aquel maltrato impresiona tanto a Pilato que una vez más trata de ponerlo en libertad. Dice a las muchedumbres: "¡Vean! Se lo traigo fuera para que sepan que no hallo en él ninguna falta". Puede que él piense que se les ablandará el corazón al ver la condición de Jesús después de la tortura. Mientras Jesús está de pie ante la chusma despiadada, coronado de espinas, teniendo sobre sí la prenda de vestir exterior de púrpura y con el rostro

adolorido ensangrentado, Pilato proclama: "¡Miren! ¡El hombre!".

Aunque herido y golpeado, aquí está de pie el personaje más sobresaliente de toda la historia, ¡ciertamente el hombre más grande de todos los tiempos! Sí, Jesús muestra una dignidad y serenidad que revela una grandeza que hasta Pilato se ve obligado a reconocer, pues parece que sus palabras reflejan una mezcla de respeto y lástima. **(Juan 18:39–19:5; Mateo 27:15-17, 20-30; Marcos 15:6-19; Lucas 23:18-25.)**

- ¿Cómo intenta Pilato poner en libertad a Jesús?
- ¿Cómo trata Pilato de librarse de responsabilidad?
- ¿Qué implica el ser azotado?
- ¿Cómo se burlan de Jesús después de azotarlo?
- ¿Cómo trata de nuevo Pilato de poner en libertad a Jesús?

124

Lo entregan y se lo llevan

CUANDO Pilato, conmovido por la apacible dignidad que manifiesta Jesús después de haber sido torturado, de nuevo trata de ponerlo en libertad, los sacerdotes principales se enfurecen más. Están resueltos a no permitir que nada les impida realizar su propósito inicuo. Por eso gritan de nuevo: "¡Al madero con él! ¡Al madero con él!".

Pilato, disgustado, les responde: "Tómenlo ustedes mismos y fíjenlo en el madero". (Contrario a lo que habían afirmado antes, puede ser que los judíos tengan autoridad para ejecutar a los que hayan cometido delitos religiosos de suficiente gravedad.) Entonces, por lo menos por quinta vez, Pilato declara inocente a Jesús al decir: "Yo no hallo en él falta alguna".

Al ver que los cargos políticos que han presentado les fallan, los judíos recurren a la acusación religiosa de blasfemia que habían presentado contra Jesús solo unas horas antes en el juicio ante el Sanedrín. "Nosotros tenemos una ley —dicen—, y según la ley debe morir, porque se hizo hijo de Dios."

Esta acusación es nueva para Pilato, y le causa mayor temor. Para este tiempo él se ha dado cuenta de que Jesús no es un hombre ordinario, como se lo han indicado el sueño de su esposa y el sobresaliente vigor de la personalidad de Jesús. Pero ¿"hijo de Dios"? Pilato sabe que Jesús es de Galilea. Sin embargo, ¿habrá alguna posibilidad de que haya vivido antes? De nuevo Pilato lleva consigo a Jesús al palacio y le pregunta: "¿De dónde eres tú?".

Jesús no responde. Antes le había dicho a Pilato que era rey, pero que su Reino no era parte de este mundo. Ahora no tendría propósito útil el que diera más explicación. Sin embargo, el que Jesús se niegue a responderle ofende el orgullo de Pilato, y este estalla en cólera contra Jesús con las palabras: "¿A mí no me hablas? ¿No sabes que tengo autoridad para ponerte en libertad y tengo autoridad para fijarte en un madero?".

Respetuosamente, Jesús responde: "No tendrías autoridad alguna contra mí a menos que te hubiera sido concedida de arriba". Se refiere al hecho de que Dios concede autoridad a los gobernantes humanos para que administren los asuntos terrestres. Jesús añade: "Por eso, el hombre que me entregó a ti tiene mayor pecado". Sí, el sumo sacerdote Caifás y sus cómplices, y Judas Iscariote, tienen mayor responsabilidad que Pilato por el trato injusto que se da a Jesús.

Impresionado más aún por Jesús, y con temor de que en realidad Jesús tenga origen divino, Pilato reanuda sus esfuerzos por ponerlo en libertad. Sin embargo, los judíos rechazan lo que hace Pilato. Repiten su acusación política, y con astucia presentan una amenaza: "Si pones en libertad a este, no eres amigo de César. Todo el que se hace rey habla contra César".

A pesar de las posibles malas consecuencias, Pilato lleva afuera de nuevo a Jesús. "¡Miren! ¡Su rey!", es el llamamiento que hace una vez más.

"¡Quítalo! ¡Quítalo! ¡Al madero con él!", es la respuesta que le dan.

"¿A su rey fijo en un madero?", pregunta Pilato desesperado.

A los judíos les ha irritado estar bajo la gobernación de los romanos. Sí, ¡detestan la dominación romana! No obstante, hipócritamente los sacerdotes principales dicen: "No tenemos más rey que César".

Temiendo perder su puesto y su reputación políticos, Pilato al fin sucumbe a las exigencias incesantes de los judíos. Les entrega a Jesús. Los soldados le quitan a Jesús el manto púrpura y le ponen las prendas de vestir exteriores. Mientras llevan a Jesús para ejecutarlo en el madero, hacen que él cargue su propio madero de tormento.

Ha adelantado ya bastante la mañana del viernes 14 de Nisán; puede que sea casi el mediodía. Jesús ha estado despierto desde temprano el jueves por la mañana, y ha sufrido, una tras otra, experiencias angustiosas. Se entiende, pues, por qué le fallan las fuerzas pronto bajo el peso del madero. Entonces se hace que un transeúnte, cierto Simón de Cirene, de África, cargue el madero por él. Mientras siguen, muchas personas vienen tras ellos, entre ellas unas mujeres que se golpean en desconsuelo y plañen por Jesús.

Volviéndose hacia las mujeres, Jesús dice: "Hijas de Jerusalén, dejen de llorar por mí. Al contrario, lloren por ustedes mismas y por sus hijos; porque, ¡miren!, vienen días en que se dirá: '¡Felices son las estériles, y las matrices que no dieron a luz y los pechos que no dieron de mamar!'. [...] Porque si hacen estas cosas cuando el árbol está húmedo, ¿qué ocurrirá cuando esté marchito?".

Jesús alude aquí al árbol de la nación judía, que todavía tiene un poco de humedad de vida porque Jesús está entre ellos y porque existe un resto que cree en él. Pero cuando estos sean sacados de la nación, solo quedará un árbol espiritualmente muerto, sí, una organización nacional marchita. Ay, ¡cuánta causa para llanto habrá cuando los ejércitos romanos, como ejecutores utilizados por Dios, devasten a la nación judía! (Juan 19:6-17; 18:31; Lucas 23:24-31; Mateo 27:31, 32; Marcos 15:20, 21.)

- Cuando los cargos políticos no dan resultados, ¿qué acusación hacen los líderes religiosos contra Jesús?
- ¿Por qué aumenta el temor de Pilato?
- ¿Quiénes tienen mayor pecado por lo que le sucede a Jesús?
- Finalmente, ¿cómo logran los sacerdotes que Pilato les entregue a Jesús para que sea ejecutado?
- ¿Qué dice Jesús a las mujeres que lloran por él, y qué significa el que él diga que el árbol está "húmedo" y luego "marchito"?

125

Agonía en el madero

DOS salteadores son llevados con Jesús a la ejecución. La procesión se detiene no muy lejos de la ciudad, en un lugar llamado *Gólgotha* o Lugar del Cráneo.

Les quitan a los prisioneros sus prendas de vestir. Entonces les proveen vino drogado con mirra. Parece que las mujeres de Jerusalén lo preparan, y los romanos no niegan a los que son colgados en maderos esta bebida que embota los sentidos al dolor. Sin embargo, cuando Jesús lo prueba, rehúsa tomarlo. ¿Por qué? Obviamente Jesús quiere estar en pleno dominio de sus facultades durante esta prueba suprema que se impone a su fe.

Ahora extienden a Jesús sobre el madero, con las manos por encima de la cabeza. Entonces, a martillazos, los soldados introducen grandes clavos en las manos y los pies de Jesús. Él se retuerce de dolor cuando los clavos atraviesan carne y ligamentos. Cuando levantan el madero, el dolor es insoportable, pues el peso del cuerpo desgarra las heridas causadas por los clavos. Pero en vez de amenazar a los soldados romanos, Jesús ora por ellos diciendo: "Padre, perdónalos, porque no saben lo que hacen".

Pilato manda poner sobre el madero un letrero que dice: "Jesús el Nazareno el rey de los judíos". Parece que escribe esto no solo porque respeta a Jesús, sino porque detesta a los sacerdotes judíos por haberle obligado a dictar la pena de muerte contra Jesús. Para que todos puedan leer el letrero, Pilato hace que se escriba en tres idiomas: en hebreo, en el latín oficial y en el griego común.

Esto desalienta a los sacerdotes principales, entre ellos Caifás y Anás. Esta proclamación categórica les daña su hora de triunfo. Por eso se oponen, y dicen: "No escribas: 'El rey de los judíos', sino que él dijo: 'Soy rey de los judíos'". Pilato, irritado porque se le ha hecho instrumento de los sacerdotes, responde con resuelto desdén: "Lo que he escrito, he escrito".

Los sacerdotes, junto con una muchedumbre grande, se reúnen ahora en el lugar de la ejecución, y los sacerdotes contradicen el testimonio del letrero. Vuelven a mencionar el testimonio falso que se había presentado antes en los juicios ante el Sanedrín. No sorprende, pues, que los que pasan por allí empiecen a lanzar insultos y a menear la cabeza en burla, diciendo: "¡Oh tú, supuesto derribador del templo y edificador de él en tres días, sálvate! Si eres hijo de Dios, ¡baja del madero de tormento!".

Los sacerdotes principales y sus secuaces religiosos también se burlan: "¡A otros salvó; a sí mismo no se puede salvar! Él es rey de Israel; baje ahora del madero de tormento y creeremos en él. Ha puesto en Dios su confianza; líbrelo Él ahora si le quiere, puesto que dijo: 'Soy Hijo de Dios'".

Contagiados por el espíritu de la situación, los soldados también se mofan de Jesús. Burlándose, le ofrecen vino agrio, al parecer aguantándolo precisamente ante sus labios resecos. Lo desafían, diciendo: "Si tú eres el rey de los judíos, sálvate". Aun los salteadores —colgados uno a la derecha de Jesús y el otro a su izquierda— se burlan de él. ¡Imagínese! ¡El hombre más grande de todos los tiempos, sí, la persona que colaboró con Jehová Dios en la creación de todas las cosas, sufre con resolución todo este insulto!

Los soldados toman las prendas de vestir exteriores de Jesús y las dividen en cuatro partes. Echan suertes para ver de quiénes serán. Sin embargo, la prenda de vestir interior no tiene costura, pues es de calidad superior. Por eso los soldados se dicen unos a otros: "No la rasguemos, sino que por suertes sobre ella decidamos de quién será". Así, sin darse cuenta, cumplen la Escritura que dice: "Repartieron entre sí mis prendas de vestir exteriores, y sobre mi vestidura echaron suertes".

Con el tiempo, uno de los salteadores se da cuenta de que Jesús en realidad tiene que ser un rey. Por lo tanto, reprende a su compañero con las palabras: "¿No temes tú a Dios de ninguna manera, ahora que estás en el mismo juicio? Y nosotros, en verdad, justamente, porque estamos recibiendo de lleno lo que merecemos por las cosas que hicimos; pero este no ha hecho nada indebido". Entonces se dirige a Jesús y le ruega: "Acuérdate de mí cuando entres en tu reino".

"Verdaderamente te digo hoy —contesta Jesús—: Estarás conmigo en el Paraíso." Esta promesa se cumplirá cuando Jesús como Rey en los cielos resucite a este malhechor arrepentido a la vida en la Tierra en un Paraíso que los sobrevivientes del Armagedón y sus compañeros tendrán el privilegio de cultivar. (Mateo 27:33-44; Marcos 15:22-32; Lucas 23:27, 32-43; Juan 19:17-24.)

- ¿Por qué rehúsa Jesús beber el vino drogado con mirra?
- ¿Cuál parece ser la razón por la cual se cuelga un letrero sobre el madero de Jesús, y a qué intercambio de palabras entre Pilato y los sacerdotes principales lleva esto?
- ¿De qué otra manera insultan a Jesús mientras está en el madero, y por qué, obviamente, se hace esto?
- ¿Cómo cumple profecía lo que se hace con las prendas de vestir de Jesús?
- ¿Qué cambio tiene lugar en uno de los salteadores, y cómo cumplirá Jesús la petición de este?

126

"Ciertamente este era Hijo de Dios"

JESÚS no ha estado colgando del madero por mucho tiempo cuando, al mediodía, ocurre una oscuridad misteriosa que dura tres horas. No puede ser un eclipse solar, porque estos solo ocurren cuando hay luna nueva, y durante la Pascua hay luna llena. Además, los eclipses solares solo duran unos minutos. ¡Así que la oscuridad es de origen divino! Puede que esto haga vacilar a los que se burlan de Jesús, y hasta que dejen de mofarse.

Si este pavoroso fenómeno ocurre antes de que uno de los malhechores corrija a su compañero y pida a Jesús que lo recuerde, puede que haya sido un factor en su arrepentimiento. Quizás durante esa oscuridad cuatro mujeres, a saber, la madre de Jesús y la hermana de ella, Salomé, María Magdalena y María la madre del apóstol Santiago el Menos, se acercan al madero de tormento. Juan, el apóstol amado de Jesús, está con ellas.

¡Qué dolor 'atraviesa' el corazón de la madre de Jesús cuando ella ve al hijo que amamantó y crió colgando allí en agonía! En cuanto a Jesús, él no piensa en su propio dolor, sino en el bienestar de ella. Con gran esfuerzo inclina la cabeza hacia Juan y dice a su madre: "Mujer, ¡ahí está tu hijo!". Entonces, inclinando la cabeza hacia María, dice a Juan: "¡Ahí está tu madre!".

Así Jesús encomienda a su muy amado apóstol el cuidado de su madre, quien evidentemente es viuda ya. Hace esto porque los demás hijos de María todavía no han manifestado fe en él. De esta manera da un excelente ejemplo de hacer provisión, no solo para las necesidades físicas de su madre, sino también para sus necesidades espirituales.

Como a las tres de la tarde Jesús dice: "Tengo sed". Jesús percibe que, por decirlo así, su Padre ha retirado de él Su protección para que su integridad sea probada hasta el límite. Por eso clama con voz fuerte: "Dios mío, Dios mío, ¿por qué me has desamparado?". Al oír esto, algunos de los que están de pie cerca exclaman: "¡Miren! Llama a Elías". Inmediatamente uno de ellos corre y, colocando una esponja empapada de vino agrio en la punta de una caña de hisopo, le da de beber. Pero otros dicen: "¡Déjenlo! Veamos si Elías viene a bajarlo".

Cuando Jesús recibe el vino agrio, clama: "¡Se ha realizado!". Sí, él ha hecho todo lo que su Padre lo envió a hacer en la Tierra. Finalmente dice: "Padre, en tus manos encomiendo mi espíritu". Así Jesús encomienda a Dios la fuerza que le ha sostenido la vida y confía en que Dios se la devolverá. Entonces inclina la cabeza y muere.

Cuando Jesús expira, ocurre un terremoto violento que hiende las masas rocosas. El terremoto es tan vigoroso que abre las tumbas conmemorativas que hay fuera de Jerusalén y echa de estas los cadáveres. Transeúntes que ven los cadáveres que quedan expuestos entran en la ciudad e informan lo que han visto.

Además, al morir Jesús la enorme cortina que marca la separación entre el Santo y el Santísimo en el templo de Dios se rasga en dos, de arriba abajo. ¡Según informes, esta cortina hermosamente ornamentada mide unos 18 metros (60 pies) de altura y es muy pesada! El asombroso milagro no solo manifiesta la ira de Dios contra los que han matado a Su Hijo, sino que también señala que la entrada en el Santísimo, el cielo mismo, se ha hecho posible ahora mediante la muerte de Jesús.

Pues bien, la gente se aterra al sentir el terremoto y ver las cosas que suceden. El oficial del ejército encargado de la ejecución da gloria a Dios. "Ciertamente este era Hijo de Dios", proclama. Es probable que él estuviera presente cuando en el juicio de Jesús ante Pilato se consideró la alegación de que Jesús

era Hijo de Dios. Y ahora está convencido de que Jesús es el Hijo de Dios, sí, de que en verdad es el hombre más grande de todos los tiempos.

Estos acontecimientos milagrosos también sacuden profundamente a otros, que regresan a sus hogares golpeándose el pecho como muestra de su intenso dolor y vergüenza. Muchas discípulas de Jesús que observan el espectáculo desde alguna distancia quedan profundamente conmovidas por estos sucesos trascendentales. El apóstol Juan también está presente. **(Mateo 27:45-56; Marcos 15:33-41; Lucas 23:44-49; 2:34, 35; Juan 19:25-30.)**

- ¿Por qué no pueden deberse a un eclipse solar las tres horas de oscuridad?

- Poco antes de morir, ¿qué excelente ejemplo da Jesús para los que tienen padres envejecidos?

- ¿Cuáles son las últimas cuatro declaraciones de Jesús antes de morir?

- ¿Qué logra el terremoto, y qué significa el que la cortina del templo se rasgue en dos?

- ¿Cómo afectan los milagros al oficial del ejército encargado de la ejecución?

127

Enterrado el viernes; una tumba vacía el domingo

L A TARDE del viernes casi termina, y el sábado 15 de Nisán va a empezar al ponerse el Sol. El cadáver de Jesús cuelga inmóvil sobre el madero, pero los dos salteadores a su lado todavía están vivos. Al viernes por la tarde se le llama la Preparación porque entonces el pueblo prepara comidas y termina toda otra tarea urgente que no pueda dejarse hasta después del sábado.

El sábado que está por empezar no es solo un sábado regular (el séptimo día de la semana), sino también un sábado doble o "grande". Se le llama así porque el 15 de Nisán —el primer día de la fiesta de siete días de las Tortas no Fermentadas (que siempre es un sábado o día de descanso, sin importar en qué día de la semana caiga)— cae en el mismo día que el sábado regular.

Según la Ley divina, no se deben dejar colgando de un madero toda la noche los cadáveres. Por eso los judíos le piden a Pilato que, para apresurar la muerte de los que están siendo ejecutados, se les quiebren las piernas. Así que los soldados quiebran las piernas de los dos salteadores. Pero puesto que parece que Jesús ya está muerto, no se las quiebran a él. Esto cumple lo que estaba escrito: "Ni un hueso de él será quebrantado".

Sin embargo, para eliminar toda duda en cuanto a que Jesús en verdad está muerto, uno de los soldados le punza con una lanza el costado. La lanza le traspasa la región del corazón, y al instante sale sangre y agua. El apóstol Juan, testigo ocular, informa que esto cumple otra escritura: "Mirarán a Aquel a quien traspasaron".

En la ejecución también está presente José de la ciudad de Arimatea, miembro estimable del Sanedrín. Él rehusó votar a favor de la acción injusta del tribunal supremo contra Jesús. José es en realidad discípulo de Jesús, aunque ha temido identificarse como tal. Pero ahora cobra ánimo y va a Pilato para pedirle el cuerpo de Jesús. Pilato manda llamar al oficial militar encargado, y después que este confirma que Jesús está muerto, Pilato hace que le entreguen el cadáver a José.

José toma el cadáver y lo envuelve en lino limpio y fino como preparación para el entierro. Nicodemo, otro miembro del Sanedrín, ayuda a José. Nicodemo tampoco ha confesado su fe en Jesús, porque teme perder su puesto. Pero ahora trae un rollo que contiene unos 33 kilogramos (100 libras romanas) de mirra y áloes costosos. Envuelven el cuerpo de Jesús con vendas que contienen estas especias, como acostumbran los judíos preparar los cadáveres para el entierro.

Entonces el cadáver se coloca en la nueva tumba conmemorativa de José, una tumba labrada en la roca en el huerto cercano. Finalmente se cierra la tumba mediante hacer rodar una piedra grande para que cubra la entrada. Para terminar el entierro antes del sábado, se apresura la preparación del cuerpo. Por eso María Magdalena y María la madre de Santiago el Menos, que quizás han estado ayudando a efectuar la preparación, van de prisa a su hogar para preparar más especias y aceites perfumados. Lo que se proponen es untar más con estos el cadáver de Jesús, después del sábado, para conservarlo por más tiempo.

El día siguiente, que es el día de descanso (el sábado) semanal, los sacerdotes principales y los fariseos van a donde Pilato y dicen: "Señor, hemos recordado que ese impostor dijo mientras todavía estaba vivo: 'Después de tres días he de ser levantado'. Por lo tanto, manda que se asegure el sepulcro hasta el día tercero, para que nunca vengan sus discípulos, y lo hurten, y digan al pueblo: '¡Fue levantado de entre los muertos!', y esta última impostura será peor que la primera".

"Tienen guardia —contesta Pilato—. Vayan y asegúrenlo lo mejor que sepan." De modo que van y aseguran el sepulcro mediante sellar la piedra y colocar soldados romanos como guardias.

Temprano el domingo por la mañana María Magdalena y María la madre de Santiago, junto con Salomé, Juana y otras mujeres, llevan especias a la tumba para untar con ellas el cuerpo de Jesús. Mientras caminan se dicen unas a otras:

"¿Quién nos removerá la piedra de la puerta de la tumba conmemorativa?". Pero cuando llegan se enteran de que ha ocurrido un terremoto y el ángel de Jehová ha hecho rodar la piedra. ¡Los guardias no están allí, y la tumba está vacía! (Mateo 27:57–28:2; Marcos 15:42–16:4; Lucas 23:50–24:3, 10; Juan 19:14, 31–20:1; 12:42; Levítico 23:5-7; Deuteronomio 21:22, 23; Salmo 34:20; Zacarías 12:10.)

- ¿Por qué se llama la Preparación al viernes, y qué es un sábado "grande"?
- ¿Qué Escrituras se cumplen con relación al cuerpo de Jesús?
- ¿Qué papel desempeñan José y Nicodemo en el entierro de Jesús, y qué relación tienen ellos con Jesús?
- ¿Qué solicitan de Pilato los sacerdotes, y cómo responde él?
- ¿Qué sucede el domingo, temprano por la mañana?

128

¡Jesús está vivo!

CUANDO las mujeres ven que la tumba de Jesús está vacía, María Magdalena corre para decírselo a Pedro y Juan. Pero parece que las demás mujeres se quedan junto a la tumba. Poco después se aparece un ángel y las invita a entrar en ella.

Allí las mujeres ven a otro ángel, y uno de los ángeles les dice: "No teman, porque sé que buscan a Jesús, que fue fijado en un madero. No está aquí, porque ha sido levantado, como dijo. Vengan, vean el lugar donde yacía. Y vayan de prisa y digan a sus discípulos que él ha sido levantado de entre los muertos". Por eso, con temor y gran gozo, también estas mujeres se van corriendo.

Para entonces María ha hallado a Pedro y Juan, y les informa: "Han quitado al Señor de la tumba conmemorativa, y no sabemos dónde lo han puesto". Inmediatamente los dos apóstoles echan a correr. Juan es más veloz —obviamente es más joven— y llega primero a la tumba. Para ese tiempo las mujeres se han ido, y no hay nadie allí. Agachándose, Juan da una mirada en la tumba y ve las vendas, pero permanece afuera.

Cuando Pedro llega, no titubea, sino que entra enseguida en la tumba. Ve allí las vendas y el paño que se había usado para envolver la cabeza de Jesús. El paño está arrollado en un lugar. Juan ahora entra también en la tumba, y cree el informe de María. Pero ni Pedro ni Juan captan el punto de que Jesús ha sido resucitado, aunque Él les había dicho varias veces que esto sucedería. Los dos regresan a casa perplejos, pero María, quien ha regresado a la tumba, permanece allí.

Mientras tanto, las otras mujeres van apresuradas a decir a los discípulos que Jesús ha sido resucitado, tal como los ángeles les mandaron que hicieran. Mientras corren lo más rápido posible, Jesús se encuentra con ellas y les dice: "¡Buenos días!". Ellas caen a sus pies y le rinden homenaje. Entonces Jesús dice: "¡No teman! Vayan, informen a mis hermanos, para que se vayan a Galilea; y allí me verán".

Anteriormente, al ocurrir el terremoto y aparecerse los ángeles, los guardias, pasmados de asombro, habían quedado como muertos. Al despertar, inmediatamente fueron a la ciudad e informaron a los sacerdotes principales lo que había sucedido. Estos, después de haber consultado con los "ancianos" de los judíos, decidieron tratar de ocultar aquel asunto mediante sobornar a los soldados. Les ordenaron: "Digan: 'Sus discípulos vinieron de noche y lo hurtaron mientras nosotros dormíamos'".

Puesto que se podía castigar con la muerte a los soldados romanos por quedarse dormidos en sus puestos, los sacerdotes prometieron: "Si esto [el informe de que se quedaron dormidos] llega a oídos del gobernador, nosotros lo persuadiremos y los libraremos a ustedes de toda preocupación". Los soldados siguieron estas instrucciones, pues el soborno que se les dio fue bastante grande. Como resultado de eso, el informe falso acerca del hurto del cuerpo de Jesús se divulgó entre los judíos.

María Magdalena, quien se queda junto a la tumba, se echa a llorar. ¿Dónde estará Jesús? Al agacharse para mirar dentro de la tumba, ¡ve a los dos ángeles vestidos de blanco, que han reaparecido! Uno está sentado a la cabeza y el otro a los pies donde había yacido el cuerpo de Jesús. Preguntan: "Mujer, ¿por qué lloras?".

"Han quitado a mi Señor —contesta María—, y no sé dónde lo han puesto." Entonces se vuelve y ve a alguien que pregunta de nuevo: "Mujer, ¿por qué lloras?". Y este también pregunta: "¿A quién buscas?".

Imaginándose que es el hortelano del jardín donde está la tumba, ella le dice: "Señor, si tú te lo has llevado, dime dónde lo has puesto, y yo lo quitaré".

"¡María!", dice aquella persona. E inmediatamente ella sabe, por la manera como él le habla, que es Jesús. *"¡Rab·bó·ni!"* (que significa: "¡Maestro!"), exclama. Entonces, con muchísimo gozo, se ase de él. Pero Jesús le dice: "Deja de colgarte de mí. Porque todavía no he ascendido al Padre. Pero ponte en camino a mis hermanos y diles: 'Asciendo a mi Padre y Padre de ustedes y a mi Dios y Dios de ustedes'".

María ahora corre a donde están reunidos los apóstoles y sus compañeros discípulos. Da su relato en apoyo del informe que las demás mujeres ya han dado respecto a haber visto a Jesús resucitado. Sin embargo, parece que estos hombres, que no habían creído el informe de las primeras mujeres, no le creen tampoco a María. **(Mateo 28:3-15; Marcos 16:5-8; Lucas 24:4-12; Juan 20:2-18.)**

■ Después de hallar vacía la tumba, ¿qué hace María Magdalena, y qué les sucede a las demás mujeres?

■ ¿Cómo reaccionan Pedro y Juan al ver que la tumba está vacía?

■ ¿Con quién se encuentran las demás mujeres mientras van para informar a los discípulos sobre la resurrección de Jesús?

■ ¿Qué les había sucedido a los guardias, y qué reacción hubo cuando dieron su informe a los sacerdotes?

■ ¿Qué sucede cuando María Magdalena está sola junto a la tumba, y cómo reaccionan los discípulos cuando escuchan los informes de las mujeres?

129

Otras apariciones

LOS discípulos todavía están abatidos. No comprenden el significado de que la tumba esté vacía, ni creen los informes que han dado las mujeres. Por eso, más tarde ese domingo Cleopas y otro discípulo salen de Jerusalén en dirección a Emaús, que está a unos 11 kilómetros (7 millas) de distancia.

En el camino, mientras van considerando los sucesos del día, se une a ellos un desconocido. "¿Qué asuntos son estos que consideran entre ustedes mientras van andando?", pregunta él.

Los discípulos se detienen, cabizbajos, y Cleopas responde: "¿Moras tú solo como forastero en Jerusalén y por eso no sabes las cosas que han ocurrido en ella en estos días?". Él pregunta: "¿Qué cosas?".

"Las cosas respecto a Jesús el Nazareno", responden. "Lo entregaron nuestros sacerdotes principales y gobernantes a sentencia de muerte y lo fijaron en un madero. Pero nosotros esperábamos que este fuera el que estaba destinado a librar a Israel."

Cleopas y su compañero explican los acontecimientos asombrosos del día —el informe de la vista sobrenatural de ángeles y la tumba vacía— pero entonces admiten que están perplejos respecto al significado de estas cosas. El desconocido los reprende con estas palabras: "¡Oh insensatos y lentos de corazón para creer en todas las cosas que hablaron los profetas! ¿No era necesario que el Cristo sufriera estas cosas y entrara en su gloria?". Entonces pasa a interpretarles pasajes del texto sagrado referentes al Cristo.

Por fin se acercan a Emaús, y el extraño hace como que va a seguir de viaje. Porque desean oír más, los discípulos insisten: "Quédate con nosotros, porque casi anochece". Así que él se queda para comer con ellos. Cuando ora y parte el pan y lo da a ellos, reconocen que en realidad es Jesús en un cuerpo humano materializado. Pero entonces él desaparece.

¡Ahora comprenden por qué sabía tanto el extraño! "¿No nos ardía el corazón —se preguntan— cuando él venía hablándonos por el camino, cuando nos estaba abriendo por completo las Escrituras?" Sin demora se levantan y regresan apresuradamente a Jerusalén, donde hallan a los apóstoles y a los que se han congregado con ellos. Antes de que Cleopas y su compañero puedan decir algo, los demás informan con entusiasmo: "¡Es un hecho que el Señor ha sido levantado y se ha aparecido a Simón!". Entonces los dos cuentan que Jesús también se les apareció a ellos. Esta es la cuarta vez durante este día que él se ha aparecido a diferentes discípulos suyos.

De repente Jesús se les aparece por quinta vez. Aunque las puertas están aseguradas con cerradura por el temor de los discípulos a los judíos, él entra y se presenta de pie allí en medio de ellos y les dice: "Tengan paz". Ellos quedan aterrados, pues se imaginan que contemplan un espíritu. Por eso, explicando que no es un fantasma, Jesús les dice: "¿Por qué están perturbados, y por qué se suscitan dudas en su corazón? Vean mis manos y mis pies, que soy yo mismo; pálpenme y vean, porque un espíritu no tiene carne y huesos así como contemplan que yo tengo". Con todo, se les hace difícil creer.

Para ayudarles a captar el hecho de que en realidad es Jesús, él les pregunta: "¿Tienen ahí algo de comer?". Después de aceptar un pedazo de pescado asado y comérselo, él dice: "Estas son mis palabras que les hablé mientras todavía estaba con ustedes [antes de mi muerte], que todas las cosas escritas en la ley de Moisés y en los Profetas y en los Salmos acerca de mí tenían que cumplirse".

Mientras sigue hablando —lo que en realidad equivale a tener un estudio bíblico con ellos— Jesús les enseña: "De esta manera está escrito que el Cristo sufriría y se levantaría de entre los muertos al tercer día, y sobre la base de su nombre se predicaría arrepentimiento para perdón de pecados en todas las naciones... comenzando desde Jerusalén, ustedes han de ser testigos de estas cosas".

Por alguna razón Tomás no está presente en esta reunión tan importante el domingo por la tarde. Por lo tanto, durante los días siguientes los otros discípulos le dicen gozosamente: "¡Hemos visto al Señor!".

"A menos que vea en sus manos la impresión de los clavos —objeta Tomás— y meta mi dedo en la impresión de los clavos y meta mi mano en su costado, de ninguna manera creeré."

Ahora bien, ocho días después los discípulos están reunidos dentro otra vez. Ahora Tomás está con ellos. Aunque las puertas están aseguradas con cerradura, Jesús de nuevo se presenta de pie en medio de ellos y les dice: "Tengan paz". Entonces se vuelve hacia Tomás y le extiende esta invitación: "Pon tu dedo aquí, y ve mis manos, y toma tu mano y métela en mi costado, y deja de ser incrédulo".

"¡Mi Señor y mi Dios!", exclama Tomás.

"¿Porque me has visto has creído?", pregunta Jesús. "Felices son los que no ven y sin embargo creen." **(Lucas 24:11, 13-48; Juan 20:19-29.)**

- ¿Qué preguntas hace un desconocido a dos discípulos que van hacia Emaús?

- ¿Qué les dice el desconocido que hace arder el corazón de los discípulos?

- ¿Cómo disciernen los discípulos quién es el desconocido?

- Cuando Cleofás y su compañero regresan a Jerusalén, ¿qué informe emocionante oyen?

- ¿Cómo se aparece por quinta vez a sus discípulos Jesús, y qué sucede durante esa aparición?

- ¿Qué sucede ocho días después que Jesús se aparece por quinta vez, y cómo se convence Tomás finalmente de que Jesús está vivo?

130

En el mar de Galilea

LOS apóstoles entonces regresan a Galilea, según las instrucciones que han recibido de Jesús. Pero no están seguros de lo que deben hacer allí. Algún tiempo después Pedro dice a Tomás, Natanael, Santiago y el hermano de este, Juan, y a otros dos apóstoles: "Voy a pescar".

"Vamos también nosotros contigo", responden los seis.

En toda la noche no pescan nada. Sin embargo, justamente al amanecer Jesús aparece en la playa, pero los apóstoles no disciernen que es Jesús. Él clama: "Niñitos, no tienen nada de comer, ¿verdad?".

"¡No!", claman ellos en respuesta desde la barca.

"Echen la red al lado derecho de la barca, y hallarán", les dice él. Y cuando hacen esto, no pueden sacar la red a causa de la multitud de peces.

"¡Es el Señor!", grita Juan.

Al oír esto, Pedro se ciñe su prenda de vestir exterior, porque se ha quitado la ropa, y se lanza al mar. Entonces nada unos 90 metros (100 yardas) hasta la playa. Los demás apóstoles le siguen en la barquilla, arrastrando la red llena de peces.

Cuando llegan a tierra, hay un fuego de carbón, con pescado puesto encima, y hay pan. "Traigan de los peces que acaban de pescar", les dice Jesús. Pedro sube a la barca y hala a tierra la red. ¡Contiene 153 grandes peces!

"Vengan, desayúnense", les invita Jesús.

Nadie tiene el ánimo de preguntar: "Tú, ¿quién eres?", porque todos ellos saben que es Jesús. Esta es la séptima vez que se aparece desde su resurrección, y la tercera vez que se aparece a los apóstoles como grupo. Jesús pasa a servir el desayuno, y da a cada uno pan y pescado.

Cuando terminan de comer, Jesús, probablemente mirando hacia la gran cantidad de pescados, pregunta a Pedro: "Simón hijo de Juan, ¿me amas más que a estos?". Puede que quiera

decir: ¿Estás más apegado al negocio de la pesca que a la obra para la cual te he preparado?

"Tú sabes que te tengo cariño", responde Pedro.

"Apacienta mis corderos", contesta Jesús.

De nuevo, por segunda vez, le pregunta: "Simón hijo de Juan, ¿me amas?".

"Sí, Señor, tú sabes que te tengo cariño", contesta Pedro con ardor de sinceridad.

"Pastorea mis ovejitas", ordena otra vez Jesús.

Entonces, por tercera vez, le pregunta: "Simón hijo de Juan, ¿me tienes cariño?".

Pedro ahora se contrista. Puede que se esté preguntando si Jesús duda de su lealtad. Después de todo, poco tiempo atrás, cuando Jesús fue sometido a juicio por su vida, Pedro lo negó tres veces. Por lo tanto Pedro dice: "Señor, tú sabes todas las cosas; tú bien sabes que te tengo cariño".

"Apacienta mis ovejitas", ordena Jesús por tercera vez.

Así Jesús se vale de Pedro para, por medio de él, recalcar a los demás la obra que él quiere que efectúen. Pronto él partirá de la Tierra, y quiere que ellos tomen la delantera en ministrar a los que entren en el aprisco de Dios.

Jesús pasa ahora a revelar que tal como él fue atado y ejecutado por hacer la obra que Dios le encargó, así Pedro sufrirá una experiencia similar. "Cuando eras más joven —le dice Jesús—, tú mismo te ceñías y andabas por donde querías. Pero cuando envejezcas extenderás las manos y otro te ceñirá y te cargará a donde no desees." A pesar de la muerte de mártir que le espera a Pedro, Jesús le exhorta: "Continúa siguiéndome".

Volviéndose, Pedro ve a Juan y pregunta: "Señor, ¿qué hará este?".

"Si es mi voluntad que él permanezca hasta que yo venga —contesta Jesús—, ¿en qué te incumbe eso? Tú continúa siguiéndome." Muchos de los discípulos llegaron a creer que estas palabras de Jesús significaban que el apóstol Juan nunca moriría. Sin embargo, como más tarde explicó el apóstol Juan, Jesús no dijo que Juan no moriría; Jesús simplemente dijo: "Si es mi voluntad que él permanezca hasta que yo venga, ¿en qué te incumbe eso?".

Después Juan hizo también esta significativa observación: "Hay, de hecho, muchas otras cosas también que Jesús hizo, que, si se escribieran alguna vez en todo detalle, supongo que el mundo mismo no podría contener los rollos que se escribieran". **(Juan 21:1-25; Mateo 26:32; 28:7, 10.)**

- ¿Qué muestra que los apóstoles no están seguros de lo que deben hacer en Galilea?
- ¿Cómo reconocen a Jesús los apóstoles en el mar de Galilea?
- ¿Cuántas veces desde su resurrección se ha aparecido ahora Jesús?
- ¿Cómo recalca Jesús lo que quiere que los apóstoles hagan?
- ¿Cómo indica Jesús la clase de muerte que tendrá Pedro?
- ¿Qué comentarios por Jesús en cuanto a Juan fueron mal entendidos por muchos de los discípulos?

131

Apariciones finales, y el Pentecostés de 33 E.C.

EN ALGÚN momento Jesús concierta reunirse con sus 11 apóstoles en una montaña de Galilea. Parece que se menciona la reunión a otros discípulos, y el resultado es que se reúne un grupo de más de 500 personas. ¡Qué feliz asamblea resulta ser esta cuando Jesús se aparece y empieza a enseñarles!

Entre otras cosas Jesús explica al gran grupo que Dios le ha dado toda autoridad en el cielo y en la Tierra. "Vayan, por lo tanto —exhorta—, y hagan discípulos de gente de todas las naciones, bautizándolos en el nombre del Padre y del Hijo y del espíritu santo, enseñándoles a observar todas las cosas que yo les he mandado."

¡Imagínese eso! Todos —hombres, mujeres y niños— reciben esta misma comisión de participar en la obra de hacer discípulos. Los opositores tratarán de detener su predicación y enseñanza, pero Jesús conforta al grupo de este modo: "¡Miren!, estoy con ustedes todos los días hasta la conclusión del sistema de cosas". Jesús permanece con sus seguidores mediante el espíritu santo, para ayudarles a cumplir su ministerio.

Jesús se manifiesta vivo a sus discípulos por un período de 40 días después de su resurrección. Durante estas apariciones les enseña acerca del Reino de Dios y recalca las responsabilidades que tienen como discípulos suyos. En cierta ocasión hasta se aparece a su medio hermano Santiago y convence a este, que no era creyente, de que Él es en verdad el Cristo.

Mientras los apóstoles todavía están en Galilea, Jesús evidentemente les da la instrucción de regresar a Jerusalén. Cuando se reúne con ellos allí, les dice: "No se retiren de Jerusalén, sino sigan esperando lo que el Padre ha prometido, acerca de lo cual oyeron de mí; porque Juan, en verdad, bautizó con agua, pero ustedes serán bautizados en espíritu santo no muchos días después de esto".

Después Jesús se reúne de nuevo con sus apóstoles y los saca de la ciudad y los lleva hasta Betania, en la ladera oriental del monte de los Olivos. Es asombroso el hecho de que, a pesar de todo lo que Jesús ha dicho respecto a que pronto partirá hacia el cielo, ellos todavía creen que su Reino se establecerá en la Tierra. Por eso preguntan: "Señor, ¿estás restaurando el reino a Israel en este tiempo?".

En vez de tratar de corregir una vez más las ideas equivocadas de ellos, Jesús sencillamente contesta: "No les pertenece a ustedes adquirir el conocimiento de los tiempos o sazones que el Padre ha colocado en su propia jurisdicción". Entonces, recalcando de nuevo la obra que tienen que hacer, dice: "Recibirán poder cuando el espíritu santo llegue sobre ustedes, y serán testigos de mí tanto en Jerusalén como en toda Judea, y en Samaria, y hasta la parte más distante de la tierra".

Mientras todavía están mirando, Jesús empieza a subir hacia el cielo, y entonces una nube lo oculta de la vista de ellos. Después de desmaterializar su cuerpo carnal, Jesús asciende al cielo como persona celestial. Mientras los 11 apóstoles siguen mirando con fijeza al cielo, 2 hombres con prendas de vestir blancas se aparecen al lado de ellos. Estos ángeles materializados preguntan: "Varones de Galilea, ¿por qué están de pie mirando al cielo? Este Jesús que fue recibido de entre ustedes arriba al cielo, vendrá así de la misma manera como lo han contemplado irse al cielo".

La manera como Jesús acaba de dejar la Tierra es sin ostentación pública, mientras únicamente sus seguidores fieles observan. De modo que re-

gresará de igual manera: sin ostentación pública, y de modo que solo sus seguidores fieles disciernen que ha regresado y ha empezado su presencia con el poder del Reino.

Ahora los apóstoles descienden del monte de los Olivos, cruzan el valle del Cedrón y entran en Jerusalén de nuevo. Permanecen allí en obediencia al mandato de Jesús. Diez días después, en la fiesta judía del Pentecostés de 33 E.C., mientras unos 120 de los discípulos están reunidos en un aposento superior en Jerusalén, de repente un ruido exactamente como el de una brisa impetuosa y fuerte llena toda la casa. Lenguas como de fuego se hacen visibles, y una se posa sobre cada uno de los presentes, y todos los discípulos empiezan a hablar en lenguas diferentes. ¡Este es el derramamiento del espíritu santo que había prometido Jesús! (Mateo 28:16-20; Lucas 24:49-52; 1 Corintios 15:5-7; Hechos 1:3-15; 2:1-4.)

- ¿A quiénes da Jesús instrucciones de partida en una montaña de Galilea, y en qué consisten esas instrucciones?
- ¿Cómo conforta Jesús a sus discípulos, y cómo permanecerá con ellos?
- ¿Por cuánto tiempo después de su resurrección se aparece Jesús a sus discípulos, y qué les enseña?
- ¿A qué persona, que evidentemente no era discípulo antes de la muerte de Jesús, se aparece él?
- ¿Qué dos reuniones finales tiene Jesús con sus apóstoles, y qué sucede en estas?
- ¿Cómo regresará Jesús de la misma manera como parte?
- ¿Qué sucede en el Pentecostés de 33 E.C.?

132

A la diestra de Dios

EL DERRAMAMIENTO del espíritu santo en el Pentecostés es prueba de que Jesús ha regresado al cielo. La visión que poco después se otorga al discípulo Esteban también prueba que Jesús ha llegado allí. Precisamente antes de que Esteban sea apedreado por su testificación fiel, exclama: "¡Miren! Contemplo los cielos abiertos, y al Hijo del hombre de pie a la diestra de Dios".

Mientras está a la diestra de Dios, Jesús espera este mandato de su Padre: "Ve sojuzgando en medio de tus enemigos". Mientras tanto, hasta que entra en acción contra sus enemigos, ¿qué hace Jesús? Gobierna, o reina, sobre sus discípulos ungidos, guiándolos en su actividad de predicar y preparándolos para que, por resurrección, lleguen a ser reyes asociados con él en el Reino de su Padre.

Por ejemplo, Jesús selecciona a Saulo (después mejor conocido por su nombre romano, Pablo) para que lleve la delantera en la obra de hacer discípulos en otros países. Saulo tiene celo por la Ley de Dios, pero los líderes religiosos judíos le dan mala guía. El resultado es que Saulo no solo aprueba el asesinato de Esteban, sino que va a Damasco con autorización del sumo sacerdote Caifás para traer de regreso a Jerusalén, bajo arresto, a cualesquiera hombres y mujeres que halle allí que sean seguidores de Jesús. Sin embargo, mientras Saulo baja a Damasco una luz brillante fulgura repentinamente alrededor de él, y Saulo cae a tierra.

"Saulo, Saulo, ¿por qué me estás persiguiendo?", pregunta una voz de una fuente invisible. "¿Quién eres, Señor?", pregunta Saulo.

"Soy Jesús, a quien estás persiguiendo", es la respuesta que se le da.

Saulo, quien ha sido cegado por la luz milagrosa, recibe de Jesús la dirección de entrar en Damasco y esperar instrucciones. Entonces Jesús se aparece en una visión a Ananías, uno de sus discípulos. Con relación a Saulo, Jesús dice a Ananías: "Este hombre me es un vaso escogido para llevar mi nombre a las naciones así como a reyes y a los hijos de Israel".

Sí, con el apoyo de Jesús, Saulo (conocido ahora como Pablo) y otros evangelizadores logran tremendo éxito en su obra de predicar y enseñar. De hecho, unos 25 años después de aparecérsele Jesús en el camino a Damasco, Pablo escribe que las "buenas nuevas" se han "predicado en toda la creación que está bajo el cielo".

Muchos años después, Jesús suministra una serie de visiones a su amado apóstol Juan. Mediante estas visiones que Juan describe en el libro bíblico de Revelación, él, por decirlo así, vive para ver a Jesús regresar con el poder del Reino. Juan dice que "por inspiración" fue transportado al futuro hasta "el día del Señor". ¿Qué es este "día"?

Un estudio cuidadoso de las profecías bíblicas, incluso de la propia profecía de Jesús acerca de los últimos días, revela que "el día del Señor" empezó en el año de importancia histórica de 1914, sí, ¡dentro de esta generación! De modo que fue en 1914 cuando Jesús regresó invisiblemente, sin ostentación pública y con solo sus siervos fieles al tanto de su regreso. ¡En aquel año Jehová dio a Jesús el mandato de ir sojuzgando en medio de sus enemigos!

En obediencia a la orden de su Padre, Jesús limpió de Satanás y sus demonios los cielos al arrojar a estos enemigos a la Tierra.

Juan, después de ver esto suceder en una visión, oye una voz celestial que proclama: "¡Ahora han acontecido la salvación y el poder y el reino de nuestro Dios y la autoridad de su Cristo [...]!". Sí, ¡en 1914 Cristo empezó a gobernar como Rey!

¡Qué buenas noticias son estas para los adoradores de Jehová en el cielo! Se les da esta exhortación: "¡Alégrense, cielos, y los que residen en ellos!". Pero ¿en qué situación se encuentran los que están en la Tierra? "¡Ay de la tierra y del mar! —continúa diciendo la voz del cielo—, porque el Diablo ha descendido a ustedes, teniendo gran cólera, sabiendo que tiene un corto espacio de tiempo."

Estamos en ese corto espacio de tiempo ahora mismo. En la actualidad se está separando a la gente o para entrar en el nuevo mundo de Dios o para sufrir destrucción. La verdad es que usted está determinando ahora su propio porvenir por la manera como responde a las buenas nuevas del Reino de Dios que se están predicando por toda la Tierra bajo la dirección de Cristo.

Cuando Jesucristo haya terminado de separar a la gente, servirá como el Agente de Dios para eliminar de la Tierra todo el sistema de cosas de Satanás y a todos los que lo apoyan. Jesús efectuará esta remoción de toda la iniquidad en la guerra que se llama en la Biblia Har-Magedón, o Armagedón. Tras esto, Jesús, la más grande Persona del universo después de Jehová Dios mismo, prenderá a Satanás y sus demonios y los atará por mil años en un "abismo", es decir, en un estado de inactividad semejante a la muerte. (Hechos 7:55-60; 8:1-3; 9:1-19; 16:6-10; Salmo 110:1, 2; Hebreos 10:12, 13; 1 Pedro 3:22; Lucas 22:28-30; Colosenses 1:13, 23; Revelación 1:1, 10; 12:7-12; 16:14-16; 20:1-3; Mateo 24:14; 25:31-33.)

- Después del ascenso de Jesús al cielo, ¿dónde se sitúa, y qué espera?
- ¿Sobre quiénes gobierna Jesús después de ascender al cielo, y cómo se manifiesta su gobernación?
- ¿Cuándo empezó "el día del Señor", y qué sucedió en su principio?
- ¿Qué obra de separación que adelanta hoy afecta a cada uno de nosotros personalmente, y sobre qué se basa la separación?
- Cuando termine la obra de separar a la gente, ¿qué sucesos tendrán lugar?

Jesús termina todo lo que Dios pide

CUANDO Jesucristo el Rey Guerrero elimina a Satanás y su mundo injusto, ¡cuánta razón habrá para regocijo! ¡Al fin empieza el pacífico Reinado de Mil Años de Jesús!

Bajo la dirección de Jesús y sus reyes asociados, los sobrevivientes del Armagedón limpiarán las ruinas que dejará aquella guerra justa. Puede que por algún tiempo los sobrevivientes terrestres también tengan hijos, y estos participarán en la obra deleitable de cultivar la tierra hasta hacer del planeta un hermoso jardín parecido a un parque.

Con el tiempo, Jesús hará que incontables millones de personas salgan de sus sepulcros para disfrutar de este hermoso Paraíso. Hará esto en cumplimiento de su propia garantía: "Viene la hora en que todos los que están en las tumbas conmemorativas [...] saldrán".

Entre las personas a quienes Jesús resucite estará el ex malhechor que murió al lado de él en el madero de tormento. Recuerde que Jesús le hizo esta promesa: "Verdaderamente te digo hoy: Estarás conmigo en el Paraíso". No, aquel hombre no será llevado al cielo para que gobierne como rey con Jesús; tampoco llegará Jesús a ser de nuevo un hombre y vivir en la Tierra paradisíaca con él. Más bien, Jesús estará con el ex malhechor en el sentido de que lo resucitará a la vida en el Paraíso y se encargará de que sus necesidades, tanto físicas como espirituales, se atiendan, como se ilustra en la página siguiente.

¡Imagínese! Bajo la atención amorosa de Jesús, toda la familia humana —los sobrevivientes del Armagedón, la prole de estos y los miles de millones de muertos resucitados que le obedezcan— adelantarán hacia la perfección humana. Jehová, por medio de su Hijo real, Jesucristo, residirá espiritualmente con la humanidad. "Y —como dice la voz que Juan oyó desde el cielo— limpiará toda lágrima de sus ojos, y la muerte no será más, ni existirá ya más lamento ni clamor ni dolor." Nadie en la Tierra sufrirá ni estará enfermo.

Para el fin del Reinado de Mil Años de Jesús la situación será como Dios originalmente se proponía que fuera cuando dijo a la primera pareja humana, Adán y Eva, que se multiplicaran y llenaran la Tierra. Sí, la Tierra estará llena de una raza justa de humanos en perfección. Esto se deberá a que los beneficios del rescate de Jesús se habrán aplicado a todos. ¡La muerte que se debe al pecado de Adán dejará de existir!

Así Jesús habrá logrado todo lo que Jehová le ha pedido que haga. Por lo tanto, al fin de los mil años él entregará el Reino, junto con la familia humana perfeccionada, a su Padre. Entonces Dios soltará a Satanás y sus demonios del abismo de la inactividad semejante a la muerte. ¿Con qué fin?

Pues bien, para el fin de los mil años la mayoría de los que

vivan en el Paraíso serán personas que habrán sido resucitadas y nunca han visto sometida a prueba su fe. Antes de morir, nunca habían conocido las promesas de Dios, y por lo tanto no podían demostrar fe en ellas. Luego, después de haber sido resucitados y de aprender las verdades bíblicas, fue fácil para ellos servir a Dios en el Paraíso, sin oposición alguna. Pero si a Satanás se le diera la oportunidad de tratar de alejarlos de servir a Dios, ¿se manifestarían leales bajo tal prueba? Para resolver esta cuestión, se soltará a Satanás.

La revelación que se dio a Juan revela que Satanás podrá apartar de servir a Dios a una cantidad indeterminada de personas después del Reinado de Mil Años de Jesús. Pero entonces, al terminar la prueba final, Satanás, sus demonios y todos los que él haya extraviado serán destruidos para siempre. Por otra parte, los sobrevivientes leales que hayan sido totalmente probados seguirán viviendo para disfrutar de las bendiciones de su Padre celestial por toda la eternidad.

Está claro que Jesús ha desempeñado y seguirá desempeñando un papel importante en la realización de los gloriosos propósitos de Dios. ¡Qué magnífico futuro podemos tener como resultado de todo lo que él logra como el gran Rey celestial nombrado por Dios! Sin embargo, no podemos olvidar todo lo que hizo mientras fue humano.

Jesús vino voluntariamente a la Tierra y nos enseñó acerca de su Padre. Más allá de esto, ejemplificó las preciosas cualidades de Dios. Nos conmovemos cuando consideramos su sublime valor y hombría, su sabiduría sin paralelo, su excelente aptitud de maestro, su liderato denodado y la ternura de su compasión y empatía. Cuando recordamos el sufrimiento indescriptible que experimentó al suministrar el rescate, lo único por lo cual podemos obtener la vida, ¡de seguro se nos conmueve de aprecio para él el corazón!

Verdaderamente, ¡qué hombre hemos visto en este estudio de la vida de Jesús! Su grandeza es obvia y arrolladora. Nos sentimos impulsados a hacer eco a las palabras del gobernador romano Poncio Pilato: "¡Miren! ¡El hombre!". Sí: "El *hombre*", ¡el hombre más grande de todos los tiempos!

Mediante aceptar la provisión de su sacrificio de rescate, la carga de pecado y muerte que heredamos de Adán puede ser quitada de nosotros, y Jesús puede llegar a ser nuestro "Padre Eterno". Todo el que quiera obtener vida eterna tiene que adquirir conocimiento, no solo de Dios, sino también de su Hijo, Jesucristo. ¡Que su lectura y estudio de este libro le ayude a adquirir ese conocimiento que da vida! (1 Juan 2:17; 1:7; Juan 5:28, 29; 3:16; 17:3; 19:5; Lucas 23:43; Génesis 1:28; 1 Corintios 15:24-28; Revelación 20:1-3, 6-10; 21:3, 4; Isaías 9:6.)

■ ¿Cuál será el feliz privilegio de los sobrevivientes del Armagedón y sus hijos?

■ ¿Quiénes disfrutarán del Paraíso además de los sobrevivientes del Armagedón y sus hijos, y en qué sentido estará con ellos Jesús?

■ ¿Qué condición existirá al fin de los mil años, y qué hará Jesús entonces?

■ ¿Por qué se soltará del abismo a Satanás, y qué les sucederá al fin a él y a todos los que le sigan?

■ ¿Cómo puede Jesús llegar a ser nuestro "Padre Eterno"?

¿Desea más información?

Escriba a la dirección de Watch Tower más cercana.

ALEMANIA: Niederselters, Am Steinfels, D-65618 Selters. **ARGENTINA:** Casilla de Correo 83 (Suc. 27B), 1427 Buenos Aires. **BÉLGICA:** rue d'Argile-Potaardestraat 60, B-1950 Kraainem. **BOLIVIA:** Casilla 6397, Santa Cruz. **BRASIL:** Caixa Postal 92, 18270-970 Tatuí, SP. **CANADÁ:** Box 4100, Halton Hills (Georgetown), Ontario L7G 4Y4. **CHILE:** Casilla 267, Puente Alto. **COLOMBIA:** Apartado Postal 85058, Bogotá 8, D.C. **COSTA RICA:** Apartado 187-3006, Barreal, Heredia. **DOMINICANA, REPÚBLICA:** Apartado 1742, Santo Domingo. **ECUADOR:** Casilla 09-01-1334, Guayaquil. **EL SALVADOR:** Apartado Postal 401, San Salvador. **ESPAÑA:** Apartado 132, 28850 Torrejón de Ardoz (Madrid). **ESTADOS UNIDOS DE AMÉRICA:** 25 Columbia Heights, Brooklyn, NY 11201-2483. **FRANCIA:** B.P. 625, F-27406 Louviers cedex. **GRAN BRETAÑA:** The Ridgeway, Londres NW7 1RN. **GUATEMALA:** Apartado postal 711, 01901 Guatemala. **HONDURAS:** Apartado 147, Tegucigalpa. **ITALIA:** Via della Bufalotta 1281, I-00138 Roma RM. **MÉXICO:** Apartado Postal 896, 06002 México, D. F. **NICARAGUA:** Apartado 3587, Managua. **PANAMÁ:** Apartado 6-2671, Zona 6A, El Dorado. **PARAGUAY:** Casilla de Correo 482, 1209 Asunción. **PERÚ:** Apartado 18-1055, Lima 18. **PUERTO RICO 00970:** P.O. Box 3980, Guaynabo. **SUIZA:** P.O. Box 225, CH-3602 Thun. **TRINIDAD Y TOBAGO, REP. DE:** Lower Rapsey Street & Laxmi Lane, Curepe. **URUGUAY:** Casilla 17030, 12500 Montevideo. **VENEZUELA:** Apartado 20.364, Caracas, DC 1020A.